Investing The **Templeton Way**

著 /
[美] 劳伦·C. 邓普顿
(Lauren C. Templeton)
[美] 斯科特·菲利普斯
(Scott Phillips)
译 /
杨晓红

逆向投资

邓普顿的长赢投资法

中信出版集团 | 北京

图书在版编目（CIP）数据

逆向投资：邓普顿的长赢投资法 /（美）劳伦·C.
邓普顿，（美）斯科特·菲利普斯著；杨晓红译 . -- 北
京：中信出版社，2022.5（2025.5 重印）

书名原文：Investing the Templeton Way：The
Market-Beating Strategies of Value Investing's
Legendary Bargain Hunter

ISBN 978-7-5217-4042-4

Ⅰ.①逆… Ⅱ.①劳…②斯…③杨… Ⅲ.①投资—
基本知识 Ⅳ.① F830.59

中国版本图书馆 CIP 数据核字（2022）第 039597 号

Lauren C. Templeton, Scott Phillips
Investing the Templeton Way: The Market-Beating Strategies of Value Investing's
Legendary Bargain Hunter
ISBN 0-07-154563-8
Copyright © 2008 by McGraw-Hill Education
ALL RIGHTS RESERVED
No part of this publication may be reproduced or distributed in any form or by any means, electronic or mechanical,
including without limitation photocopying, recording, taping, or any database, information or retrieval
system, without the prior written permission of the publisher.
This authorized Chinese translation edition is jointly published by McGraw-Hill Education and CITIC Press Corporation.
This edition is authorized for sale in the People's Republic of China only, excluding Hong Kong, Macao SAR and Taiwan.
Translation Copyright © 2022 by The McGraw-Hill Education and CITIC Press Corporation.

版权所有。未经出版人事先书面许可，对本出版物的任何部分不得以任何方式或途径复制传播，包括但不限于复印、
录制、录音，或任何数据库、信息或可检索的系统。
本授权中文简体翻译版由麦格劳 - 希尔教育出版公司和中信出版社合作出版。
此版本经授权仅限在中华人民共和国境内（不包括香港特别行政区、澳门特别行政区和台湾）销售。
翻译版权 © 2022 由麦格劳 - 希尔教育出版公司和中信出版社所有。
本书封面贴有 McGraw-Hill Education 公司防伪标签，无标签者不得销售。

逆向投资——邓普顿的长赢投资法
著者：　　［美］劳伦·C. 邓普顿　［美］斯科特·菲利普斯
译者：　　杨晓红
出版发行：中信出版集团股份有限公司
　　　　　（北京市朝阳区东三环北路 27 号嘉铭中心　邮编　100020）
承印者：　三河市中晟雅豪印务有限公司

开本：787mm×1092mm 1/16　　印张：17.25　　字数：216 千字
版次：2022 年 5 月第 1 版　　　　印次：2025 年 5 月第 10 次印刷
京权图字：01-2008-3444　　　　　书号：ISBN 978-7-5217-4042-4
　　　　　　　　　　　　　　　　定价：69.00 元

版权所有·侵权必究
如有印刷、装订问题，本公司负责调换。
服务热线：400-600-8099
投稿邮箱：author@citicpub.com

谨以此书献给我们的导师
约翰·马克斯·邓普顿爵士和汉德利·科顿·邓普顿

并纪念亲爱的
小哈维·麦克斯韦尔·邓普顿和戴维·菲利普斯

目 录

推荐序 "逆向投资大神"邓普顿五大投资原则　V
序言　XIII

第一章
便宜股猎手的诞生
001

> 如果一份资产售价比其真正价值低 80%，那么这就是我们要找的便宜货。换句话说，如果一份资产的标价是其价值的 20%，即值 1 美元的东西仅以 20 美分出售，那么这就是理想的便宜货。

第二章
极度悲观点的第一次交易
021

> 前景越暗淡，回报越丰厚，前提是这个前景发生了逆转。这是极度悲观点投资原则背后的一个基本前提。当笼罩股市上空的情绪发生变化时，你在股价上就能获得非同一般的回报。

第三章
全球投资的基本常识

053

> 作为便宜股猎手，你的目标如果是购买股票市价和你所计算出来的公司价值之间差距最大的股票，那么在全球范围内搜寻这种便宜股就显得合乎情理了。

第四章
发现冷门股：如何成为眼光独到的投资人

079

> 错误观念往往因为受到大多数人的支持而具有广泛的吸引力。藐视传统，你也许会被指责脱离大众，但是如果你接受传统观念并将其视为你的投资策略，你就永远也别想取得比大众更好的收益。

第五章
股票的死亡，还是牛市的重生？

107

> 如果你仅仅从市场观察家、报纸或朋友那里获取线索，就不会有信心投资那些前景似乎不乐观的股票。相反，如果你肯独立思考，把注意力放在那些具体数据而非公众观点上，你就会获得一种能经受任何市场考验的投资策略。

第六章
面对泡沫：拿出卖空的勇气

131

> 每一次投资热都有一个共同点：表面上看起来很乐观，人们对下跌的风险几乎不予考虑。这种乐观情绪的产生是因为人们预测某一企业在未来会实现惊人的增长，而且这种增长会直线式发展，其间不会出现重大中断。

第七章
在危机中寻找时机

169

> 恐慌和危机会给卖家造成强大压力，却为发现便宜股创造了良机。如果你能在其他人都夺门而逃的时候岿然不动，好股票就会轻松落入你的手中。

第八章
关注长期前景，发现历史规律

195

> 普通投资者和伟大投资者之间的区别不在于他是不是个选股高手，而在于他是否愿意买下其他人不要的股票。

第九章
债券：长期投资的首选
219

> 关于债券，如果你只记得一件事，那就应该是：债券的价格和利率走势相反。如果利率升高，债券价格就下降；如果利率下降，债券价格就升高。

第十章
投资中国：巨龙从沉睡中觉醒
237

> 中国的经济增长率十分引人注目，邓普顿相信，照这种增长速度，中国在未来 30 年会超过美国，成为世界上最大的经济体。

推荐序

"逆向投资大神"邓普顿五大投资原则

约翰·邓普顿是全球著名投资大师。1999年，*Money*杂志将邓普顿评为"20世纪最伟大的选股人之一"。2006年，邓普顿与巴菲特、彼得·林奇、格雷厄姆等共同荣获《纽约时报》评选的"20世纪全球十大顶尖基金经理"。《福布斯》则称邓普顿为"全球投资之父"及"历史上最成功的基金经理之一"。由此可见，邓普顿在投资界的声誉之高、地位之重。

邓普顿管理的邓普顿成长基金成立于1954年11月，如果此时你买入1万美元，到1992年邓普顿退休，38年这1万美元能增值到200万美元，年化收益率14.5%，平均每年跑赢市场3.7%，领先幅度有三分之一，业绩卓越，业内罕见。1992年，邓普顿退休转让基金公司时，其资产管理规模高达213亿美元。

巴菲特有句名言，向大师学习一个小时，胜过自己苦苦摸索十个小时。我们如何向邓普顿学习呢？最简单方便的办法就是读关于邓普顿的好书。

这本《逆向投资》是邓普顿哥哥的孙女劳伦所写，邓普顿本人亲自作序，可见他对这本书的认可。而且，这篇序言写于他去世前一年，可以说是邓普顿对自己一生投资策略的总结。序言不长，1 000多字，但我建议所有读者仔细阅读，毕竟要了解邓普顿，最权威的莫过于他本人写的东西。

既然这是一本讲述邓普顿投资策略的重要图书，我们如何来读比较好呢？

与格雷厄姆、林奇等投资大师相比，邓普顿同样坚持以价值投资原则为本，但是他特别强调逆向投资，特别善于逆向投资，也特别敢于在市场极度悲观的时候逆向投资。逆向投资让邓普顿赚到人生第一桶金，也让他的基金业绩38年大幅跑赢市场，所以我称邓普顿为"逆向投资大神"。

按照邓普顿为这本书写的序言，我把邓普顿的投资策略梳理成五个基本原则，即以逆向投资为中心，并与其他四个原则互相关联：以价值投资为选股的根本，以分散投资来降低组合风险，以全球投资来扩大机会池，以极度悲观点投资为逆向投资的极致。

以逆向投资为中心

邓普顿认为，要做成很便宜划算的股票投资，唯一的方法就是逆向投资，在别人都在卖出时买入。"市场上有人愿意用估值很便宜的价格卖出股票，只有一个原因：因为别人都在卖出。再也没有别的原因。要买到估值很便宜的价格，你必须去寻找并投资大众普遍最害怕和最悲观的冷门股。"

可见逆向投资违背我们的生活常识，正如邓普顿所说："可以说不管做什么事情，人们都在努力奔向未来前景最美好的地方。你找工作会去未来前景良好的行业，你办企业建工厂会去发展前景最美好的地区。但是，我的看法是，如果你是在选择股票去投资，那你就必须反过来做——逆向投资，在未来前景最糟糕的冷门股中寻找便宜股。"

逆向投资违背我们的生活常识，却是邓普顿一再强调的重点，为什么？困难不在于估值分析，而在于有勇气与大众逆向而行。

邓普顿在70多年的投资生涯里，一直奉行这个投资座右铭："在别人都在沮丧地卖出时买入，在别人都在热情地买入时卖出，这样逆向投资，需要你意志极其坚强才能坚持做到，但是最终会给你带来极其丰厚的长期回报。"

这让我想到了巴菲特在2008年金融危机时发表在《纽约时报》上那篇文章中的一句话："我投资买入股票时奉行一个简单的原则——在别人贪婪时恐惧，在别人恐惧时贪婪。"

逆向投资非常赚钱，原因就在于难以做到，也很少有人能够做到。

我很喜欢这本书中讲的邓普顿四个逆向投资典型案例：第六章讲到他在1999年科技泡沫时逆向做空科技股；第七章讲到他2001年"9·11"事件发生后逆向买入航空股；第八章讲到他在1997年亚洲金融危机之后通过基金逆向投资韩国股市；第九章讲到他在2000年大牛市期间逆向推荐买入债券。

以价值投资为选股的根本

国内很多人喜欢把价值投资上升到哲学、国学，甚至玄学，简直越讲越玄乎，邓普顿却把价值投资说得非常简单易懂：价值投资就是买便宜股。邓普顿称自己是便宜股猎手："我们能用的投资方法有很多，但是我过去70来年运用下来最成功的投资方法就是买入便宜股，买入那些市场价格远低于其内在价值的股票。"

写到这里，正好想到我刚翻译的"巴菲特2022年致股东信"，最后一句巴菲特也称自己为便宜股猎手。bargain hunter，在这本书中指的就是便宜股猎手，这样翻译比较高大上，其实用通俗的说法就是，专门找物美价廉便宜货的人，不是很便宜很划算，坚决不买。

马克·莫比乌斯在邓普顿手下工作多年，以管理新兴市场基金闻名于世。他回忆说，邓普顿对手下基金经理的具体投资选股可以说是完全放手，唯一称得上指导的只有一句话："一直寻找便宜股！"

投资就是生活，生活就是投资。我很喜欢这本书第一章讲到的内容，邓普顿在生活中购物只买便宜货，在投资中只买便宜股。本书第二章用一个孩子要卖掉他的汽水小摊的故事，说明了价值投资的本质，买股票就是买企业，关键是看价格是否大大低于企业的内在价值。

只买便宜股，这是邓普顿逆向投资策略的基石。邓普顿如何确认股价足够便宜划算呢？本书第三章、第四章和第五章分别介绍了邓普顿的市盈率（P/E）、市盈率与增长率之比（PEG）、市净率（PB）三大估值指标及应用案例。

以分散投资为组合稳定器

逆向投资有时会看错，价值投资有些个股估值可能会出错，导致组合业绩大起大落，大幅震荡，所以邓普顿强调逆向投资的组合必须足够分散："分散投资，应该是任何投资计划的基石。"

邓普顿谈到分散投资的好处时说："唯一不应该分散投资的人，是每次都看对的人。"邓普顿理性地承认，他做的投资也不见得每笔都能赚钱，所以希望把投资失败的风险分散到很多只个股上，让个别股票选股错误的亏损对组合的影响变得很小，从而让组合业绩更加稳定，所以分散投资就是逆向投资的风险减震器和业绩稳定器。

这也是格雷厄姆的教诲，他总是分散投资到200只股票上。管理邓普顿成长基金期间，邓普顿总是分散投资好几百只股票，林奇的后期投资组合里有1 000多只股票。

本书第三章详细分析了逆向投资应该分散投资的主要原因。有很多学术研究表明，充分分散投资，组合收益率波动性更小，收益率更高。事实证明，很多人做股票选来选去，还跑不过代表整个股市的指数，就是因为指数相当于同时分散投资市场上所有股票，所以个股风险大大减小。

这里我不再多说，只是说上一句大实话：格雷厄姆、林奇、邓普顿这些厉害的投资大师，都始终坚持分散投资，你最好也不要过度自信。

以上所讲的邓普顿三大投资原则，以逆向投资为中心、以价值投资为选股的根本、以分散投资为组合风险稳定器，是几乎所有投资大师的共同做法，而全球投资和极度悲观点投资是邓普顿的招牌。他通过全球投资把逆向投资的选股范围扩大到了极致，通过极度悲观点投资把逆向投资的逆向程度做到了极致。

以全球投资来扩大机会池

邓普顿有两大招牌，第一个就是全球投资。

可以说，邓普顿是美国基金经理全球投资第一人，这不是我说的，彼得·林奇在《战胜华尔街》第六章中就这样写道："我是1984年开始正式投资美国以外的海外股市的。""除了约翰·邓普顿之外，我是第一个重仓投资美国以外海外股市的美国基金经理。邓普顿成长基金，是我管理的麦哲伦基金的全球版。不过我一般只是把10%~20%的资金投资于美国之外的海外股市，邓普顿则是把大部分资金都投资于美国以外的海外股市。"

邓普顿于1954年在加拿大设立邓普顿成长基金，向北美地区客户发行，进行全球投资，比林奇早了30年，仓位比例也比林奇大得多，因此林奇也承认，邓普顿是美国全球投资基金经理第一人。

全球投资有双重好处，既能增加机会，也能降低风险。

一方面，全球投资让邓普顿逆向投资选股的机会池扩大了五六倍，毕竟美国股市只有5 000只股票，加上欧洲、日本、韩国、东南亚、中国股市，就是2万多只股票。邓普顿曾说："如果你想寻找非比寻常的交易，不能只在本国股市寻找，要到处寻觅。我一直坚信全球投资的理念。这一直是我的信条。"

另一方面，全球投资，组合更加分散，能降低风险，提高收益。邓普顿说："纵观70来年的整个投资生涯，我都在全球各国股市寻找最划算的便宜股。研究表明，长期来看，和简单地只是分散投资于单一国家股市的股票组合相比，分析并投资全球各国股市的股票组合，投资收益会更高，波动性会更低。"

本书第四章、第八章和第十章详细讲述了邓普顿如何先后投资日本股市、韩国股市、中国股市，如何分析这些国家和股市的机会和风险，又如何选择个股。特别是投资日本股市，让邓普顿一战成名。

以极度悲观点投资为逆向投资的极致

什么时候股市最便宜？市场上所有人在卖出股票的时候。

什么时候市场上所有人在抢着卖出股票？市场情绪悲观到了极点

的时候。

邓普顿称之为极度悲观点:"在市场到达极度悲观点时投资买入,这是我70多年投资生涯一直使用的基本原则。也就是说,市场最悲观的时候,正是你应该最乐观的时候。这本书详细解读了我在70多年投资生涯中使用了哪些方法来确认市场情绪到达了极度悲观点,这些方法适用于个股,适用行业板块,也适用于一个国家的整个股市。"

极度悲观点投资是逆向投资的极致,因为极度悲观就会发生恐慌性抛售,导致股价被极度低估,此时大胆买入自然极度便宜,若能长期持有,未来盈利自然极高。

邓普顿在70多年的投资生涯里,不是一次,而是多次在极度悲观点逆向投资。本书中就讲了三个案例,你一看就知道,那可不是一般的极度悲观点。

邓普顿第一个极度悲观点的投资案例为他赚来了第一桶金,本书第二章有详细讲述。1937年3月到1938年3月,对第二次世界大战的担忧导致美国股市下跌:仅仅12个月,股市就下跌49%!担忧世界大战,股市暴跌一半,市场到达了极度悲观点。

1939年,邓普顿找以前的老板借了1万美元,在美国两个交易所买入所有价格低于1美元的股票,一共买了104只。后来他对这些股票平均持有4年,只有4只股票亏钱,整体盈利增长了3倍,1万美元变成4万美元。这相当于当时一个纽约白领10年的工资收入,能买一栋独栋别墅。

邓普顿第二个极度悲观点的投资案例写于第五章,美国《商业周刊》1979年8月有一期的封面标题是"股票已死"。1982年道琼斯指数在800点上下震荡,邓普顿却在电视节目上公开表示:美国投资人正站在一个大牛市的面前,未来十年道琼斯指数将会涨到

3 000点。也就是说，他预测未来10年市场是1982年的4倍。结果，1991年，邓普顿的"10年4倍"预言成真。

邓普顿第三个极度悲观点的投资案例出现在第七章，2001年"9·11"事件发生后，航空业受到严重冲击，他却逆向买入航空股。这让我想到巴菲特在金融危机最悲观的时候大量买入银行股。

能取得大成功，才能称得上大师，而要取得大成功，必须有大勇气。在市场悲观到达了极点时投资买入，是最极致的价值投资，也是最极致的逆向投资。极度悲观点投资才是邓普顿最大的招牌、最大的绝招，而且他是多次在极度悲观点勇于逆向投资而大获成功，所以我才称邓普顿为"逆向投资大神"。

最近几年，全球新冠肺炎疫情凶猛，政治、战争等"黑天鹅"事件也不断发生，市场情绪相当悲观。危机危机，危中有机。逆向投资几乎就是一买就套，极度悲观点投资买入甚至会套了又套，长期煎熬，久经考验，极不容易，所以成功的逆向投资才会有很高的长期盈利。

让我们再次诵读"逆向投资大神"邓普顿那段全世界流传最广的逆向投资名言：

> 牛市生于悲观，长于怀疑，成于乐观，死于狂热。市场最悲观的时候正是你买入的最好时机，市场最乐观的时候正是你卖出的最好时机。

刘建位
《巴菲特选股10招》作者，《彼得·林奇的成功投资》译者

序言

95岁生日转眼就到，我一直坚信，没有比活在这个时代更幸运的了。我们都应该深深感恩能够生在这样一个不可思议的繁华盛世。活到现在，我把几乎所有的努力和才智都倾注给了邓普顿基金会，它的宗旨是为全世界人民创造精神财富。

直到今天，仍然有投资者给我写信，向我征求投资建议或表达对全球经济的担忧。纵观历史，无论在投资领域还是在日常生活中，人们总是很少注意到各种问题所带来的机会。在我这一生中，人类取得了无数非凡的成就。21世纪带给我们巨大的希望和美好的承诺，也许这又是一个充满机遇的黄金时代。

《逆向投资》一书简要介绍了我的投资生涯。我的侄孙女劳伦·邓普顿和她的丈夫斯科特·菲利普斯在书中描述了便宜股猎手的投资心理。我们能用的投资方法有很多，但是我过去70来年运用下来最成功的投资方法就是买入便宜股，买入那些市场价格远低于其内在价值的股票。纵观70来年的整个投资生涯，我都在全球各国股市寻找最划算的便宜股。研究表明，长期来看，和简单地只是分散投资于单一国家股市的股票组合相比，分析并投资全球各国股市的股票组合投资收益会更高，波动性会更低。分散投资，应该是任何投资计划的基石。

在市场到达极度悲观点时投资买入，这是我 70 多年投资生涯一直使用的基本原则。也就是说，市场最悲观的时候，正是你应该最乐观的时候。这本书详细解读了我在 70 多年投资生涯中使用了哪些方法来确认市场情绪到达了极度悲观点，这些方法适用于个股，适用行业板块，也适用于一个国家的整个股市。

可以说不管做什么事情，人们都在努力奔向未来前景最美好的地方。你找工作会去未来前景良好的行业，你办企业建工厂会去发展前景最美好的地区。但是，我的看法是，如果你是在选择股票去投资，那你就必须反过来做——逆向投资，在未来前景最糟糕的冷门股中寻找便宜股。市场上有人愿意用估值很便宜的价格卖出股票，只有一个原因：因为别人都在卖出。再也没有别的原因。要买到估值很便宜的价格，你必须去寻找并投资大众普遍最害怕和最悲观的冷门股。只要你低价买到大量有获利潜力的股票，那你就做了一次成功的投资。要做到这一点，唯一的方法是在别人卖出时趁机买入。在这一点上，投资者经常会陷入矛盾，因为要与主流意见背道而驰并不是件容易的事。以下是我在整个投资生涯中所奉行的原则：

> 在别人都在沮丧地卖出时买入，在别人都在热情地买入时卖出，这样逆向投资，需要你意志极其坚强才能坚持做到，但是最终会给你带来极其丰厚的长期回报。

我希望投资者读完这本书后，能掌握低买高卖的必要技巧并树立起信心，这往往意味着，要避开受到热捧的事物。记住下面这两句忠告，也许对你会有帮助：

牛市生于悲观，长于怀疑，成于乐观，死于狂热。市场最悲观的时候正是你买入的最好时机，市场最乐观的时候正是你卖出的最好时机。

约翰·M. 邓普顿

2007年9月

第一章

便宜股猎手的诞生

1931 年，我大学二年级开学之初，父亲沉重地告诉我他已无法再为我负担哪怕是 1 美元的学费了。当时这个消息对我来说不啻兜头一盆凉水，不过现在回想起来，这对我而言却是再好不过的事了。

——约翰·邓普顿

我们究竟是怎样的人，很大程度上在我们童年时期就已经定型了。拿我叔祖父约翰·邓普顿来说，他对待生活、投资以及公益慈善事业的方式和态度就深受其童年生活的影响。邓普顿从小生活在田纳西州温彻斯特的一个小镇上，从他的父亲老哈维和母亲维拉那里继承了一套传统的价值观。在日后漫漫人生旅途中，无论何时，身处何境，这套价值观都始终指引着他一路前行。他早期奉行的美德是节俭、勤奋、自信、对事物充满好奇心。如果用一个词来描述他的性格特点，那就是"天性乐观"。他这些美德的形成主要得益于家庭中那种独特的自由宽松的成长环境，以及他在年近20岁至20岁出头这一时期丰富而深刻的人生经历，其时正值世界经济大萧条的特殊时期。我们需要了解的最重要的一点是：他的这些美德和早期丰富的经历是如何使他在日后成为世界上最成功的投资者的。

就投资方式而言，邓普顿经常会被划归到价值投资者的行列中去。"价值投资者"这个词会让我们联想起元老级著名投资者、《证券分析》一书的作者本杰明·格雷厄姆。世界上另一位大名鼎鼎的投资大师沃伦·巴菲特曾师从格雷厄姆，并在他的帮助下形成了自己的投资风格，格雷厄姆也因此蜚声世界。简而言之，邓普顿在投资过程中的确运用了格雷厄姆早期的投资方法，不同的是，他最后把那些已被奉为金科玉律的著名方法又发扬光大了。我们暂时把本杰明·格雷厄姆的教导搁在一边，先简单介绍一下价值投资者的定义。所谓价值投资者，就是打算用认为低于一份资产或一件物品真正价值的价格去购买这份资产或物品的人。这个定义的核心有一个简单却很关键的假设前提，即资产或物品的价格与其真正价值不一样。

很多价值投资者都曾效法并运用过本杰明·格雷厄姆的投资方法，人们很可能会据此认为邓普顿也读过《证券分析》，并运用了书里介绍的投资方法，从而成就了他在投资领域的辉煌历史。然而事实并非如此。实际上邓普顿看到《证券分析》这本书是在20世纪30年代，其时风华正茂的他已升任职业投资顾问了，他作为价值投资者的投资生涯则比这要早得多。

邓普顿幼年的时候，他的父亲老哈维在温彻斯特当律师。老哈维的事务所位于小镇广场上，从窗户里一眼就能看到县法院。从20世纪20年代中后期一直到经济大萧条时期，在处理法律事务之余，老哈维还经常积极谋求财富积累的各种方法，如轧棉花、卖保险、出租房屋、购买农场等。有趣的是，正是购买农场这件事给年幼的邓普顿上了价值投资的第一课。在20年代，农场的收入一般非常有限，平均每年大概只有200美元。邓普顿看到，当时各种商业冒险的失败概率很高，冒险者甚至还会倒霉地丧失其抵押品赎回权。通常情况下，如果农场主人丧失其抵押农场赎回权，其农场就会在温彻斯特的小镇广场上被拍卖，由出价最高者获得。

小镇广场上开始拍卖农场的时候，老哈维二楼事务所的地理位置绝佳，他从窗户里就可以把拍卖会的拍卖过程看得一清二楚。每当拍卖会上没有出价者的时候，老哈维就会从事务所快步下楼来到广场出价，在这种情况下，他通常会以极为低廉的价格买下农场。到20年代中期，他已经拥有了六处资产。邓普顿幼年时期看到的这一切就像一粒种子，慢慢结出硕果，即日后他最著名的投资方法。这种投资方法，用他的话来说就是趁商品价格处于"极度悲观点"时立即买入，即"极度悲观点原则"。数十年之后，邓普顿的哥哥小哈维（我的祖父）将这些以远远低于其实际价值的超低价格购买的地产卖给了商业开发商和房地产开发商，结果可能你已经猜到了——这带来了更多的财富。

以现在的眼光来看，当时的那些农场无法吸引任何买主这一事实似乎有些令人难以置信。然而，通过邓普顿数十年资本管理生涯中的那些成功投资实例，我们会发现，这种异常情况在世界股票市场上不断地重复上演。投资者的投资理念，与邓普顿的父亲老哈维当年站在事务所台阶上作为唯一出价者，以极其低廉的价格购买农场的投资方式如出一辙。我们大部分人都明白，在拍卖会上，如果你是唯一的出价者，你就能以极为优惠的价格，甚至是意想不到的低廉价格获得拍卖品。进一步讲，股票市场上最反常的情况之一往往是，当股价下跌或"低价待售"的时候，很少会有买家购买；相反，当股价攀高，买家就会纷纷跟风买入。一处价值不菲的农场仅仅因为没有其他人出价，就能以不可思议的低价被人很便宜地买下，邓普顿幼年时期的这种经历给他留下了深刻的印象，这种印象终其一生影响着他。

一般人会通过观察，运用他人的成功方法来获取宝贵的经验，然而，更聪明的人会从他人的失败中吸取教训以免重蹈覆辙。简而言之，聪明人从自己的错误和失败中获得经验，而更聪明的人则从他人的错误和失败中获得经验。对邓普顿具有启发作用的另一重要经验依然来自父亲老哈维，只不过在这次的经历中，好运气逆转了。

前面提到过，老哈维曾经有过多次商业冒险经历。老哈维有一台轧棉机和一个抵押来的棉花仓库，他一边轧棉花一边经营仓库。当时田纳西州富兰克林镇上总共才有三家棉花厂，他的厂子当时生产能力还不错。下面要谈到老哈维的一个特点，我们家族大多数了解他的人都说，他是个想要一夜暴富的人，因为他总在千方百计地寻找新的机会以期大捞一笔。为此，在纽约和新奥尔良的棉花交易中，他将大笔资金投入棉花期货中。邓普顿和小哈维常提起一件往事，说有一天，他们的父亲老哈维走进房间大声叫道"孩子们，我们发财了！我们刚刚在棉花期货市场上赚了大钱，钱多得你们简直都想象不到，你们这辈子再也不用工作了，连你们的孩子、孙子也不用工作了……"孩子们听了兴高采烈，但是还没高兴几天，老哈维又一次走进房间，看着他的孩子们，缓缓地说："孩子们，我们赔光了，我们完蛋了。"

目睹从财富的巅峰滑向绝望的低谷，这种经历即使谈不上令人窒息，至少也令人十分痛苦，但显然正是这次经历给邓普顿上了难忘的风险管理第一课，也让他认识到金融市场所创造的"纸上富贵"是虚浮不定、把握不住的。这个在投资上大起大落的例子就是老哈维商业生涯的典型写照。总之，他那种冲动性的商业行为，再加上缺乏储蓄意识，致使他的经济状况一直不太稳定。后来，他甚至沦落到要向邓普顿和小哈维借钱以继续他的投资事业的境地。毫无疑问，幼年时期目睹的这些事情使得邓普顿和小哈维极端重视节俭。两个孩子在成年以后甚至将节俭上升到了"艺术"的高度，认为节俭就是运用创造性的方法存钱。二人都认为安逸稳定的生活与善于储蓄密切相关。

邓普顿总给我们讲他和他第一任妻子在婚后不久搬到纽约的事情。为了开创他的投资事业，他们当时约定把他俩收入的一半存起来。每进账1美元，把其中50美分存起来，另外50美分拿去投资。为了保证这种高比例储蓄，他和妻子朱迪丝费尽心思想了各种办法。搬进他们在纽约的第一所不带家具的公寓后，他俩立刻开始在报纸上仔细搜索家具拍卖和房地产买卖的广告信息。等到把带有五个房间的公寓全部配齐家具时，他们总共只花了 25 美元（供好奇的读者参考，这大致相当于 2006 年的 351 美元）。他们还发动朋友一起搜寻便宜货，甚至包括市内各处的特价套餐，目的就是只花 0.5 美元（相当于 2006 年的 7.03 美元）吃一顿饭。

邓普顿和妻子就这样成了顶尖的便宜货猎手。他们的猎取行动与其说是购买便宜货的过程，倒不如说是搜索便宜货的过程。邓普顿最满意的交易之一是，只花 5 美元就买到了一张价值 200 美元的沙发床。由于当时的经济还未完全走出大萧条的阴影，他们因此得以利用人们的破产和各种几乎没有出价者关注的拍卖会。几年之后，他们的长子杰克出生了，邓普顿和朱迪丝又把家搬到了新泽西州的恩格尔伍德镇。他们用 5 000 美元现金买下了一所住宅，这所住宅 5 年以后被他们以 17 000 美元的高价卖掉了。为了满足你的好奇心，解释一下：这相当于在短短 5 年时间内，他们的复合收益率达到了 28%。在不包括他的股票投资收益的情况下，这样的收入还算可观吧。在以上种种投资中，邓普顿惯用的一个基本原则是：买任何东西都务必使用现金支付，这样你就永远是利息的受益者，而不是利息的支付者。这条原则对他一生影响极为重大。他一生当中从未借过抵押贷款，从不借钱买车，即使在经济不景气的时期，他也总是有充足的积蓄助他渡过难关。

在邓普顿的例子中，我们可以看到猎取便宜股不必仅限于投资领域，这是他从过去到现在一直遵奉的一种生活哲学。在交易中，不断寻找最大利益，这是一种不受约束的自由思维方式，也是一种生活方式。了解邓普顿和朱迪丝搜寻便宜货的过程和方式这一点很重要，因为这与邓普顿在全球股市搜寻便宜股所运用的密集深入的搜索方法毫无二致。他仔细研读价值线公司（Value Line）①的股票分析预测报告、各公司的财务档案以及其他一些相关材料。在某种意义上，通过以上方式搜寻便宜股的做法是他内心本能渴望的一种延伸，即渴望在别人以低于他心目中物品真正价值的价格卖出时趁机买入。无论要买的是家具、房子、股票、债券，还是哪怕一顿饭，都无关紧要，重点是：寻找便宜货。

值得注意的另一点是，通过观察邓普顿的日常购买情况，我们可以更好地理解什么样的东西对他来说才算是便宜货。与普通人相比，他对便宜货的看法更加极端。为了更深入地说明他对便宜货的量化标准，邓普顿常举例说，如果一份资产售价比其真正价值低80%，那么这就是我们要找的便宜货。换句话说，如果一份资产的标价是其价值的20%，即值1美元的东西仅以20美分出售，那么这就是理想的便宜货。要找到折价这样高的便宜货可不是一件容易事，不过无论如何却值得把它当作一个目标。

邓普顿长期省吃俭用，搜寻便宜货到了如此极端的地步，这不免令人感到奇怪，其实这是有原因的。原来他不仅把这作为他工作中的理论指导原则，而且还专门有意积攒本钱，用以开创自己的投资顾问事业。邓普顿最终实现了他的目标，他以5 000美元买下了一位名叫乔治·汤的老人经营的一家投资顾问公司。这家公司只有8位客户，他将其更名为汤-邓普顿-杜布劳公司。几年以后，他的公司与万斯-蔡平公司合并，公司再次更名为邓普顿-杜布劳-万斯公司。公司创业

---

① 价值线公司是美国最大的独立投资研究公司之一，该公司的研究很出色，许多市场分析师都把价值线公司对某股票的报告考虑在内，其出版的最知名的周刊是《价值线投资调查》（*Value Line Investment Survey*）。——译者注

初期，邓普顿全靠以往积蓄才得以度过经营小公司初期那些业务惨淡的年头，他经常付不出薪水给自己。

靠着早期的积蓄，邓普顿逐渐由经营公司转而开始管理邓普顿成长基金，从此他开始帮助数十万投资者存钱、创造财富和安全感。要特别指出的是，这可并非只是机缘巧合，而是得益于邓普顿作为投资者获得巨大成功背后的驱动力。邓普顿十分注重节俭，并把它视为一种美德。怀着这个信念，他认为自己的职责就是帮助别人，让那些积极储蓄的人也能和他一样享受财富和安全感。邓普顿经营基金的目的不是获得高回报。他真心实意地相信，他做基金经理是否成功，取决于他是否有能力帮助客户供儿孙上大学，或为他们的退休生活做好规划准备。他很认真地将之视为自己的责任。

在商界，通常最成功的人都是因为怀有高尚的目标而登上了事业的顶峰。尽管不排除有些成功人士是受到金钱的驱动，但是有相当多的人之所以取得成功，是因为他们胸怀无私，以造福他人为己任。山姆·沃尔顿经营沃尔玛的愿望是降低美国人购买商品的成本，使他们口袋里可以有更多的闲钱，从而改善他们的生活，尽管如此，他还是经常遭人误解；亨利·福特希望为普通大众生产汽车，而不是像当时其他汽车制造商那样，只卖车给有钱人；内布拉斯加家具超市（内布拉斯加家具超市可能是目前为止经营最成功的家具店，现在归伯克希尔－哈撒韦公司所有）的创办者罗斯·布鲁姆金夫人常说，她经营的目的是生产顾客买得起的好家具，帮助他们改善生活；"行善得福"是本杰明·富兰克林积极倡导的思想，后来这一思想成了商界的制胜良方。

因此，难怪邓普顿很早就开始厉行节约，积极储蓄，并乐意与他人分享自己出众的投资才华，用他能找到的最佳便宜股，为他的投资人以钱生钱。邓普顿奉行节俭，善于寻找便宜货，执着地相信利可以滚利，虚心采纳母亲维拉的建议——"找到需求，然后满足它"，这些正是他事业获得成功的不二法则。他找到的"需求"是帮助人们创造财富，改善他们的生活，他满足这种需求的能力经过多年的磨砺，终于使他开创了自己的事业。经营伊始，邓普顿便下定决心要贡献自己的力量为同胞造福，在他有生之年的每时每刻，他一直在努力实现这一心愿。

至此，我们已经讲过邓普顿的父亲老哈维对他的投资哲学和信念产生了重要影响，但这并不表示母亲对他就没有影响。其实，母亲维拉对邓普顿的影响甚为深刻，她灌输给他长老会和合一派的许多美德，包括工作勤奋、帮助他人。其中"帮助他人"是对邓普顿影响最为深远的教导之一，这一点从他的话里可以了解得很清楚："只要做的事情真正能造福他人，就一定会成功。我喜欢投资顾问这个工作，也喜欢帮助别人。帮助别人带来的乐趣，花几千美元也买不到。"

熟悉邓普顿的人也许已经发现，他拥有强烈的进取心和自由意志，这些都直接来自他的母亲。在那个时代，维拉身上体现出来的自由精神和雄心壮志少有人能与之相比。举个例子，20世纪20年代，在邓普顿和小哈维还是孩子的时候，她已然只身从温彻斯特前往得克萨斯，在百万英亩的肯尼迪农场当家庭教师。维拉还有一点与众不同之处：20世纪初她在田纳西州乡下读过高中和大学。尽管这些事情在当时已经足以让人钦佩不已，但更让人称奇的是，她还曾经募款并持续捐助一位中国基督教传教士甘辛华。

在年幼的约翰·邓普顿眼里，文化和地域无疆界。这种眼界直接来自维拉，她就不认为这个世界存在什么不可逾越的界限。20世纪初期，在传统保守的南方，这位年轻的女士便打破习俗，接受了良好的教育，独立自主，见多识广，积极进取。这些特质也逐渐灌输给了邓普顿和小哈维，两个孩子从未受过父母的严格约束与管教，也从未听父母说过"不"。在一些人看来，这种教养方式显然会使局面混乱到不可收拾。然而事实恰恰相反，维拉自由放任的教养方式培养出了两个极其好奇、聪明而且成就不凡的孩子，他们对接触过的任何事物都十分精通。

邓普顿总是告诉我们，小时候，如果他或小哈维问他们的母亲某样东西是怎样工作的，或为什么是那个样子，她一般都不给他们完整的答案。一两天之后，当他俩走进房间，就会发现桌子上放着和他们讨论过的主题有关的书供他们阅读。关于两个男孩子的好奇心，有个例子在此特别值得一提。在他们分别11岁和14岁的时候，兄弟俩对电产生了浓厚的兴趣。维拉通情达理地告诉他们，她已经在顶层阁楼收拾出一块地方，让他们做实验。在实验中，小哈维带头，两个孩子从图书馆把能借的书都借来，找了一大堆电线和一些仪器装置，开始把电从屋里接入他们的"实验室"。两个人自豪地说，他们曾一度把1万伏的电导入那个小小的空间。小哈维总是力图将知识应用于实践，他运用刚掌握的新技能，给老哈维租给房客的一些房子拉了电线。这种事在当时看上去很不寻常，但对小哈维和邓普顿来说，却不过是他们童年生活的一部分而已。

另一个有关两个孩子惊人创造力的例子发生在小哈维约10岁那年。两个孩子从无到有，居然制作出了一台收音机。每天傍晚时分，很多当地农夫都会聚集过来，收听两个孩子自制收音机里传出的声音。他们怎么也搞不懂那个"凭空发出声音"的小小电匣子究竟是用什么做出来的。

小哈维和邓普顿就这样无拘无束、自由自在地发展着他们的好奇心和雄心壮志，这养成了二人"一切皆可为"的处事态度。他们几乎从未终止过导接电线、制作收音机或重新拼装汽车这类事情。两个孩子对所受的正规教育也持相同态度。当念高中的邓普顿开始考虑上大学的时候，母亲维拉灌输给他的那种冒险精神和独立自主意识使他把眼光放到了离家很远的地方。在佐治亚理工学院就读的小哈维，后来转学进入了耶鲁大学，邓普顿也想念常春藤名校。原来小时候，小哈维有一次问温彻斯特的一位老农夫，全美国最好的大学是哪一所，那位农夫张口就说是"耶鲁"。

正常情况下，邓普顿考入耶鲁大学并不是件难事，因为他门门功课都是"A"。但高中一年级的时候，他看了入学考试内容，意识到温彻斯特高中的学生不可能考上耶鲁，因为温彻斯特的高中没有开够耶鲁所要求的四年的数学课程。在实现目标的道路上，从未听到过"不"的邓普顿去找了校长。校长听完邓普顿的问题，回答说可以开设第四年的数学课，问题是他们既没有学生，也没有可以教这门课的老师。校长解释说，他们至少需要八名学生才能开课，当然还需要一名老师。邓普顿当即自告奋勇："没问题，我来教这个班。"

邓普顿找来八个愿意上课的朋友，还说服校长让他教课。从此他就开始既当老师，又当学生，并通过了校长主持的考试。关于这段经历，他最喜欢说的俏皮话就是"我教的学生全部及格了"。通过这门课的考试，他也就通过了进入耶鲁的最后一关，因为在高中每一学年结束时，他都参加了在纳什维尔的范德堡大学举行的大学年度入学考试，而不是像现在的高中毕业生学术能力水平考试（SAT）这样一次性全部考完。

维拉不断为她的孩子提供书本知识，强调主动探索的观念，这在两个孩子的成长过程中发挥了重要作用。不仅如此，她还在两个孩子心中留下了另一个不可磨灭的印象：她酷爱旅游，对新的冒险乐此不疲。邓普顿12岁、小哈维15岁左右的时候，维拉决定带他们去旅行。那年夏天，他们把各种物品装上车，旅行了两个多月。他们从美国东北部开始了探险之旅，去过华盛顿特区、费城和纽约。旅行途中，他们经常沿路扎营，自己煮饭，列出想去参观的所有景点和博物馆。几年以后的一个夏天，维拉带着两个孩子又一次踏上了为期两个月的探险之旅，这次是游遍密西西比河以西的所有著名景点，包括美国国家公园和太平洋。这种冒险精神和对旅行的渴望牢牢扎根在邓普顿心里，影响了他的一生。成年以后，他也效仿母亲，带着自己的孩子、侄子和侄女，包括我父亲小哈维四处旅行，还去过一次欧洲。和母亲维拉一样，邓普顿让孩子们自己做主，交给他们很多重要的任务，比如保管旅行经费并记录开销、规划当天行程、选择住宿地点。从很多方面来说，从维拉开始，对旅行的热爱在我们家族就不断延续下来，并逐渐成为一种传统，我所认识的几乎每一位邓普顿家族成员都热爱四处旅行冒险，见识世界上的不同地方。

　　邓普顿从耶鲁毕业后，成功地拿到了牛津大学贝利奥尔学院的罗兹奖学金。这之后，他和一个朋友从牛津出发，开始了周游世界的旅行，打算游览35个国家。这次旅行完全是典型的邓普顿家族旅行方式，旅行经费少得可怜，他们出发时只带了200英镑，其中将近一半还是邓普顿在牛津靠赢牌攒下来的。尽管经费紧张，但邓普顿是一个天才规划师，他已预先规划好了整个旅程，包括将资金分成若干份，分别用于旅程的各个阶段。接着他又进一步将精心计算好的经费直接邮寄到行程的相应站点，目的就是严格控制花销。在这次旅行中，邓普顿还成了历史的见证者——他们在柏林停留期间，亲身感受了纳粹在1936年奥运会上展现出来的可怕力量。他继续旅行，横跨欧洲，途经中东，之后进入亚洲，其间在印度、中国和日本都停留过。此处令人印象最深刻的不仅是邓普顿那强烈的好奇心和游历世界各地的大无畏精神，还有他在旅途中的所作所为。通过效仿多年前母亲带他旅行时用的方法，邓普顿把旅行变成了一次集中学习。他研究目的地的概况、历史、人民、风俗以及博物馆，这实际上是一种深层次的学习体验。由于他置身于当地文化中，预先研究过当地概况和人民，因此在旅行过程中，他对所到之处的地理、政治等基本情况都有了比较充分的了解，圆满结束了这次旅行。

如果把邓普顿如何成为日后投资高手的过程比作一次旅行，那么此时我们又到了极为重要的一个站点。邓普顿创立邓普顿成长基金之前，投资领域有一种论调，说唯一值得购买的股票是美国股票，这种论调经久不衰，直到最近一二十年才声音渐弱。邓普顿游历丰富，对外面更广阔的世界也更了解，他认为美国投资者普遍持有的这种看法愚蠢而荒唐。当然，这要看你所问何人了，因为人们给出采用这种投资范式的理由五花八门。邓普顿还在耶鲁念书的时候，他的同学大多经济条件良好，许多人都投资股票。邓普顿问他们为何只买美国股票，通常得到的回答是：只有美国才是重要的投资国家。

邓普顿一直认为这种做法既妄自尊大又目光短浅。若干年后，妄自尊大的美国投资者的声势渐渐弱了下来，但是反对海外投资的偏见却还像暗流一样持续涌动。后来，人们对此的解释是不了解外国财务制度，选择在美国的跨国公司进行投资也可以实现与外国经济交流的目的。总而言之，这套普遍而带有偏见的论调体现了当时大多数人的观点，这种观点在邓普顿数十年的职业生涯中一直很流行。并非是他顾虑太多，相信我，只要一有机会利用人们对股票市场的无知和谬见，他就会当机立断，立刻出手。邓普顿认为，投资购买其他国家的便宜股不过是一种常识。只要股票价格便宜，在某个国家投资，与在仅花

5美元就能买到价值200美元的沙发床的纽约邻近地区投资并没有什么区别。

全球化投资现在已是再平常不过的观念了，共同基金领域现在挤满了投资经理，争抢着购买欧洲、亚洲、南美洲甚至天底下几乎任何地方的股票。仔细研究这些基金，你会毫不奇怪地发现，很多基金都带有邓普顿的名字。原来，早在20世纪上半叶还没有一个人购买外国股票的时候，邓普顿就放心地在其他国家展开投资，因为他花了时间让自己见多识广，而不是被偏见牵着鼻子走。在20世纪60年代早期他就开始研究日本股票，这也许是更大、更艰巨的一个挑战。不过，从田纳西州的温彻斯特小镇走出后选择念耶鲁名校，而不是念离家更近也颇有声望的范德堡大学，对邓普顿而言又何尝不是一个更大的挑战呢？

邓普顿熟知外国情况，因为幼年的教育让他知道知识无国界。毫无根据的偏见和成见会让人变得无知，而无知是各行各业前进的绊脚石。邓普顿有着强烈的好奇心，为了满足好奇心，他不断追求知识，这些关系之间不断地互动循环，加快了他一生从未止步的学习进程，这最终与他的天赋才华完美结合，相得益彰。

如果说有一根线贯穿邓普顿投资生涯的始终，那就是他从容镇定运用智慧而不是靠耍聪明做事的能力，尽管他总有一大堆聪明的主意。邓普顿小时候，母亲维拉的朋友和熟人说起他来，都一致认为他"少年老成"。年幼的他身上显露出来的这种性格十分独特，因为他不仅体现出了应有的常识，而且还体现出了非凡的智慧，这种智慧对一个几乎还没有任何人生经历的人来说是十分罕见的。顺便说一下，也正是这种性格使他在投资市场上能遇事不慌，沉着应对。他天赋异禀，生性冷静，因此拥有超越常人的眼光。这听上去很简单，实际上，也确实很简单，但能做到的人却少之又少。

当冲动或流行的错误观念导致股票市场崩溃或形成泡沫的时候（这种事总会周期性地上演），很难从市场上买家和卖家的集体行为中看到起码的智慧。换言之，如果所有的观察者都保持理性就会发现，投资者很容易将自己的常识和智慧最小化。许多投资者说他们急切盼望股市大跌，这样就能捡到便宜股。然而，当我们看到道琼斯指数在一天之内跌了22.6%，就知道现实往往不遂人意。1979年，道琼斯市盈率（市场价格除以每股收益）低至6.8倍，并在此后好几年始终维持在这一较低水平，这时那些狂热的买家都跑到哪里去了？从这个问题中我们发现，对绝大多数投资者而言，购买没有任何买家愿意购买的股票是一件十分困难的事。附带提一下，这恰恰是买便宜股的最好方法，买到便宜股会带来最丰厚的回报。

尽管用狗熊的熊掌向下用力拍击的动作来形容熊市是一种词源学上的错误，但我们不妨利用这个形象幽默一下（这个名词恐怕来自伦敦的股票经纪人，他们熊未捉到先卖皮，即卖空）。如果大多数投资者认为他们可以阻止已经抬起熊掌的狗熊向他们用力拍击下来，他们很可能想错了。而邓普顿却乐于看到狗熊摇动臂膀回身给他重重的一掌，因为他知道股票价格就要下跌了，买家可以买到更多的便宜股。

人的观点和看法十分重要。无论市场表面看上去是多么简单，邓普顿的看法始终异于常人。从邓普顿的话里可以看出他那种与众不同的观点："人们总问我何时前景最乐观，其实这个问题问错了。应该这样问：何时前景最暗淡？"这个观点应用到实践中就是：避免随大溜。这里所谓的大溜指的是股市上绝大多数的买家，他们像潮水一般纷纷涌向那些前景看上去最乐观的股票。避开前景看上去最乐观的情况，这与我们日常生活中的行为方式相悖，例如找工作，我们要挑前途光明的行业，出门要挑大晴天。奇怪的是，这种行为却很难带来投资上的成功。成功投资所需要的是与之相反的行为，即找出前景看上去悲观却具有发展潜力的股票。

想做到这一点，投资者必须使自己脱离众人，甚至不要和他们待在一起。邓普顿早年在纽约做理财工作，1968年他搬到巴哈马后不久，就以共同基金经理的身份创下了最佳业绩纪录。这不是一个巧合。邓普顿总说，自他搬到拿骚以后，他的业绩表现就越来越好，因为地理上的距离使他远离了那些华尔街的经理，他不得不从完全不同于他们的角度思考问题。从那时起，他不再和华尔街的分析师一起，关注相同的公司的业绩表现，参加相同的活动。脱离了华尔街那个环境后，他开始有了自己独特的思想，这使一切都发生了全新的变化。联想到沃伦·巴菲特住在内布拉斯加州的奥马哈市，有些读者也许会好好考虑这种地理和思想上的分离所带来的好处。

从童年开始一直到大学时代，邓普顿一直善于利用股市上人们偶尔的愚蠢或天真的错误想法，这种能力是他在扑克牌桌边练出来的。邓普顿早年是一个玩牌高手，至少与温彻斯特的同龄孩子相比，与后来耶鲁与牛津大学的同学相比，他算得上高手。他8岁左右就学会了打牌，此后经常打牌赢几个小钱。1931年，耶鲁二年级刚开学的时候，他和整个国家一样，面临着一次普遍性厄运——大萧条开始了。就是在这一年，老哈维告诉邓普顿，由于极度糟糕的经济状况，他已拿不出哪怕1美元为邓普顿交学费了。

幸运的是，邓普顿的叔叔沃森·邓普顿资助了他200美元路费让他重返耶鲁，但是之后他要自己供自己完成学业。邓普顿欣然接受了资助，立刻动身回耶鲁，决心找工作挣钱，同时申请助学金。他两件事都做了，但还是不够支付全部学费。他转而将目光盯住了牌桌。他对出过的牌过目不忘，能正确估算出牌概率，并能准确判断其他玩家的水平和出牌策略，这些本事让他在小小的牌桌上赢了不少钱。据邓普顿估计，他学费的25%都是靠打牌赢来的，剩下的75%则靠他在学校勤工俭学和由于学习成绩优秀而获得的学业奖学金。

把邓普顿玩牌的这些插曲与投资联系起来，会给我们带来特别的启示。邓普顿精通牌术，这一点很有趣，因为这个游戏要求玩家有超强的概率估算能力，有敢于冒险的精神，而且或许也是最重要的，要有过硬的心理素质。这样的专业投资者并不少见，他们在金融领域操作技巧娴熟，精通会计学或经济学。事实上，这个世界上聪明人比比皆是，他们能精确分析利润表、资产负债表以及现金流量表，娴熟运用竞争策略这样的微观经济学知识，识破财务把戏，熟练估算出一家公司的内在价值，等等。但是，一个聪明机灵的人要想变成一个成功的投资者，关键是：别做蠢事。

听着似乎很简单，是吗？再认真想想。在扑克牌游戏中获胜所需要的那些条件，同样也是成功投资所需要的条件。你要有能看到种种行为背后的动机或驱动力的本事。假设你像往常一样，正在和同一帮朋友打牌，其中一个朋友有个习惯，在一定情况下，他会虚张声势迷惑他人。因为你已经学会了识别他这套把戏，所以会按兵不动，等他自信满满地抬高赌注的时候，你就叫他摊牌，这样就能轻而易举把他的钱通通收入囊中。当然，股市上不能像牌桌上那样要求别人摊牌，但是如果一只交易股票与其预期收益、现金流量等相比价格过高，就可以断定这只股票，就像你的那位朋友，是在虚张声势罢了。你可以算准你的朋友最后一定会输得连衬衣都不剩；同理，你也可以断定那只价格昂贵的股票也一定会大跌，因为投资者发现他们手里握着的不是一手绝妙好牌，而是最差的一手牌。我们还应该注意到一点，从游戏开始一直到你朋友虚张声势地结束把戏这段时间，你的朋友曾玩一局赢一局，还不断在众人面前使劲炫耀，刺激大家。客观地讲，像邓普顿这种牌桌边的玩家，从当晚一开始就识破了这种虚张声势，他会耐心地等待，最后赢光你朋友的钱。分析并了解了这种股市范式之后，让我们重新回到前面的话题。

一个把钱投入股市的聪明人要想成为一名成功的投资者，还需要一点儿额外条件，那就是良好的判断力。你信也好，不信也罢，邓普顿认为，他的判断力正是他与其他投资者的不同之处。他所受的常春藤名校教育、获得的罗兹奖学金以及拥有的数字和概念方面的天赋等都不重要，在他看来，他的判断力才是他有别于众人、获得高成功率的主要因素之一。附带提一下，邓普顿最喜爱的诗之一是吉卜林的《如果》。诗的开头这样写道："如果在众人六神无主之时，你能镇定自若……"邓普顿就始终能够保持这种异常冷静的头脑。巧的是，《如果》也是我幼年时期最喜欢的诗之一。邓普顿的沉着冷静，可以从他在耶鲁念书时的一次经历反映出来。由于邓普顿当时要自己供自己完成学业，因此他给自己开了一个银行支票账户。然而，像大萧条时期的很多人一样，他也经历了存钱带来的惨痛教训，只能眼睁睁看着存有他资金的银行破产倒闭。作为一个永不认输、坚持到底的人，他继续打工（也继续赌牌）以继续他的学业。第二次存钱的时候，他咨询了一位教授，打算把钱存入纽黑文市最保险的银行。听完了教授的建议，他就去银行把钱存了起来。然而没过几周，他正走在路上，看到长长的一队人已经排到了他那家"最保险的"银行的人行道上了，人们都在叫喊着让银行还钱。他镇定地走向这支队伍，心里已然确定这家银行正在遭受挤兑。他边走边注意到所有的储户都在支票账户窗口前排队，而储蓄账户窗口则没有一个人排队。邓普顿素来沉着冷静，头脑清醒，此时，他径直走向储蓄账户窗口，将支票账户转为储蓄账户，顺利地把钱取了出来。

对那些希望在股市上投资成功的人来说，从以上对邓普顿投资判断力的描述中可以学到很重要的一招，即股市变现很重要。事实上，当股市人人都惊慌失措、不停抱怨情况有多么糟糕的时候，如果你依然能明智地购买投资产品，哪怕是简单但信誉良好、价格低廉的共同基金，那么你就拥有了获得成功的必胜利器。记住我们前面说过的话。当然要接受这一点很困难，因为作为作者的我们也是专业的理财师。事实上，到处不乏精明的基金经理，你们完全可以放心地把自己的积蓄委托给他们。（当然也有些基金经理水平很差，你自己做功课不也有好有差吗？）如果你能看到在拍卖会上以极为低廉的价格买下一个农场所蕴藏的巨大利益，也明白价格之所以如此低廉是因为没有其他人在那儿抬价，那么你就能充分理解"在股市中猎取便宜股"这个概念了。反之，如果事务所的台阶上挤满了竞价者，他们推来搡去，高声叫嚷着把价格越抬越高，那么你很可能就买不到便宜货了。需要记住的重要一点是：如果你和其他所有人一样跟风买卖股票、共同基金或其他任何类似产品，你获得的回报也将与其他人没有什么两样。所以，"如果在众人六神无主之时，你能镇定自若"，你就成功地踏上了明智投资之路。好好想一想邓普顿下面这句话里所包含的真知灼见吧："在别人都在沮丧地卖出时买入，在别人都在热情地买入时卖出，这样逆向投资，需要你意志极其坚强才能坚持做到，但是最终会给你带来极其丰厚的长期回报。"

第二章

极度悲观点的第一次交易

> 牛市生于悲观，长于怀疑，成于乐观，死于狂热。市场最悲观的时候正是你买入的最好时机，市场最乐观的时候正是你卖出的最好时机。
>
> **——约翰·邓普顿，1994 年 2 月**

那是1939年。从1929年10月29日那个"黑色星期二"开始，美国经济一直处于停滞不前的状态，虽然在1935—1937年的两年间，这种低迷的状况暂时有所缓解。这次经济大萧条一直持续长达10年之久，无数人失去工作，无家可归，甚至吃不上一顿热饭，与之相随的那种心理上的恐慌和混乱永远印在了人们的脑海里，挥之不去。1938年，之前两年出现的经济复苏最后证明不过是昙花一现，经济再次陷入衰退的灾难之中。此外，世界大战在欧洲全面爆发的可能性极大。这一切带来的后果就是，在那10年，人们对美国经济所持的看法反复无常，极不稳定。更为糟糕的是，当纳粹开始对欧洲大陆发动攻势的时候，欧洲大陆上个人的自由意志能否得到保障都成了未知数。

毫不意外，所有这些事件在美国股市这个开放式舞台上都一一上演了。如果说第一幕给人带来了希望，那么紧随其后的第二幕就让人陷入了绝望，在这一特殊时期，这种希望和绝望的循环往复让人们付出了惨重的代价。面对呈现在眼前而且还有扩大蔓延之势的这一系列经济和地缘政治危机，投资者的看法和理解不断地发生着剧烈的变化。

根据对道琼斯工业平均指数的研究，这10年是有史以来股票价格变化最反复无常的10年。有关1929年股市崩溃最让人感兴趣，而且也经常被忽略的一点是，真正的灭顶之灾其实出现在随后的两年。不过，大多数人一想到股市的崩溃、经济的衰退和可怕的30年代，都会把这个时期和股市的悲惨处境联系到一起。然而，图2–1清晰地显示出——当然这取决于每个人的观察角度——在那样糟糕的年代，股市依然有一些相当不错的时期。

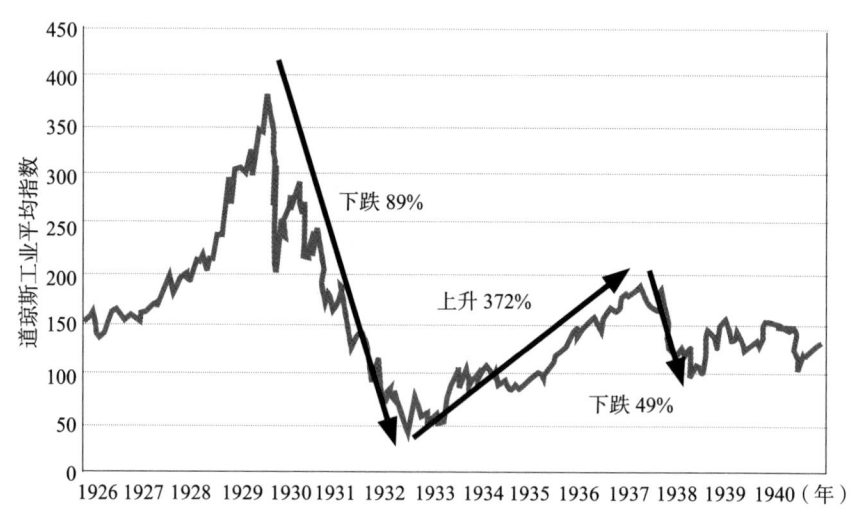

图2–1　1926—1940年道琼斯工业平均指数

从对20世纪30年代股市的分析中，我们注意到最重要的一点：股票价格变化总体上十分频繁。尽管股票价格下跌在这一阶段很正常，毕竟此时还处在大萧条时期，但这种下跌却提出了一个重要的问题：随着股票价格极度频繁的变化，那些股票所代表的公司的内在价值也发生变化了吗？答案是：没有。

资产泡沫的一个主要特征是，当买家被乐观的行情冲昏头脑的时候，资产的市场价格往往过高；当市场崩溃，买家陷入悲观，价格与其真正价值相比又过低。这种价格上过度的大涨大跌正是1929年股市大崩溃前后几年的典型写照。最重要的是，与公司价值密切相关的股票价格的这种异常表现并非只在市场泡沫时期才出现，这可能是每一天、每一星期、每一个月或每一年的股票价格的一个普通表现而已。

将这一现象直观化，就是图2-2所显示的那样。有种观点认为，公司和市场上本应体现其价值的股票价格可以彼此分离，这一流行观点来自《证券分析》一书的作者本杰明·格雷厄姆写的书和文章。格雷厄姆假设——这种假设我们认为是正确的——每家公司都有其内在价值，换句话说，每家公司都有一个合理的评估价值。然而，尽管如此，某公司的股票价格出现上下波动却可能和公司价值无关。

正如我们在这个过于简化的图2-2中所见，实线所表示的这家公司的价值随着时间的推移在持续增长。该公司卖出的商品逐年增多，而且多年来不断想方设法为其业主在每年的基础上增加收入。但是，

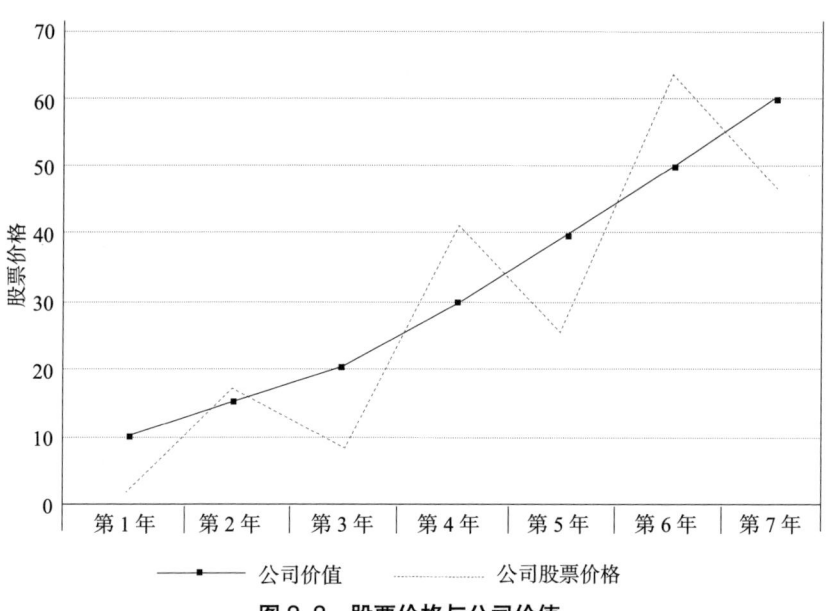

图 2-2　股票价格与公司价值

股市对这家公司的热情却时高时低，这是因为股票买家和卖家会由于任何一个原因而对这家公司的态度发生变化。

　　还应指出的是，这些评估都是在每日的基础上做出的。一家公司的价值会每天发生变化吗？当然不会，但这丝毫阻止不了股票买家和卖家每天对此进行评估。更糟的是，有时买家和卖家会被那些几乎和公司本身毫无关系的因素牵着鼻子走，据此做出决策，结果如何自然不难想象。也许投资者找到了一家更让人兴奋的公司，也许这家公司在某一年赚的钱将低于他们的期望值，他们因此感到沮丧。股市上人们出售自己股票的原因各种各样，有时候和他们估算的该公司的价值几乎毫无关系；有时，他们卖出股票仅仅是因为看到其他人在市场上卖股票，丝毫没有考虑公司的实际价值；有时，买家买入股票是因为看到其他买家在抬高价格。邓普顿总说："有时引起高价的原因就是高价本身。"要点在于，如果你认为股票价格总是会准确反映出公司的真正价值，那么你注定要踏上投资的疯狂之旅。如果是这样，那就奉劝你，与其购买股票，还不如拿着钱去迪士尼乐园，至少那样你还会享受到很多乐趣。

　　至此，你们可能已经猜到，我们推荐购买股票的时机是：股票价格跌到该股票所代表的公司的价值线以下的时候。举个简单的例子，公司甲，包含其所有的工厂、库存、制成品、雇员等在内，如果其经营者把这些全部加起来统计出一个数字打算卖给你，要价100美元，但是股票报价是75美元。再进一步，如果该公司今天值100美元，股票报价也是100美元，但是你认为该公司在未来几年会值200美元，甚至更高。那么这两种情况无论是哪一种，都要买入股票，然后等着市场把你预计的收益创造出来，这个收益就是该公司的真正价值或良好前景下将来的真正价值。

价值投资核心有一组关系：以低于其价值的价格买入。这是关键。稍后你就会知道，从许多不同角度都可以得出这个结论。最重要的是，这一策略可运用于所有的投资领域，无论你交易的是股票、不动产，还是艺术品、棒球卡或邮票。找出一份资产的价值和其市场价格之间的差距，在任何情况下都是投资的根本。切记无论哪种情况，物品的价格和它的价值可以相差很远。从现在开始，用低于价值的价格购买的行为将被我们称为"猎取便宜股"。我们的下一项任务就是把你吸收进入便宜股猎手俱乐部。

邓普顿曾经说过，他年轻的时候观察到股票的价格表现可以和该股票所代表的公司的价值相差很远，正是这种观察使他在1937年踏入了投资顾问这个行业。他很早就明白，股票和公司是截然不同的两个概念，虽然其中一个的价格本应代表另一个的价值，但股票价格和正在运作的公司的价值彼此分离、并不一致的现象再常见不过了。很多人说他们也明白这一点，但我们却看到很多投资者，甚至是一些经验丰富的投资者，常常把公司和代表它的股票混为一谈。大多数时候，当某人，比如一位经纪人、分析师或自称"专家"的人在电视上、电话里、研究报告中、博客里或者一个鸡尾酒会上对"某只股票"评头论足时，这种混淆就会暴露出来。如果仔细观察就会发现，他们谈论的仅仅是公司本身，而忽略了股票价格与公司价值之间的关系，他们忘了未来的利润才是值得考虑的更重要的因素。

这种行为背后的原因很可能是人们对讲故事、收集消息以及共同分享谈资有一种天生的渴望。各个公司很容易被编成故事加以谈论，而且也很容易转化为未来和其他人的谈资。"我投资给这家公司了，这家公司必将重振鞋类市场。"像这样的言论经常可以听到。这样的言论可以让人兴奋激动，而且可以激发人的自我意识，让人觉得自己在交谈中精明机智。然而，这些言论会让我们买下估价过高的股票，把佣金付给那些到处传播故事的经纪人。那些有关公司的虚构故事容易引人上当，人们对这些故事的热情追捧常常导致投资上的灾难。

这并不是说那些传播故事的经纪人或编造故事的分析师想要误导你。一般来说，事实并非如此。相反，你必须理解，他们背负沉重压力，力图制造出类似销售"卖点"的东西来试探全世界投资者的反应。他们的老板逼着他们去谈一些能引起投资者注意的事情，而与那些充斥着统计数字、比率、数据、公司公允价值运算式（其实这些才是投资决策过程中最重要的相关因素）的一摞摞陈旧乏味的纸质资料相比，有趣的公司及其振奋人心的未来前景更能吸引投资者的眼球。华尔街经纪人提供了绝大多数投资者心中想要的东西：有关公司未来三个月到一年前景的高明故事。这些能满足投资者想象力的故事，足以导致股票价格涨得更高或跌得更低。

便宜股猎手绝不能根据动听的故事而采取一步到位式的投资策略，无论这个故事是从你的邻居、你的理发师还是华尔街最精明的分析师那儿听来的。便宜股猎手必须自己估算股票价格是否已经远远低于他们心目中的公司的价值——这是这一行业唯一的指示灯，怀疑主义则是其指南针。仅凭听到的几个有关某公司的故事就购买股票，有点儿像受到神话传说中有着迷人歌喉的海妖引诱而在海岸附近触礁。那些布满岩礁的海岸上，遍布着爱听故事的投资者的尸体。

这给我们提出了一个很好的问题：怎样才能识别并避免购买故事股？在这种情况下，记住，数字永远不会撒谎。看一下股票价格除以每股销售收入、每股收益或每股账面价值后所得的结果。如果计算出的这个数字比它竞争对手的数字或与之相关的股市指数高很多，那么这就很可能是过分受追捧的故事股。即使如此，也别完全相信我们的话。有一项在过去50年里一直持续进行的研究通过观察证实，购买那些价格对销售收入比率偏高、价格对收益比率偏高或价格对账面价值比率偏高的股票，从长远来看是糟糕的投资。就这一话题，前面已经谈得够多了，要是本章继续赘述，无异于浪费时间。如果你打算购买那些广受追捧的公司的股票，而其股票又呈现出如上特征，那么去找那些很容易就能买到而且写得还不错的书，它们会为你提供这些统计学研究，以及有关你的长期投资前景等方面的细节。这些受追捧的公司的股票通常是市场上价格最贵的，也就是说，如果分别根据价格对销售收入比率、价格对收益比率以及价格对账面价值比率，从高到低给股市上所有公司排个名次，那么名列前茅的股票通常都来自市场上最受追捧的几家热门公司。

研究显示，经常购买这些股票会导致股票表现低于市场平均水平。换言之，你可能会暂时处于优势，但是最后注定要失败。有了这种认识，为什么还要买这种股票呢？让自己和市场上经验概率作对是不明智的。在股市上长久立于不败之地并不容易，避免购买那些价格注定会跌的股票是迈向成功的第一步。只要避免购买这类股票，就会增加你的成功概率。

最后一点，人们总把这些高比率股票与那些有着已知最光明前景的公司联系在一起并非偶然。如果快速扫一眼价格对销售收入比率、价格对收益比率、价格对账面价值比率以及价格对现金流量比率从高到低的股票排名表，你就会发现排在最后面的都是一些在市场上最缺乏吸引力、最平淡无奇的公司。然而时间证明，偏偏是这些公司的股票回报率最高。如果你选择把投资重心放在那份排名表最后面10%的公司，就会极大地增加自己投资的成功概率。谨慎的便宜股猎手会发现，底部才是成功的股票投资最有收获的狩猎场。

如果你打算辨别一只股票是否便宜或价格是否合理，就需要获取该公司的相关信息，只有如此，才能搞清楚公司的业务情况，评估公司在一个时期内的表现以及它和其他竞争者之间的关系，从而你就知道它的股票之所以受到冷遇的原因了。经纪人的报告中经常有一些这样的基本信息。邓普顿常常利用经纪人的报告，得心应手地搜集某公司的背景信息、竞争对手信息、企业状况等。请随时注意他对利用这种信息所给的忠告：如果你读的是一份研究报告，那么里面的信息早已反映在股票价格中了。拿着这种报告并不等于收到明天的报纸，而且你也并非是在真空中阅读。

在讨论完有关股票价格和公司价值的分离关系后，让我们暂时离开主题。股票价格的每一次变化并非都毫无根据，公司的价值可以，而且确实会随着时间的变化而变化。在有些情况下，这种变化发生得很快。如果你的公司生产的是轻便马车，那么自打亨利·福特从装配线上源源不断输出 T 型车的那一天起，你公司的价值就会急速发生变化（你的产品过时了）；如果你的公司债台高筑，债权人决定和你终止交易，你公司的价值也会急速发生变化（你就要破产了）。这些例子说明，当股票价格发生剧烈变化时，你必须积极研究那些导致变化的信息。仅仅因为价格下跌就购买股票是不谨慎的做法——事实上，这样做太冒失了，只会带来令人失望的投资结果。

商业领域经常出现各种变化莫测的情况，如或高或低的销售收入、或升或降的成本开支、或强或弱的现金流量，但大多数时候，改变公司真正价值的却是时间。即使如此，本应长期体现公司价值的股票价格也会受到某些人的操纵，这些人容易受每天情绪波动的影响，有时会在制定决策时被自己的情绪左右。此处值得注意的是，这种冲动的行为会延伸至股市，而这会给便宜股猎手提供最好的机会，让他们买到便宜股。在大多数情况下，这一时刻过去之后，人们才恢复理智，意识到自己的愚蠢。作为便宜股猎手，你坚决不能忘掉的一点就是：情绪化的时候永远不要做投资决定。相反，你的任务是，充分利用其他人因为鲁莽而出现的判断错误。有句老话说，注意前车之鉴才是完美的行为方式。便宜股猎手必须时刻争取拥有完美的眼光，而不是复制那些很容易就能避免的错误，这种错误往往是由于情绪或判断力低下而导致的。邓普顿之所以成功开创了自己的事业，就在于他善于利用其他人的糊涂，购买了他们由于情绪化而轻率卖出的股票。

可以确定的是，这样的事情会周期性上演，而且还会一直不断重复发生。对一种情况反应过度是人们受到控制的一种表现，但是，我们一生当中无数的生活经验可以让我们理智地处理类似情况。例如，如果手上有一道伤口，我们本能的反应是立刻止血；人们在股市上开始亏钱的时候，他们本能的"止血"反应是立刻卖掉股票，似乎除了那种不由自主的本能反应，再没有其他良方了——但是在股市上进行投资，这种反应是错误的。生活中，我们经常会把手弄伤，多年以来，区分严重的伤口和无关紧要的小小刮伤对我们越来越容易。这就是几乎没有人会因为被纸割到手而尖叫着一路冲向急诊室的原因。人们一生都不可避免地会处理各种伤口，这让他们能迅速估计出受伤的严重程度。

但是，在处理股票，尤其是那些价格大跌的股票问题上，并不是每个人都能像处理伤口那样经验丰富。在股市上，有些人仅仅因为被纸割到手，就一路尖叫着冲向急诊室；还有些人对割伤的可能性视而不见，直到它真切地发生。这些人只不过是对他们所看到的景象反应过度，把所有注意力都放在了亏损的钱上，而没有注意到更重要的因素：股票价格越来越低，但它的吸引力却在不断增长。当投资者对坏消息反应过激，仓促抛售股票的时候，他们其实是在为你增加大量便宜股的库存，供你挑选，这就是一个便宜股猎手的观点。作为一名成功的便宜股猎手，市场上有情绪化的冲动买家于你而言是极为有利的，因为他们会给你创造机会。市场上还有些人极易受到各种因素的影响，如新闻大字标题、图表、迷信、小道消息或其他任何能转移注意力、让人无法理智地根据股票价格和公司合理价值的关系进行投资的事情，同样的道理，这些人的存在对你也是极为有利的。你要记住的是，市场上这些被误导的投资者应该被看作是你的朋友，他们会为你创造购买便宜股的绝好机会，在你买下股票后帮你创造最丰厚的回报。用邓普顿的话来说（当然是开玩笑），这些人就是你要帮助的人。作为便宜股猎手，你的任务就是接纳他们，主动去买他们不顾一切要卖掉的股票，把他们不顾一切想买到的股票卖给他们。

邓普顿在股市上70多年的丰富经验让他获益良多。他那经年累积的经验使得在股市上寻找便宜股几乎成了他的另一种本能。纵观邓普顿的投资生涯，我们注意到，随着他的持续投资，他的业绩一年比一年出色。

大家现在已经知道，便宜股猎手绝大多数时候希望买的是那种在股市中已经暴露出问题的公司的股票。一般投资者一旦发现公司出现了问题，通常会抛售股票，导致股价大跌。一遍遍地对某家公司进行评估，分析公司存在的问题，从中获得的经验不仅会让你学会区分小问题和大问题，还能让你在股市对公司所面临的也许很小的一个问题做出过激反应的时候，学会充分利用这个机会采取行动。举个例子，一家公司正在修建新厂，新厂将用来生产更多的小机械部件以供出售。该公司已经向投资者和分析师公布了消息，说新厂将在一年之内建好并投入运转，一旦新厂运转起来，公司销售收入将增加25%。分析师已经做好了计划，计算出了新厂可能的销售收入，并把它纳入他们来年的收入预测中。然而，不幸的是，新厂的建设停止了，公司现在宣称，新厂在原定计划上还需要延长半年才能建成并投入运转。分析师赶紧减少了估算，股票买家猝不及防，被公司宣布的消息搞得心神大乱，立即着手卖出股票，使股价在接下来的几周暴跌30%。现在的问题是，公司面临的这个问题是暂时的吗？以后会解决吗？如果答案是肯定的，那么这就是一个绝佳的例子，告诉我们如何利用这个最后能导致大范围过激反应的小问题。对一个长期业主来说，该公司的价值并没有减少30%，只不过需要再多花点儿时间等待新的销售转化为利润而已。由于一家公司暂时存在问题，而对其股票价格产生大规模的过激反应，对便宜股猎手来说，利用这一点是一个最基本的实用策略。

了解股市历史是做投资的一个巨大优势。之所以这样说，并不是因为那些事件会一模一样地重演，而是因为事件的模式和股民的反应方式具有典型性和可预测性。历史表明，人们对股市的意外情况往往反应过激。他们总是如此，而且将来也会一直如此。抓住这一事实等于为便宜股猎手摆好了饭桌，只等意外情况出现，他们便可以将便宜股一举吃进。对那些意外情况的预测和期待，让便宜股猎手具备了抓住机会、果断采取行动的思维方式。不过，对便宜股猎手来说，那种能让股票陷入疯狂大抛售的重大意外事件只是一个常做的美梦，可遇而不可求。

抛开丰富的经验、漫长的时间、累积的观察不论，邓普顿在其投资的最初时期，实际上一直都是利用他对股民行为的观察进行着资本积累，这对我们来说是个好消息。如果投资者明白股市上这种鲁莽轻率行为不仅经常发生，而且还会带来机会，那么他就胜券在握了。

有时候，换一个更简单的背景来看待这种反复无常的市场行为更

第二章　极度悲观点的第一次交易　　033

有助于我们理解。举例来说，几年以来的每个夏天，你一直在你家附近成功地经营着一个卖柠檬水的小摊。你就要13岁了，觉得自己应该做点儿难度更大的事，如修剪草坪之类的工作。你意识到你的柠檬水小摊在炎热的大晴天可以带来可观的利润。根据你的经验，一个夏天的买卖可以让你很快挣到大约200美元（嘿，每个资本家都有自己的起点）。你心想，嗯，邻里街坊有那么多人都是我的主顾，他们每到夏天都会停下来买一杯柠檬水，如果他们发现柠檬水不卖了肯定会失望的。这时，你有了一个主意：我要把柠檬水小摊卖给住在隔壁的我的朋友，这样一来，柠檬水生意就可以继续了。我可以把摊子、柠檬粉、蒸馏水水壶、水罐都卖给他，我敢打赌我能说服他，让他出比所有这些东西的成本稍高一点儿的价钱，因为我可以向他保证，他能很快从我那些忠实的主顾身上把他的钱赚回来。

你去找你的朋友，建议他买下柠檬水小摊，他几乎立刻脱口而出："我太喜欢喝柠檬水了！我存钱已经有些日子了，我愿意买下你的摊子，我就要发大财了！我要出100美元买下你的摊子。"你比他清醒那么一点儿，说："好，下个星期六，你出来看一看我是怎么卖柠檬水的，之后再交钱，怎么样？我要把你介绍给我的老顾客，你也可以先感受一下怎么做买卖，这样的话，你就知道你要买的东西有多划算了。"事情就这样说定了。你们两人分手，直到星期六。

与此同时，你的这位朋友有点儿爱出风头，在学校对他所有的朋友吹嘘他将在下个周末从你手上买下那个柠檬水小摊。他的同学都十分喜欢喝柠檬水，而且碰巧最喜欢喝你卖的柠檬水。他们听到消息后十分兴奋，有些人开始在心中盘算，打算在星期六现身，用比100美元高的价钱买下小摊。星期六到了，你的那位朋友如约而至。那天是阴天，比平时凉快一些。你朋友出现后5分钟之内，一帮人骑着自行车冲上了街道，直奔小摊，你都能听到几个吵闹的家伙从四五百米以外一路尖叫而来。当他们在小摊前停下来把自行车扔到一边时，你的朋友意识到将会发生什么事了，于是对你说："嗯，做生意要讲信用。我出100美元买这个小摊怎么样？"你还没来得及开口，一个孩子张口就喊："嘿，我有110美元，我全给你！"又一个声音尖叫道："我有120美元！"一个梳着小辫的女孩在他肚子上踢了一脚，尖声喊："我有125美元！"这一带的小霸王使劲挤过她身边，说："这是150美元！"

你有点儿吃惊，但还是很高兴地打算接受这个未来的小摊主人。正当你开口要接受这个小霸王的出价时，滑稽的事情发生了：一滴雨点落到了小摊上，当你抬头看时，这个小霸王已经骑上自行车，飞快地回家去了。又落了几滴雨点。你这时想指望那个出价125美元的女孩，可是她也早已跑过半个街区，一边跑还一边尖叫自己的新衣服都弄湿了。出价120美元的孩子犹豫了一下，看着你和其他人，然后勇敢地说："一点小毛毛雨可吓不倒我。"这时，远处传来沉闷的打雷声，他面色苍白，赶紧跳上了自行车。同时，你也开始用预备的防水油布把摊子罩起来，以免你的东西被淋坏。

那个出价110美元的孩子和他三个朋友挤在一起，商量要不要继续出价买下你的摊子。他们之间出现了争执。你听见一个说："嘿，刚走的那个丫头在班上门门功课都是'A'，她也许比我们懂得多一点儿，她都没出价。我觉得买这个小摊也许不是什么好主意。"另一个说："我的脚都湿了，怎么没有一个人对我说点儿什么，我来这儿真没想到会这样。卖柠檬水简直是个糟糕透顶的主意，我们应该卖雨伞——瞧，正在下雨不是吗，搞什么嘛，莫名其妙。咱们还是卖伞去吧，别卖柠檬水了！我家车库里有一大堆旧雨伞，咱们可以掏钱从我爸妈那儿买下来，我肯定咱们能卖出去。走，咱们还是卖雨伞去吧！"呼啦一下子，这群孩子因为各种原因也离开了你的小摊。

最后但同样重要的一点是，住在你家隔壁的你的朋友——那个想用100美元买下摊子的家伙——看上去正一脸沮丧。雨下得有些大了，他身上有点儿淋湿了。你问他是否可以按原计划成交，他说："嗯，刚才在这儿的人都走了，就剩下了我一个。其他人可能是对的，这是个糟糕的主意。要知道，如果每个星期六都下雨怎么办？今天你连一个主顾都没有。如果这个夏天每个星期六都下雨，我们就永远别想把东西卖出去了，我的100美元也就泡汤了。我现在不想买你的摊子了，这个买卖显然不太保险，这会让我提心吊胆的。而且，你也看到了，没有一个人愿意买下它，他们肯定是对的。如果太阳下个星期六再不出来，我就完蛋了。"他无精打采地朝自行车走去，扶起车子，然后沿着马路一溜烟地走了。

他走以后，你看到马路对面有个孩子，穿着雨衣，正独自坐在一棵树下。他悠闲自得地朝小摊走来。天还在下雨，但已经不太大了。你看着他，打招呼说："嗨，你可真聪明，今天知道带雨衣。"那个孩子笑了一下说："对，我出去玩之前通常先查看一下天气，天气预报说今天可能有雷阵雨。"他说话的时候，你开始动起脑筋来：好吧，也许这个孩子愿意买下这个摊子，毕竟他还在这儿没走，而其他人都已经回家了。还没等你把想法说出来，那个孩子就开口了："上个星期吃午饭的时候，我无意中听说你打算在这个周六卖掉你的柠檬水小摊，所以我想要过来看看结果会怎样。"他接着说道："我看见其他人都走了，再没有别的买主了。既然你不想再做柠檬水买卖了，也许我可以接手。"你说："好，那你出多少钱？"那个孩子十分镇定地看着你，说："我出50美元。""什么，50美元？"你吃惊得嘴都合不上了,"光是我的柠檬粉和水的存货就值50美元!剩下的那些东西简直就成了白送!"那个孩子还是不慌不忙地看着你说:"就算是吧,不过似乎我是这儿唯一的买主,我只出价50美元。"你看着他,有点儿泄气,然后说:"好吧,我确实想卖掉它,既然你是唯一的买主,我觉得50美元卖给你也算公道。"你俩就此握手成交。

你还没问他是否需要回家取钱,他就已经把手伸进他那件旧雨衣的口袋里,掏出一叠牛蛙大小的现金来,上面绑着一根又旧又脏的橡皮筋。这又让你有些不快,觉得也许这个孩子比他表面上看起来更有心机。不管怎样,你接受了这50美元,把柠檬水摊子的所有权转让给了穿雨衣的这个孩子。在你们握手成交的30秒之内,刚才那帮孩子怀里抱着大把的雨伞从你们面前跑过去。他们朝刚刚买下你小摊的这个孩子尖叫道:"嘿,小子!你简直是个白痴,居然买了那个柠檬水小摊!你是怎么想的?"

我们刚刚描述的情景,其实就是在股市上一遍一遍不停上演的事件的典型发展过程。也就是说,一群人带着他们的钱和想法来买某家公司的股票,然后根据发生在他们面前的各种事件,把那只股票的价格抬高或压低。最值得注意的一点也许是,在我们的故事中,运用合理的推理和逻辑来做决策的买家和卖家实在是太少了。相反,大多数人做出决策的根据是,小摊周围的其他买家,或雷阵雨这个不利的意外事件。与此同时,那个胸有成竹的观察者,他事先研究过这个事情,清楚地预见到了下雨的可能性,因此就能利用这个意外事件以及这个事件对其他买家和卖家的影响,在正常情况下用比其价值低得多的价格买下了资产。重要的是,那个孩子顶着其他孩子压倒性的相反看法,买下了柠檬水小摊。

坚持用低于价值的价格购买股票的便宜股猎手还需要适应其他

人的想法，这些人要么对自己的行动犹豫不决，要么出尔反尔。作为常识，引起股价大跌的唯一原因是人们抛售股票，而人们抛售股票的首要原因是股票开始不受追捧了。最出色的便宜股猎手是不需要获得其他人的肯定意见的，那些人往往认定他们在购买股票方面是正确的。要买那些受到人们冷遇的东西，你必须独立思考，依靠自己的判断。对有些人来说，比如邓普顿，这种性格特质只不过是他们天性的一部分而已，而对其他人来说，这必须通过后天学习才能拥有。

柠檬水小摊的故事最后告诉我们，预先研究局势至关重要。人们在猝不及防之下碰到消极意外情况会变得惊慌失措，这是个简单的事实，这种情况在股市上一直在发生。你无法对自己在未来可能会面临的每一个小风险进行识别、预测并做好充分准备，但是你可以为那些常见类型的事件做好准备。在柠檬水小摊这个例子中，星期六下雨就是一个本应事先预见到的再普通不过的事件。事实上，世界上每一个行业都会至少遭遇偶尔的阴雨天气，市场上以低于价值的价格进行交易的每只股票上空也都盘旋着雨云。所有的生意都面临各种问题，重要的是，你要了解雨云的性质，以及它会带来哪种风险。这场雨只会带来暂时的挫折，还是我们经营的柠檬水小摊离小溪太近，而这条小溪很可能会泛滥成灾把我们的买卖也裹挟而去？在投资上，没有人可以替你做功课。

在买入股票之前，绝对有必要彻底了解这家公司：它的运作方式、刺激销售的原因、为维持利润而面临的各种压力、业绩在一个时期内的波动状况、应对竞争的方式等。掌握这些信息，是构建心理堡垒的最好方式，这样你就可以在买卖股票时做出正确的决策。如果你想提高判断的准确率，这种类型的信息也是你将来需要分析的，因为这可以让你准确判断出一种糟糕的局面究竟只是暂时的，还是这个买卖会永远地被洪流冲走。当然，被洪流冲走的风险是存在的，这的确可能发生。猎取便宜股背后的核心思想是不要变成一个坚定的逆向投资者，而是做一个明智的"冷门"股票的买家。预先积累和分析这种商业信息会让你在公司遭逢一次阴雨天气而使股价下跌的时候，坚定不移地去购买股票。如果你打算在一个前景看上去有些不太乐观的情况下投资，那么你需要有心理准备，即使面临最骇人、最阴沉的乌云也要坚持下去，而不是往山上逃跑。在价值投资中，成功的代价往往需要提前支付。

在第二个星期六早上，买下柠檬水小摊的那个幸运出价者准备让自己的新买卖开张了。这天天气似乎比上个星期六好多了，他知道天气预报说今天天气酷热，气温大约是 90 华氏度（约 32 摄氏度）。他不知道的是，周围邻里的父母和他们的孩子们也知道了今天的天气状况，而且正在忙着制订计划去野餐、骑自行车、打橄榄球等。他支好摊子，看到那群抱着雨伞的孩子跑过去，一边尖叫一边彼此争吵着在这样一个大晴天要把雨伞怎么办。

与此同时，来了几位顾客，他卖出了几杯柠檬水。不一会儿，小摊前排起了一个 10 人的队伍。请注意，上星期拍卖会上的几个孩子推着自行车朝小摊走来了。原先那个卖家的隔壁邻居朋友首先发话了："嘿，卖柠檬水毕竟不是那么糟糕，我出 100 美元买下来怎么样？"拿着雨伞的那几个孩子叫喊着说现在卖柠檬水真是最佳时机，他们扔掉了雨伞，嚷嚷着出价："别，别理那个出价，我们出 120 美元！"梳小辫的那个女孩捡起一把刚才被扔掉的雨伞，冲着这群傻瓜摇着雨伞尖声说："我出 150 美元！"那个小霸王不甘示弱，挤过人群逼着这个孩子接受他 200 美元的出价。小摊的主人迅速打量了一下小摊周围的形势，看到再没有一个更厉害的小霸王会出更高的价了，他觉得这个出价已经超出了自己的意料，于是立即接受了这200美元。

这个星期六对柠檬水小摊的小主人来说，是一次高利润的商业冒险。他买下这个小摊只花了50美元，而一周之后转手就卖了200美元，是他最初投资的4倍。我们必须问自己，在一周的时间内，是什么变化——如果有的话——引起了柠檬水小摊的出价出现这样大幅度的变化？是柠檬水小摊的价值变成原来的4倍了吗？根本不是，唯一发生变化的是围观者对柠檬水小摊价值的感觉和看法。也就是说，唯一发生变化的是投资环境（从下雨变成晴天），以及投资者的感觉和看法（从消极变成积极）。在这个例子里，我们可以看到，在判断资产价格方面，投资者的感觉和看法的力量是多么强大。一些最戏剧性的股价变化通常并非因为资产的价值发生了真正的改变，而是投资者调整自己的感觉和看法造成的结果。

一名成功的便宜股猎手，要学会利用投资者的感觉和看法所产生的这种力量，而不是被这种力量打倒，这一点十分重要。要做到这点，有一个办法，就是锻炼自己在阴雨天买入股票，在大晴天把它们卖出去。这样做的时候，你会发现绝大多数投资者所做的正好与你相反，也就是说，他们是在晴天买入股票，在阴雨天把它们卖出去。如果他们不这么做，股价就不会在天气不怎么乐观的日子里下跌。这听上去像常识一样简单，但经验向很多便宜股猎手表明，强大的心理惯性会阻止投资者在真实生活中这么做。

带着这种与众不同的基本认识，我们再回到1939年。美国经济复苏再次被质疑，股市上流传着各种各样有关欧洲战事的看法和说法。在刚刚过去的大约12个月里，人们对这些事件的理解已经变得非常消极，从而导致美国和欧洲股市暴跌49%。我们在此暂停一下，想一想刚才的话：仅仅12个月，股价就下跌了49%！头脑最清醒的便宜股猎手应该立刻意识到，凭这句话就应该对经济前景进行一次重大的重新评估。投资者认为美国正在倒退，将重新陷入经济衰退，纳粹即将摧毁人们的自由意志和在欧洲已经蔚为大观的现代文明。美国投资者的一致看法是美国的经济前景是消极悲观的，这种看法对股票施展了它的威力——在人们一致认为更糟糕的时候会接踵而来的恐慌之中，股票被抛售一空。

在人们都担心出现最糟糕的局面时，邓普顿却一直在冷静地观察事态的发展，他对未来事态可能的进程得出了与多数人截然相反的结论。首先，他已经对德国、德国人的思维方式以及德国领导人的残暴有所了解。让我们回忆一下第一章讲过的内容，在贝利奥尔学院念书的时候，邓普顿在获得罗兹奖学金之后的一年，和学校的一位朋友靠着极其微薄的预算做了一次环球之旅。在20世纪30年代初期的这次旅行中，他游历过德国，甚至还观看了在柏林举办的奥运会，在那里他目睹了德国人那机械死板的训练方式、怪异可怕的绝对服从精神以及引领德国人走向灾难的狂热激情。在随后的几年里，纳粹侵入了一个又一个国家，并在入侵波兰后，将整个欧洲全面卷入战火之中。邓普顿相信，美国也会被拖进战争。根据这个假定，他得出结论：美国的工业企业将会因此受到大力推动，来为美国参战提供大量物资。事实上，他相信，即使是最普通的、效率最低下的企业也会从即将到来的这波经济浪潮中极大地受益。

这种看法源自他对早前战争的研究，如美国内战、第一次世界大战，这些战争就曾刺激了对商品的需求。美国的各家公司和企业这时拼命争抢着签订合同，为政府供应所需要的钢、铁、纺织品、食品等，而这些物资都需要通过全美各地的交通进行运输。从这个简单的观察中可以看出，美军参战将会让铁路公司极大受益。总之，在股市为另一轮经济下滑带来的威胁和欧洲自由意志遭到摧毁担惊受怕之时，邓普顿却看到，全美举国上下各行各业都在纷纷响应战争的召唤，这极有可能极大地刺激经济。

在某种意义上可以说，邓普顿对未来有种特别的偏好，因为他能够把重心放在长远的前景上，而对当前流行的观点不予理睬。这种专注于未来可能出现的事件，而不是根据当前事件采取行动的能力，正是成功投资者和平庸投资者之间的一道清晰的分水岭。

带着这种"偶尔"与普遍流行观点相反的独特观点，邓普顿准备抓住机会买入一些股票，这些股票的价格没有反映出他心目中即使算不上欣欣向荣，至少在未来几年也会更乐观的经济局面。根据多年的研究、对纳粹的切身观察、美国捍卫自由的决心以及战争对工业可能产生影响的历史先例，邓普顿坚定了自己的想法，他精心谋划了一次大胆的行动：他要借钱买股票。此处，我们需要再次暂停，做一个细致的对比。邓普顿一向坚持储蓄，现在已经拥有购买股票所需要的所有资金（后来又因为增买股票而需要更多的资金），但他认为，在经商过程中，商人，无论男女，都会经常在其商业冒险中合理地运用借债这一策略。照此看来，借钱不仅没有关系，而且还是明智之举。当然，借钱消费又另当别论。考虑到这一点，邓普顿联系了他的前任老板——芬纳–比恩公司的迪克·普拉特，向他讲述了自己的想法，然后提出借1万美元，用于购买美国两家交易所正在进行交易的、价格在1美元以下的所有股票。这个请求让许多人感到不可思议。除了选择那些价格低于1美元的股票，他还开始大量买入许多股票。

从这一策略中可以得出两个重要的投资理念。我们逐一对它们进行介绍并仔细加以分析时会发现，赖以支撑它们的就是常识性的判断力。首先，他的基础理论是：即使是效率最低的企业，也会在由战争刺激而引发的经济繁荣中欣欣向荣。邓普顿的目标公司都非常普通，甚至连普通都谈不上，这些公司不仅正面临尽人皆知的困难，而且发展潜力很有限（除了在不大可能发生的经济复苏的情况下）。换言之，人们对这些公司所抱期望极低。雪上加霜的是，由于经济似乎没有好转而是恶化了，这一时期的股市对那种发展潜力有限的公司基本上没有什么耐心。但是，邓普顿却大胆地一头扎进市场最底部的不景气地带，买下了那些最不被人们看好的公司的股票。

原因很简单：因为他相信，美国的这次经济复苏会让所有行业欣欣向荣，如果他的预测被证明是正确的，那些效率最低的公司的股票将会发生最戏剧性的上涨——而他坚信他的预测是正确的。如果市场对这些公司重新评估，而且评估结果是积极的，那么这些公司将会因为舆论的反转而带来当前最大的收益。从最基础的角度来看，这些公司有可能会从破产转为高额获利，或正如人们所说的，从最糟糕的时期转到最好的时期。这些由负面看法所引起的极端情形通常会给投资带来最丰厚的回报。因此，当经济在战争状态下欣欣向荣的时候，股市对公司的价值定位和邓普顿预测的公司未来价值两者之间出现了极端的"错位"。

此处另一值得注意的重要经验是，邓普顿大量买入股票。通过买入大量股票，而不是只买少量股票的方式，他将风险分散化了。邓普顿对"概率"这个词有着深厚感情，他几乎总是用这类术语来表达他对投资的想法。在这里，他的分散化策略表明，同时他也理性地承认，他所做的所有投资并非都会获得回报，所以他希望通过将糟糕的投资分散到许多其他股票中来降低风险。实际上，邓普顿这次交易购买的104家公司的股票中，37家已经破产，所以他清楚地意识到他需要把鸡蛋分散开来，而不是都放在一个篮子里。

在担任共同基金经理的所有年头里，邓普顿总提到分散投资的好处，当他为别人理财的时候，他也是这么做的。然而，正如我们在后面几章中即将看到的，他也从不排斥集中投资（甚至就集中到很少的那么几只股票），他不再为其他人理财之后，就经常用自己的钱进行集中投资。因为，"分散化"这个词的意思会随情况的不同而发生变化。在管理邓普顿成长基金的时候，邓普顿有时说他拥有几百只股票，有时候又说只要手上持有10只股票就能实现分散化投资。尽管如此，他给大家的忠告是：大多数投资者要通过将资产分散到各种不同的股票当中去才能受益。他在1939年做的投资也不例外，尤其是当时他还背负着债务。

邓普顿对时机的把握简直无懈可击。记录显示，他根据极度悲观点原则所做的第一次投资让他获得了高额回报。正如他预想的那样，欧洲的战争引发了第二次世界大战，美国也被卷入了战争，接下来导致美国对工业材料、物资等商品的需求激增。一年之内，邓普顿就还掉了所有借款。在随后的几年，他逐渐卖掉了所持股份，把最初的1万美元投资变成了4万美元，增长了3倍。而且，在他买的104只股票中，只有4只没有成功。这次股票的平均持有期是4年，碰巧和他整个投资生涯中的股票平均持有期，以及他每隔4年对行业状况进行预测的时间完全一致。

邓普顿那次交易所持有的股份中，密苏里太平洋铁路公司的股票经常被人津津乐道地认为回报率尤其丰厚。该股票是一只优先股，通过有目的地发行现金股利，使持有人获得永久性年金。该公司原定股票发行价是100美元，股息就是7美元，即7%的收益率。到邓普顿买这只股票的时候，该公司濒临破产，优先股的交易价格变成了1美元的1/8，即每股大约0.125美元，与原定的100美元发行价相比简直是天大的折扣。随着邓普顿对铁路行业会有更好利润的这一预测成为现实，该只股票逐渐涨到了5美元，也就是3 900%的增幅。要更好地理解20世纪40年代初密苏里太平洋铁路公司所出现的这种根本性的运势逆转，请参看表2-1，该表描绘出了该公司的财务业绩。

表2-1 密苏里太平洋铁路公司

年份	销售收入（百万美元）	销售收入增长率（%）	净利润（百万美元）	净利润增长率（%）
1939	83		-30	
1940	87	4.8	-13	56.7
1941	111	27.6	4	69.2
1942	178	60.4	31	675

表2-1表明，密苏里太平洋铁路公司的销售收入和净利润从邓普顿购买时起开始迅速增长。参考公司收入所得记录中这种大幅度的变化，就很容易明白股价从最低点的0.125美元疯涨到5美元的原因了。

此处另外一个重要概念是比较。这次股票购买的一个重要方面是，密苏里太平洋铁路公司显然并非当时美国唯一一家铁路公司，或者说并非在这次战争引发的经济复苏中受益的唯一一家铁路公司。事实上，当时还有其他一些铁路公司，它们的财务业绩并非最差，也没到濒临破产的境地。例如，当时有一家经营很成功的铁路公司——诺福克-西部铁路公司，该公司50年来从未亏损过。本来购买这样运营良好的公司的股票非常有诱惑力，因为股价下跌的风险要小得多。但是，把两家公司放在一起进行对比会发现，诺福克-西部铁路公司股价上涨的可能性要小很多，因为该公司运营良好，而且政府对战时经济繁荣时期经营良好的公司有特殊政策。当时，经营良好的公司在这次经济繁荣时期获得了不同程度的盈利增长部分，而政府会从中征收高达85.5%的税率，换句话说，在战争时期经营良好的公司由于战争所获得的"超额收益"需按极高税率缴税。相反，像密苏里太平洋铁路这样的公司，过去一直处于亏损状态，则无须缴纳这样的税款，因为它正在扭转亏损，而这种亏损是不用缴税的。这种有点儿奇怪的税法产生的后果是，像诺福克－西部铁路这样经营良好的公司从战时的经济繁荣中所获得的利益，要远远少于像密苏里太平洋铁路这样弱小并且边缘化的公司。自然，两家公司业主的获益情况也是如此。明白了这两种公司及其各自面临的税收政策之间的关系后，再去预测这两家公司在战时经济繁荣时期的回报情况，结果可就大不相同了。

表2-2 两家铁路公司的比较

年份	诺福克－西部铁路公司 销售收入（百万美元）	销售收入增长率（%）	密苏里太平洋铁路公司 销售收入（百万美元）	销售收入增长率（%）
1939	93		83	
1940	105	12.9	87	4.8
1941	120	14.3	111	27.6
1942	140	16.7	178	60.4

年份	诺福克－西部铁路公司 净利润（百万美元）	净利润增长率（%）	密苏里太平洋铁路公司 净利润（百万美元）	净利润增长率（%）
1939	30		−30	
1940	32	6.7	−13	56.7
1941	28	−12.5	4	69.2
1942	22	−21.4	31	675

在表2-2中，要特别注意两家公司净利润的增长率。从中很容易看出，密苏里太平洋铁路股份持有者比诺福克-西部铁路股份持有者获利要高得多。以两家公司销售收入最高的年份1942年为例。该年，密苏里太平洋铁路公司净利润增长了675%，而诺福克-西部铁路公司净利润却下降了21.4%。为什么密苏里太平洋铁路公司净利润增幅如此之大呢？首先，该公司销售收入增长更快；其次，不像诺福克-西部铁路公司，山姆大叔（美国政府）对其收益这块大蛋糕并未染指。因为政府通过特殊的税收政策从诺福克-西部铁路公司拿走了超额收益，所以购买诺福克-西部铁路公司股份实际上是一笔不划算的买卖。仔细考察这些关系后可以看出，购买那些较为弱小的公司的股票，在这种情况下是明智的行为——"在这种情况下"是个关键词，因为如果不出意外，购买业绩较好的公司的股票通常才是明智之举。这个例子并非旨在指导便宜股猎手在对两种股票进行选择的时候，一定要买那些边缘化的公司股票，事实上恰恰相反，在做投资选择的过程中，这个经验是灵活、有弹性的。便宜股猎手如果忽略了诸如税收政策这样重要的细节，或通过专门购买业绩最好的公司的股票这种策略来获得收益，那么他就会与市场上的黄金机会失之交臂。

邓普顿专门购买那些已经破产或濒临破产的公司的股票。从他的这种做法中，你也许已经看出，他的策略有两重性：他希望他投资的公司的收益涨幅达到最大，但同时又不希望政府从他获得的回报中拿走最大的一块蛋糕。在这点上，他眼光极其敏锐，简直有点儿令人难以置信，因为他买股票的时候，美国还未加入战争，针对超额收益的税法还未出台。但是，通过研究历史，他也清楚地意识到这种风险可能存在，因为美国政府在过去曾经实行过这样的战时税收政策。在第一次世界大战时期，美国政府曾对那些在正常状况下运行良好并且盈利的企业征税。从中可以看出，仅仅对战争的可能性以及随之而来的经济繁荣局面做出预测是远远不够的，你还要通过认真细致的评估来判断其可能带来的结果。便宜股猎手应该意识到，对历史的了解在投资中十分重要。在邓普顿的例子中，如果他买的是业绩较好的公司的股票，他的收益回报就远远比不上现在了。

为了更清楚地了解这种假设做法会使他的收益回报发生怎样的悬殊变化，让我们看一下表 2-3 中的两组公司。第一组公司在战争之前的几年里不断亏损，第二组公司经营良好，在战争之前的几年里有稳定的收益。我们还提供了 1940 年以后的 5 年内两组公司的股票分别产生的收益对比。

表 2-3　业绩较好的公司与业绩较差的公司比较

1940 年前经常亏损的公司	5 年股价回报率（%）	1940 年前无亏损的公司	5 年股价回报率（%）
世纪丝带磨坊公司	336	美国制罐公司	7
科罗拉多南方铁路公司	3 785	巴尔的摩联合煤气公司	0
克罗斯莱公司	724	柯达公司	30
戈希安·霍希尔里公司	900	通用食品公司	7
肯恩-拉德电子管灯具公司	789	大西洋-太平洋茶叶公司	2
密苏里-堪萨斯-得克萨斯铁路公司	58	派德药厂	3
里奥汽车公司	2 033	宝洁公司	5
海岸线铁路公司	1 080	铁姆肯滚柱轴承公司	10
汤普森-斯塔雷特公司	344	联合碳化物公司	22
威利斯-越野汽车公司	800	哈特福德火灾保险公司	23
平均值	1 085	平均值	11

从表 2-3 可以看出，边缘化的公司 1 085% 的平均回报率要远远高出表中右边业绩表现好得多的公司 11% 的平均回报率。虽然表右

边的公司经营状况良好（许多公司至今还在运转），但是在当时那种情况下，它们都不是明智的投资者应该选择的投资对象。这个例子充分说明了为什么了解历史会给你带来回报，而且也解释了跳出固有思维模式、把眼光放在那些人人弃之如敝屣的公司股票上会给你带来丰厚回报的原因。

在持有1939年购买的股票大约4年后，邓普顿卖出了所有股票。他出手的基本前提是，这些公司在其股价被竞抬太高之后，已经失去了吸引力，而且一旦战争的刺激烟消云散，由于日益加剧的竞争，成本升高，它们很可能就会重新沦为平庸的小经营者。虽然这次大手笔的行动一鸣惊人，收益像火箭般飞速上涨，但邓普顿还是指出了他这次交易中一个小小的失误：他有点儿操之过急，卖得有点儿早。拿密苏里太平洋铁路公司为例，他买的时候股价是0.125美元。这只股票在接下来的几年内最后涨到了每股105美元。在持有和卖出股票方面可能犯的错误当中，这个错误与其他错误相比并不那么令人沮丧，然而这仍然促使邓普顿回过头去，重新检查自己用以判断卖出股票最佳时机的方法。经过多年的实践和再三斟酌，他最后总结出了成功卖出持有股票的方法。我们会在随后几章中详细探讨他这种有关股票出售最佳时机的指导原则。

现在，我们有必要对本章谈到的一些最重要的经验教训进行一下回顾。第一，如果你是财经报刊的读者，或经常收看关于专业投资者的专题电视节目，那么你可能会碰到许多有关市场波动的负面参考消息。请以这种方式来思考这个问题：波动代表机会。波动越大，找到便宜股的机会也越大。如果你打算购买便宜股，那么波动就是你的朋友；如果你打算购买热门股，那么波动就是你的敌人。

第二，当市场被消极悲观情绪笼罩时，公司价值和股票报价之间出现错位的机会最大。相对于公司价值，让股价跌到极低的最简单的办法就是把股票抛售一空。当持有的股票变得不再热门，投资者一般就会把它们卖掉。股票不再热门通常是因为公司遇到了问题，这种问题在市场上被宣传得尽人皆知。作为便宜股猎手，你必须习惯于估计这些问题的严重程度，以及这些问题对目前公司运作的影响。

事实上，所有公司都会面临各种各样的问题，只不过有些问题知道的人相对更多一些，有些问题又更严重一些。公司面临的问题如果是暂时性的，则意味着这是投资的最佳时机，因为目光短浅的股票持有者会由于近期的期望发生变化而变得消极悲观。公司是一个实体单位，只要它能维持下去，并能为其业主创造高于资本成本的利润，它就会一直运行下去，认识到这一点很重要。如果你持有这种观点，而且对企业的长远前景充满信心，那么买下那些仅仅由于季度收益不佳而被卖光的股票就变得很简单了。这样的事情一直都在发生，为那些有耐心、沉得住气的人创造了机会。换种方式来说，迈克尔·乔丹——有史以来最伟大的篮球运动员，也曾有过几场比赛表现欠佳、关系胜负的投球偶尔不中等情况，但如果就此将他从芝加哥公牛队一脚踢出显然是错误的，因为一两场表现欠佳的比赛在他如此漫长而辉煌的篮球生涯中，并不足以掩盖他篮球巨星的光芒。

最后一点，作为便宜股猎手的你可能获得的回报，与已经控制了股票价格的悲观情绪的程度成反比。换句话说，在市场对某家公司所持观点最为悲观的时候，如果该公司的前景或人们的情绪出现了反转，那么你通过所持股票赚钱的可能性就会成比例地增加。前景越暗淡，回报越丰厚，前提是这个前景发生了逆转。这是极度悲观点投资原则背后的一个基本前提。当笼罩股市上空的情绪发生变化时，你在股价上就能获得非同一般的回报。换句话说，在市场已经变得极端不正常的时候寻找股票，并对那种不正常的观点加以利用，采用这种思维方式有点儿违反人的本能，因为作为人类，我们总是在竭尽全力寻找最佳前景。但是，作为便宜股猎手，你必须到导致了暂时悲观前景的地方去寻找悲观点。

邓普顿说过："人们总是问我，前景最好的地方在哪里，但其实这个问题问错了，你应该问：前景最悲观的地方在哪里？"

第三章

全球投资的基本常识

如果打算搜寻最理想的便宜货，你不会仅仅将搜寻范围锁定在加拿大，这似乎是个常识。因为如果仅仅在加拿大进行搜寻，或者只在美国进行搜寻，你只会找到一些而不是更多。那么，为何不放眼世界呢？40年来我们一直在做的就是，在全世界任何地方寻找便宜货。

——约翰·邓普顿，1979年11月

与过去相比，现在全球投资已经越来越成为投资领域的主流思想。许多共同基金都用投资者的积蓄在美国以外的股市上帮他们以钱生钱。现在人们已经广泛接受了全球投资的观念，但在过去数十年，海外市场一直开发不足，常遭到人们很大的误解，或者说，海外投资过去对人们而言一直是个陌生的概念。

1954年11月，邓普顿发起成立了邓普顿成长基金，开全球投资之先河。美国《福布斯》杂志称他为"全球投资之父"。放眼全球寻找便宜股买入，对邓普顿来说，这是自然而然的事情。把国内市场抛至身后去寻找便宜股，这么做有两点常识性的理由。其一，这样做可以拓宽和加深储备便宜股的水池。作为便宜股猎手，你的目标如果是购买股票市价和你所计算出来的公司价值之间差距最大的股票，那么在全球范围内搜寻这种便宜股就显得合乎情理了。因为，首先，这种方式可以让你的便宜股数量成倍增长。例如，可供挑选的便宜股在美国大概有3 000只，而如果换成是在全世界，就会飞涨到大约2万只。所以，在较长时期内，如果你能灵活地利用全世界的各种股市，让它们告诉你该去哪投资，你获得成功的概率就会大大提高。

其二，全球投资除了为你提供更广阔的便宜股选择范围，还能让你常常在某个国家找到比另一个国家相对更好的便宜股。如果你打算利用悲观、恐惧或消极情绪带来的机会，那么实际情况有可能是某个国家比另一个国家前景更乐观。不同国家的前景以及笼罩其周围的情绪各不相同，因此不同国家资产的价格也各不相同。简单来说就是，不同的前景可能使某个国家的便宜股比另一个国家的便宜股更好。作为便宜股猎手，你当然希望股票价格和估计的公司价值之间的差距达到最大，因此，如果某个国家出现这种差距，可能就意味着该国有大量便宜股；与此相反，如果风险高得令你无法承受，那可能意味着该国并没有你想要的便宜股。判断风险是投资很重要的一步，本章稍后会谈到这一点。

同样重要的一点是，在寻找最佳便宜股时如果不考虑地域，就能享受到分散化投资带来的额外好处。历史上许多例子说明，把所有的投资都集中在美国或任何一个国家，或任何一种资产类别上，都是糟糕透顶的主意。既想选对能够赚钱的便宜股，又想选对赚钱的时机，只能徒劳无益。推而广之，分散化投资是一种保护你的有效方法，原因很简单，因为还从来没有哪一个人既选对了将会有良好表现的市场又选对了投资时机。分散化投资通常也是一个极好的策略，因为作为便宜股猎手，众多的投资选择会让你比别人早一步发现机会，从而比别人更早地投资。这是便宜股猎手和价值投资者极为常见的一个特点。

要是先别人一步找到便宜股，就可以获得近期奖励——悠闲坐等股市的态度或观点发生转变。有时，这一等可能就是几年，因为便宜股猎手买入的股票经常会在很长一个时期内持续跌价，所以耐心不仅是一种美德，还是成功价值投资者的一个关键特质。由于等待期一般比较漫长，所以分散投资是有利的，因为一旦股市情绪发生变化，这种变化就会来得非常迅速。如果等到股市情绪发生变化之后再投资，猜猜结果会怎样？你是在随大溜。而且最重要的一点是，你会错失一大部分由股市情绪变化带来的收益，即使不是全部。邓普顿总说，当股市情绪发生变化时，这种变化会很突然，如果你之前没有投资，就会与很大一部分收益失之交臂。这些初期收益足以使你远远落后于市场的平均收益。如果你随大溜，你获得的回报也就和其他人没什么两样。多年的研究表明，股市大众的收益结果往往令人非常失望，经常低于股指的平均涨幅。以上两种情况无论哪一种，都要把资产分散到多个国家去，因为这会减轻由长期等待或完全错误的投资而造成的剧痛。而且有时候，有些持有股票会从你的投资组合中脱颖而出，涨势喜人。关于分散化投资的好处，邓普顿说："唯一不应该分散投资的人，是每次都看对的人。"

如果对分散化投资的好处仍然心存怀疑，可以看一下表 3–1。这个表叫"投资回报周期表"，用以证明世界各地的股市表现都是在好与差之间不断循环往复的。

从表 3–1 可以看出，在市场上把马车只套到一匹马上会导致收益连续几年不尽如人意；相反，把资产分散些则会使回报更高，也更平衡。要理解全球各种市场上的这种关系，一个好办法就是从机会成本的角度来思考问题。机会成本是经济和金融领域一个流行概念，表示我们采取一个行动的同时就放弃了采取另一行动所带来的可能利益。根据这个概念，只在美国投资（假设我们的收益和标准普尔 500 指数的收益相同）的机会成本就很高。例如，在 2002 年，如果你的基金只投资到标普 500 指数，你的回报率是 –22.1%（假设你的回报率和

表 3-1 投资回报周期表

1993年	1994年	1995年	1996年	1997年	1998年	1999年	2000年	2001年	2002年	2003年	2004年	2005年	2006年
中国香港 116.7%	日本 21.4%	S&P 500 37.6%	中国香港 33.1%	S&P 500 33.4%	德国 29.4%	MSCI EM 66.9%	LB Agg 11.6%	LB Agg 8.4%	LB Agg 10.3%	德国 63.8%	MSCI EM 25.9%	MSCI EM 34.5%	德国 6.0%
MSCI EM 74.8%	MSCI EAFE 7.8%	罗素 2000 28.5%	英国 27.4%	德国 24.6%	S&P 500 28.6%	日本 61.5%	罗素 2000 -3.0%	罗素 2000 2.5%	MSCI EM -6.0%	MSCI EM 56.3%	中国香港 25.0%	日本 25.5%	MSCI EM 32.6%
德国 35.6%	德国 4.7%	中国香港 22.6%	S&P 500 23.0%	英国 22.6%	MSCI EAFE 20.0%	中国香港 59.5%	S&P 500 -9.1%	MSCI EM -2.4%	日本 -10.3%	罗素 2000 47.3%	MSCI EAFE 20.3%	MSCI EAFE 13.5%	英国 30.6%
MSCI EAFE 32.6%	S&P 500 1.3%	英国 21.3%	罗素 2000 16.5%	罗素 2000 22.4%	英国 17.8%	MSCI EAFE 30.0%	英国 -11.5%	S&P 500 -11.9%	英国 -15.2%	MSCI EAFE 35.6%	英国 19.6%	德国 9.9%	中国香港 30.4%
日本 25.5%	英国 -1.6%	LB Agg 18.5%	德国 13.6%	LB Agg 9.7%	LB Agg 8.7%	罗素 2000 21.3%	MSCI EAFE -14.2%	英国 -14.1%	MSCI EAFE -15.9%	中国香港 38.1%	罗素 2000 15.3%	中国香港 8.4%	MSCI EAFE 26.3%
英国 24.4%	罗素 2000 -1.8%	德国 16.4%	MSCI EAFE 6.1%	MSCI EAFE 1.8%	日本 5.1%	S&P 500 21.0%	中国香港 -14.7%	中国香港 -15.6%	中国香港 -17.3%	日本 35.9%	德国 16.2%	英国 7.4%	罗素 2000 18.4%

逆向投资　　058

(续表)

	1993年	1994年	1995年	1996年	1997年	1998年	1999年	2000年	2001年	2002年	2003年	2004年	2005年	2006年
	罗素2000	LB Agg	MSCI EAFE	MSCI EM	MSCI EM	罗素2000	德国	德国	MSCI EAFE	罗素2000	英国	日本	S&P 500	S&P 500
	18.9%	−2.9%	11.2%	6.0%	−11.6%	−2.6%	20.0%	−15.6%	−21.4%	−20.5%	32.1%	15.9%	4.9%	15.8%
	S&P 500	MSCI EM	日本	LB Agg	中国香港	中国香港	英国	日本	德国	S&P 500	S&P 500	S&P 500	罗素2000	日本
	10.1%	−7.3%	0.7%	3.6%	−23.3%	−2.9%	12.5%	−28.2%	−22.4%	−22.1%	25.7%	10.9%	4.6%	6.2%
	LB Agg	中国香港	MSCI EM	日本	日本	MSCI EM	LB Agg	MSCI EM	日本	德国	LB Agg	LB Agg	LB Agg	LB Agg
	9.8%	−28.9%	−5.2%	−15.5%	−23.7%	−25.4%	−0.8%	−30.7%	−29.4%	−33.2%	4.1%	4.3%	2.4%	4.3%

注：LB Agg = 雷曼兄弟综合债券指数
MSCI EM = 摩根士丹利资本国际新兴市场指数
MSCI EAFE = 摩根士丹利资本国际欧澳远东指数
中国香港、德国、日本、英国 = 摩根士丹利资本国际个别国家和地区指数
罗素2000（Russell 2000）= 罗素3000指数中规模最小的2 000家公司
标准普尔500（S&P 500）= 标准普尔所有主要产业具有代表性的500种股票的市值加权指数
资料来源：彭博资讯

第三章　全球投资的基本常识　　059

标普 500 指数的回报率一样）。相反，如果你把钱平均分散到各个股票市场，你的回报率就是 –14.5%。对很多人来说，少赔点儿钱似乎不是什么值得炫耀的事，但是，如果你正在积攒退休金或子女的教育费，那么长期下来，少赔的钱积累起来可就相当可观了。不妨这样想一下，如果 2002 年你仅投资标普 500 指数，那么就等于放弃了 10% 的额外收益。这个例子很有启发意义，不过亲自体验一下这个观点在现实世界中的运作往往更有助于我们的理解。

下面来看一个具体实例，这个例子说明，把分散化投资和猎取便宜股合二为一的投资策略大有好处。在这个例子中，我们会看到在将近 40 年的时间里，真正的资金经理把真正的钱投资进去，使得真正的投资人成了富翁。这个例子显示在图 3–1 中，考察了我们所熟知的最佳投资工具之一——邓普顿成长基金。这只基金从 1954 年开始到 1987 年之间一直由邓普顿管理。

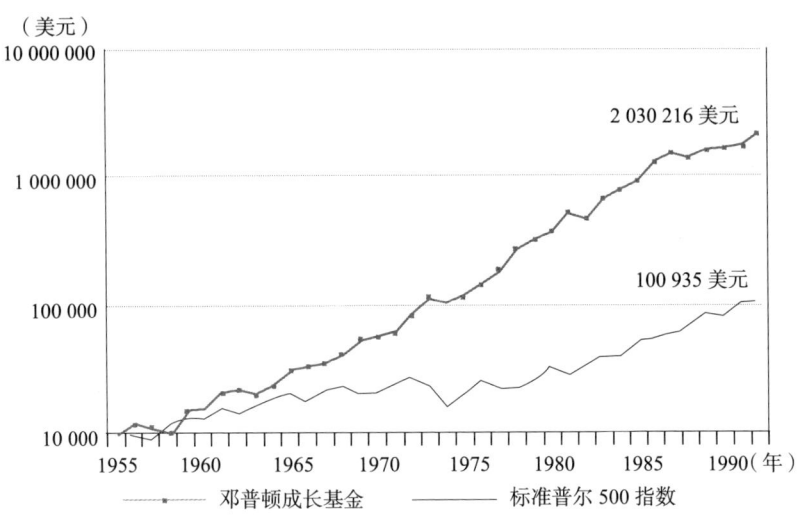

图 3–1　1955—1992 年邓普顿成长基金与标准普尔 500 指数的收益情况

资料来源：邓普顿成长基金，彭博资讯

如图 3–1 所示，如果你够幸运，在 1954 年邓普顿成长基金成立之初就投资了 1 万美元，那么到 1992 年邓普顿把基金卖给富兰克林资源公司时，你的原始投资本金就会增值到超过 200 万美元。邓普顿运作这只基金所依据的就是在第二章描述过的便宜股猎取策略，以及本章开头介绍的全球投资策略。换句话说，图中显示的 1 万美元投资额的这种增长，是在不分地域的全球市场上寻找最佳便宜股并进行投资所带来的结果。这个图的目的之一是用数字向大家证明分散化投资的好处。

当然，为了保险起见，你也可以在那个时期仅投资美国市场。但是，如果你只投资标普 500 指数，你账户里的钱到 1992 年就只能增加到 100 935 美元。从机会成本的角度来说，这意味着你放弃了邓普顿成长基金在 1 万美元的原始投资基础上所带来的 190 万美元的额外收益。在这种情况下，我们可以看到，仅投资于美国的习惯会让人付出高昂代价，在上面的例子中，付出的代价可是高达 7 位数。头脑清楚、拒绝在其经纪账户中接受这额外的 190 万美元的人恐怕不多见。然而，那些在 1954 年没有跟随邓普顿一起在全球市场投资的投资者，每投资 1 万美元到标普 500 指数，就等于放弃了 190 万美元。

在邓普顿成长基金中，1 万美元投资的这种增长幅度可能会让一些人相信全球分散化投资的确有些好处，那么对只购买市场上最佳便宜股这一策略持怀疑观点的人们又是怎么看的呢？也许有些投资者赞成分散化投资，但是却反对购买那些受到冷遇、毫无生气、不被看好、平庸或不为大众所知的股票。下面我们将证明，除了全球分散化投资，猎取便宜股同样会带来丰厚回报。

尽管找不到一个可以一路回溯到 1954 年的理想的全球性基准点，但是著名的摩根士丹利资本国际全球指数为我们提供了从 1969 年开始的一些连续的数据资料。图3-2仔细考察了两种投资方式，一种是在全球范围内猎取便宜股进行投资，一种是根据一个覆盖面较广的指数（如摩根士丹利资本国际全球指数）进行投资。对比之下，第一种全球投资方式明显具有优势。

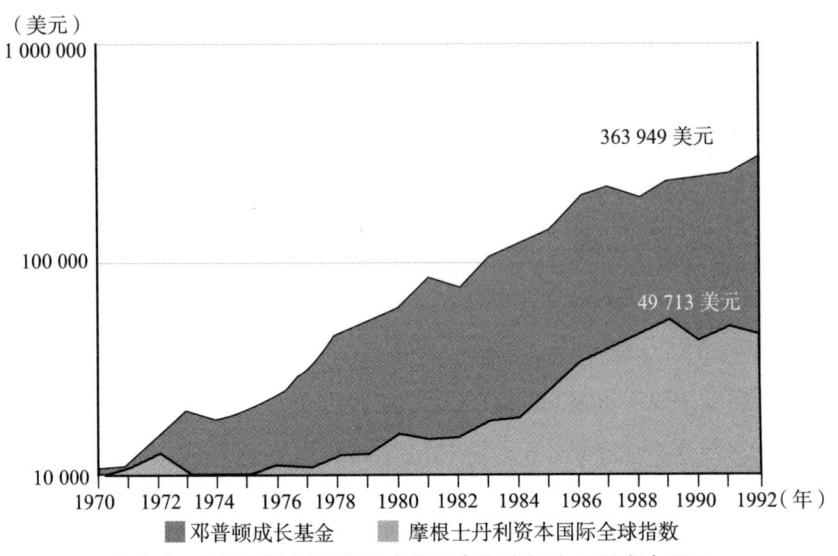

图3-2　分别投资于邓普顿成长基金和摩根士丹利资本国际全球指数的1万美元的价值变化情况

资料来源：邓普顿成长基金，彭博资讯

把1万美元投资到邓普顿成长基金，与把1万美元投资到一个覆盖面较广的指数（如摩根士丹利资本国际全球指数）相比，二者所带来的收益差距再次耐人寻味。如果我们在1969年向邓普顿成长基金投资了1万美元，那么到1992年，我们的资金就会累积增加到363 949美元（假设我们把收益和股息进行再投资）；而如果我们仅投资摩根士丹利资本国际全球指数，我们的资产只会增加到49 713美元。因此，很重要的一点是，投资者必须问自己，如果我不采用便宜股猎取的选股策略，或不把钱交给采用这一策略的投资者进行操作，我放弃的会是什么？在这个例子中，答案很简单：你自愿放弃了额外 314 236 美元的收益——当然，前提是你能像邓普顿那样精于选股，或能创造出高于阿尔法系数①的收益。站在这个角度来看便宜股猎手在全球投资的问题，要问的就不是应不应该在全世界搜寻便宜股的问题了，而是不这么做，你承担得起吗？如果根据常识，你的回答是否定的，那么你就即将拥有全球便宜股猎手的眼光了。

看图 3-2 时，有些人也许没有注意到邓普顿成长基金在 20 世纪 70 年代的强势表现。几乎所有情况都表明，70 年代于投资而言是个十分艰难的时期，因为这一时期出现了大量极其不利的因素，比如，家喻户晓的故事股"漂亮 50"②的大涨大跌误导了无数投资者，使他们损失惨重。如果这还嫌不够严重，那么还有通货膨胀、能源危机以及经济增长乏力等，投资者就是在这样的局面下苦苦挣扎。整个 70 年代用具体的数字为我们提供了坚实的论据，证明了猎取便宜股和分散化投资相结合具有极大优势。由于当时经济环境不稳定，波动很大，而且经济发展趋势也不容乐观，70 年代股市的股指收盘始终维持在 70 年代初的水平上。如果你在 70 年代初投资了道琼斯指数，整整 10 年很可能你的投资都毫无回报；再考虑到通货膨胀以及那个时期急速下降的购买力，你的财产甚至还会蒙受损失。

图 3-3 显示出美国股市在那个时期的表现，我们因此有机会提出一个重要的问题：股市是不是必须上涨才能让你赚到钱？答案很简

---

① 阿尔法系数（α 系数）是指投资或基金的绝对回报和按照 β 系数计算的预期回报之间的差额。——译者注

② "漂亮 50"（Nifty Fifty）是美国 20 世纪 70 年代最具代表性的 50 家蓝筹股。当时美国股市形成了一轮以 50 家最大绩优公司为投资焦点的所谓"漂亮 50"行情。——译者注

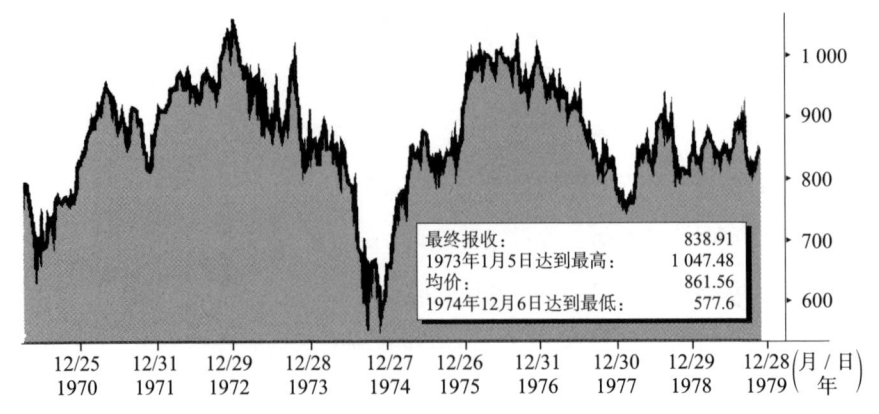

最终报收： 838.91
1973年1月5日达到最高： 1 047.48
均价： 861.56
1974年12月6日达到最低： 577.6

图3-3 1969—1979年道琼斯工业平均指数

资料来源：彭博资讯

单：不是。作为便宜股猎手，你如果正确实施了策略，即只购买和你估计的公司价值相比价格最低的股票，那么就等于你只进行最佳有效的投资。在使用这一策略的时候，不必紧跟市场表现，除非和价值相比，其价格最低的股票碰巧也是市场代理的热门股票之一，如道琼斯工业平均指数、标普500指数或纳斯达克指数[①]。这种情况以前曾经出现过，如20世纪80年代初期，当时邓普顿在美国大量吃进"知名股"，因为这些股票的市盈率已经彻底跌到了长期平均水平线一半以下。尽管如此，在多半情况下，你购买的股票要么是大多数人并不熟悉的，要么是人们避之唯恐不及的。此处有个更大的主意，那就是逐一买入市场上所有便宜股，拼凑出一个最有吸引力的便宜股集合。

当你发现有些股票的交易价格远远低于其估计价值的一半时，把它们全部搜集起来，浏览一遍，你可能会发现绝大多数这样的股票

---

① 纳斯达克（NASDAQ）是美国全国证券交易商协会于1968年着手创建的自动报价系统。纳斯达克指数是反映纳斯达克证券市场行情变化的股票价格平均指数，基本指数为100。——译者注

是在某一个国家（比如日本）交易，这时候你可能会说："日本股票真便宜。"这个过程引导着你对这个国家的宏观经济进行了一次摸底。在邓普顿的投资生涯中，他由于擅长选择投资国家而名声在外，但很少有人意识到，他对某一个国家股票的看法是站在公司的层面上对股票进行深入研究之后形成的。大部分投资者把这种方法称为一种"自下而上"的分析方法，也就是说，寻找投资机会要从市场最底层开始，即从个别公司开始。此处也许是邓普顿常遭人误解的地方。许多观察者认为，他常常只推荐在某一个国家投资而反对在另一个国家投资，这说明他是从宏观角度对两个国家进行评估后才做出的决定。然而，多半时候，他自己却说某个国家之所以是好的投资对象，是因为大量便宜股碰巧先集中出现在某个国家而不是另一个国家。换句话说，他对某个国家股票所持的看法是"自下而上"分析方法的结果，而不是通过"自上而下"先了解该国的国内生产总值（GDP）、就业前景或诸如此类的情况。便宜股猎手应该意识到，要选对投资国家，首先要选对个别公司，而不是反过来。

看待股市的正确方法是把它看作一个股票的集合体，而不是一个股指数字。如果你从个股的角度看股市就会发现，在任何时期，股市都会经常性地出现个别牛市或熊市。事实上，每一只股票本身就是一个股市，也就是说，每只股票都拥有大量的买家和卖家。运用这一观点，你就会发现在熊市上许多股票相对于股指而言表现出色，或在牛市上许多股票相对于股指而言表现糟糕。

有时，运用这种分析方法的目的是要让你的股票表现和覆盖面较广的一些市场指数表现分离开来，如道琼斯指数、标普500指数以及摩根士丹利资本国际全球指数。这听上去很棒——如果你的便宜股价格上涨，而市场股指下跌，的确很棒。然而，不好的一面是，你持有的股票表现比市场平均水平差的时间可能会持续较长一段时间，这会使人产生一种心理上的"消化不良"，投资者甚至一些经验老到的投资者，都无法轻松地加以消化接受。但是，这却是长期成功投资的一个普通插曲。历史表明，作为投资者，即使你的股票整体表现要优于市场平均水平，你也要对你的股票有时会落后于市场的情况做到心中有数。有时，你的股票表现很差，远远落后于市场水平，这时作为便宜股猎手的优势就是，你坚信自己提前做好了功课，时间会证明你是对的，市场最终也会证明你是对的。不过，与市场表现相比，你的股票表现很差这种状况可能会持续好几年，对此你也要有心理准备。

如果一开始你就对这一基本事实有了心理准备，那么即使你抛出去的球在短期之内没有按照你的路线弹回来，你也会有勇气不弃之而逃。从目前正在赔钱的投资中跳出来，转到一些所谓"更好"的投资（通常指的是一些价格正在上涨的股票）中去，这种冲动可能会十分强烈。如果你最初的分析和研究是合理的，那么压制这种冲动十分重要。有些优秀的共同基金投资者从事这一行已经 10 年或更久了，无论你仔细研究他们中任何一位的投资业绩记录都会看到，虽然他们很出色，能使自己的长期业绩优于市场表现，但他们也都有过投资表现不佳的遭遇。

图 3-4 显示了邓普顿成长基金和道琼斯工业平均指数的年收益回报。作为一个很好的例子，该图显示出了由于某段时间投资表现不佳而变得心浮气躁所带来的后果。在 1970 年、1971 年以及 1975 年，邓普顿成长基金表现不佳，一些投资者因此烦躁不安，但是如果他们这时把股份全部卖掉，就会犯下一个很大的错误，因为在那 10 年，与道琼斯工业平均指数 4.6% 的复合收益率相比，邓普顿成长基金的复合收益率则高达 22%。然而，各式各样的投资者，无论是搜寻股

票的便宜股猎手还是搜寻共同基金的便宜货猎手，都因为基金的一段时间表现不佳而在基金处于最低谷的时候上演了你争我抢的一幕，纷纷转向"更好的"投资去了。针对投资中出现的这种心理问题，邓普顿提出了以下建议："反思自己投资方法的最佳时机是当你最成功的时候，而不是当你犯下最多错误的时候。"

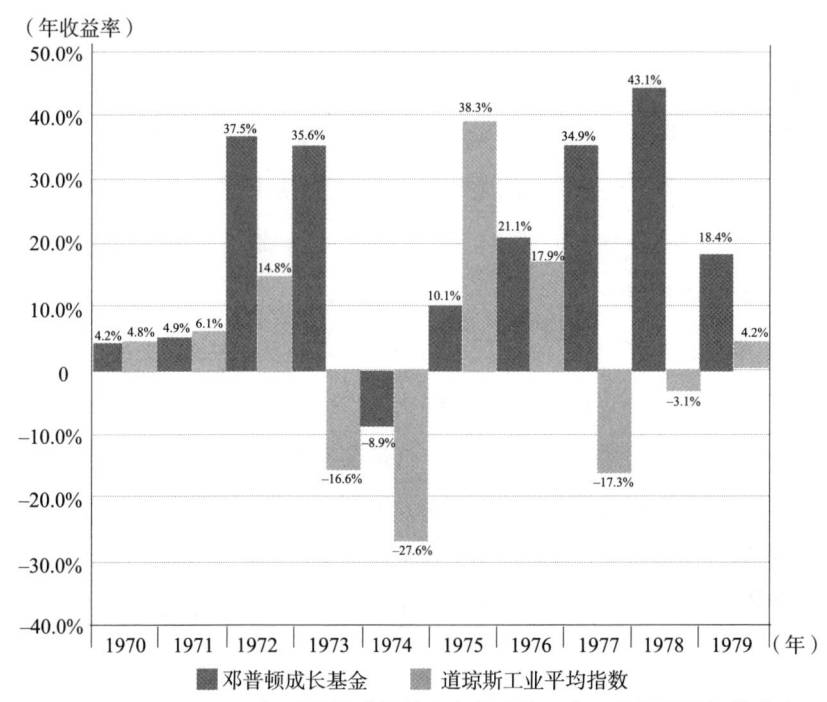

(年收益率)

年份	邓普顿成长基金	道琼斯工业平均指数
1970	4.2%	4.8%
1971	4.9%	6.1%
1972	37.5%	14.8%
1973	-16.6%	-8.9%
1974		-27.6%
1975	10.1%	38.3%
1976	21.1%	17.9%
1977	34.9%	-17.3%
1978	43.1%	-3.1%
1979	18.4%	4.2%

图3-4　1970—1979年邓普顿成长基金和道琼斯工业平均指数的年收益率
资料来源：邓普顿成长基金，彭博资讯

到此为止，我们已经提供了一些真实的数字用以支持在全球范围猎取便宜股的观点。然而时至今日，还是有投资者对全球市场视若无睹，继续只在美国投资。目前的观点与20世纪30年代邓普顿在耶鲁念书时他的同学中间盛行的观点相比，其荒谬程度只是稍微有所减弱。那个时候的一致看法是：美国是最重要的国家，所以也是投资的最佳市场。现在常听到的抱怨是，海外投资普遍存在着信息缺乏等不利因素。那些对海外投资持反对意见的人在这一点上是正确的，这让问题更复杂了。有关国外公司的相关信息比较少，这通常是实情，尤其是当你打算在新兴市场上投资的时候，信息就显得格外重要。虽然如此，但是如何看待这一现实问题却能决定全球便宜股猎手的命运。你看到的是玻璃杯一半是空的吗？你会由于缺少信息而被吓退吗？或者你会把玻璃杯看成一半是满着的吗？你能利用信息缺乏这一不利因素，把它当作机会抓住，并赶在众人之前做出投资决定吗？邓普顿永远是一个乐观主义者，他对这些问题的回答很实际，那就是卷起袖子开始好好做投资功课。便宜股猎手需要意识到，找到缺乏相关信息的股票，就能有效地找到价格定位错误的股票。

邓普顿在20世纪80年代中期购买了墨西哥电话公司的股票，这是一个很好的关于信息鸿沟的具体实例，从中我们可以看到邓普顿是如何解决这一问题的。那时候，邓普顿认为墨西哥电话公司所宣布的数字不可靠。他的解决办法是，统计该国所拥有的电话总量，然后用该数字乘以该国每一部电话的平均年度电话费。这需要做大量的工作和调查研究，但是完成了这项工作之后，他断定该公司股票的价格要远远低于他所推测出来的公司价值。这个例子听起来似乎有点儿极端，但它却清晰地说明，在搜寻真正的便宜股时，一个便宜股猎手必须要做什么样的准备工作。

在第二章，我们曾谈论过市场看法，以及市场看法与控制着企业价值的现实经济状况相脱节的问题，因此我们下面的话题一开始听起来可能会让你觉得熟悉而又奇怪。对股票的错误看法，以及对股票与其所代表的公司之间关系的错误看法可能会呈现出多种表现方式，在全球市场上或在某些新兴市场上，信息不对称就是导致这种错误看法的一大原因。在墨西哥电话公司的例子中，正是信息不对称才使得投资者望而却步。因为投资者是基于这个理由不去购买股票的，所以根据常识，只有对情况加以详细调查，并努力弄清楚真实状况才是上上策。由于缺乏对墨西哥电话公司的了解，投资者早已把股价压至很低了，他们不愿意进行深入挖掘以获得正确信息，这给邓普顿创造了机会。

通常情况下，投资的唯一障碍其实是你不愿意比身旁的人多付出那么一点儿去寻找答案。邓普顿总是把这种积极的工作态度看作获得成功必不可少的基本哲理，无论是在投资领域还是在其他任何领域。坚信通过比别人勤奋就能获得巨大的回报，邓普顿称之为"多一盎司"工作原则，这与爱迪生曾提出的一条著名建议——"天才是1%的灵感加99%的勤奋"——在思想上不谋而合。邓普顿相信，在各行各业中，有些人取得了一定的成功是因为他们做的工作和历史上最成功的人一样多。换句话说，最成功的人和其余众人之间的区别就在于，是否愿意多投入那么一个钟头用于读书、多投入那么一个钟头用于了解情况、多投入那么一个钟头用于培训、多投入那么一个钟头用于研究。每个人都曾遇见过这样的人，他在自己的职业领域、体育运动方面或课堂学习方面才华出众，却从未获得非凡的成就，因为天底下没有让他可以免费领取的成功。这说明，有时候，当最聪明的学生或最有天赋的运动员未必是件好事。不仅在投资领域，各行各业中都是如此。最出色的便宜股猎手会意识到，他们多读的那一份年度报告、多访问的那一家竞争公司或多匆匆浏览过的一篇报纸上的文章，都可能会是一个重大转折点，能使他们做出前所未有的最佳投资决策。

在过去的大约30年里，全球投资的增长已经促使越来越多的分析师开始关注证券，从而使得发布的研究报告也越来越多。进行全球投资的投资者数量的增加，以及通过研究报告为他们提供服务的各种各样的经纪人业务的增加，有效地消除了市场上比较突出的一些效率低下的问题。然而，我们发现，市场上仍然有大量股票不为研究报告所关注，或只有极少数分析师才会注意到。对那些愿意勤奋工作，并愿意在最初采用自下而上分析方法的便宜股猎手来说，这些股票应该被看作他们的黄金狩猎场。海外市场上的股票如果不为研究报告所提及，可能意味着其公司在经营中存在效率低下的问题，而市场也未能对这种经营状况持正确看法。寻找并发现这类"定价错误"对成功的全球投资者来说，是一个久经考验的有效方法。

之前我们一直谈的是如何在全球范围内搜寻便宜股、如何对市场上由于信息不对称而导致的效率低下加以利用的问题，接下来我们要讨论一下引导便宜股猎手进入实质性购买阶段的指路明灯。对邓普顿来说，这个指路明灯在绝大多数时候指的是市盈率。这可能会让一些人感到吃惊，认为这过于简单了，但事实上，市盈率是一个进行价值判断的很好标准或起点。正是市盈率指引着邓普顿在20世纪60年代进入日本市场，在80年代进入美国市场，在90年代后期又进入了韩国市场。听从这三个国家的"召唤"而进行的这三次投资最后都被证明获得了巨大的成功。当然，我们并不建议你把能找到的价格收益比很低的每一只股票都捡起来，邓普顿的基本前提之一是：以尽可能少的成本去换取未来的收益。

要想使成功的天平向你这边倾斜，你就应该寻找这样的股票：它们的市价与公司收入相比低得异乎寻常，而该公司却有着超过平均水平的长期发展前景和超过平均水平的长期盈利能力。要实施这一策略，具有以下特点的股票最有可能为你带来最佳良机，例如抛售一空、失宠、不为更多的投资者所知或被市场误解的股票。下面让我们了解一下邓普顿是如何理解价值标准的问题的。邓普顿寻找股票的标准往往是，用当前每股价格除以他估计的未来5年的每股收益，然后得出一个数字，股票交易价格不能超过这个数字的5倍。同理，他还说过，根据他对来年每股收益的估计，他偶尔也能以仅仅1~2倍于那个数字的价格买下股票。当然，这种交易是在价值陷入低迷的极端情况下进行的。然而，这恰恰正是便宜股猎手必须注意观察的情况：定价出现错误的极端情形。

你也许会问，怎样才能让大家准确知道某家公司在未来5年的收益呢？这的确是个难题，因为几乎没有人能十分精确地做到这一点。大多数分析师解决这个问题的方法是，如果某公司或其所在行业没有出现重大变动，就根据公司的历史平均收益做一个逆向预测。换句话就是说，如果过去10年的长期平均净利润率是5%，而公司去年的净利润率是7%，那么把5%看作公司未来5年的一个收益标准于便宜股猎手而言是明智的。当然，除非该公司发生了将永久性地改变其盈利能力的事情，如果真的发生了这种事，那么7%就是未来收益的一个合理标准。保守一些的便宜股猎手预测的利润率可能会是5%，这只是为了以防万一，因为毕竟未来是难以预料的。

在预测过程中运用保守的假设可以创建一个"安全边际"。安全边际这个概念是本杰明·格雷厄姆提出来的，表示便宜股猎取过程中的一个基本环节。运用这个基本概念的一个方法是，在预测中对不够理想的情况进行假设。这么做可以对一个完整"周期"的业绩进行较为全面的预测，这个周期一般是5年，在这个时期内，便宜股猎手既要考虑业绩表现良好的时期也要考虑业绩表现不尽如人意的时期。经验丰富的便宜股猎手知道他们必须同时考虑到这两种情况。如果股票价格与那些不够理想的业绩或业绩的平均水平相比仍然偏低，那么你就找到了一只拥有安全边际的股票。

预测一个长达 5 年的业绩周期，并在其中运用这一方法可能并非易事，但是这么做可以迫使你有一个良好的思路，让你能把思维、疑问以及讨论都集中到和企业经营更为相关的主题上来。例如，这家公司拥有什么样的竞争优势？如果他们打算长期维持其盈利能力，那么该公司就应该拥有某种竞争优势。他们的产品成本是否较低？他们是否有一个较好的品牌，使得人们对其产品品质看法较好从而导致销售价格偏高呢？如果以上这些问题的答案是肯定的，你就可以放心地预测出他们的利润率在未来可以保持下去。如果真是这样，你就有了一个对该公司未来的收益情况做出判断的更好的基础。事实很简单，如果打算尝试一下预测某公司的未来业绩，你需要对该公司及其前景有一个更加动态的了解。对公司进行动态了解的方法是针对它的长期前景进行提问。这里的长期前景是以年为单位，而不是以季度为单位进行计量的。你的所有疑问以及你通过计算该公司未来长期收益而得出的答案，将会让你与市场上其他买家和卖家相比，在对该公司的观点看法上拥有极大优势。

观察公司未来 5 年的收益这种做法还有一个重要优势，即它会从心理上迫使你对任何近期的干扰噪声不予理睬，尽管这种噪声已经完全淹没了市场。这又回到了我们第二章讨论过的内容，某公司由于暂时的挫折引起了股票价格快速波动，这种波动又导致股市近期表现反复无常，我们要做的就是对此善加利用。用长远的观点来看公司既不是一种不切实际的想法，也不是基金经理在广告推销时的一句营销口号。如果运用得当，它会为优秀的便宜股猎手带来一种心理优势，这种优势会让他们对某公司出现的暂时性问题加以充分利用。

到此为止，针对在全球范围内猎取便宜股所具有的优势这一话题，我们已经提供了好几条论据加以支持，但是敏锐的投资者知道，猎取便宜股伴随着各式各样的风险。这些风险以及人们对一些风险不愿意曝光的态度，让许多"全球投资者"只敢把一根脚趾稍稍伸进海外市场这条滔滔长河之中，而且他们挑选的往往是"较为安全"的、市值较高的某家公司。要在世界范围内进行投资，了解和预测其中的风险不过是一项正常的挑战。大多数投资者必须解决的首要问题就是，购买股票时如何承担由当地货币引发的风险。

邓普顿相信货币走势会持续数年，他对货币的建议正是基于这一信念。而且，就一种货币相对于另一种货币所具有的优势，他更倾向于"风险较小的"货币，而不是"被看好的"货币。换句话说，所有的货币都存在风险，但是有一种风险似乎是邓普顿不愿意承担的，那就是政府的过度支出。从前面几章我们了解到，邓普顿基本的生活哲学之一是厉行节俭，积极储蓄。这种信仰在很多方面可以上升到国家层面。换言之，在那些借贷率较低而储蓄率很高的国家中，货币的风险最小。符合这一条件的国家的名单随着时间的推移已经变得越来越短了，但还是有不少国家符合这一条件。随着不断进步的民主，这个世界变得越来越自由，在这样的环境下进行投资会出现很多矛盾现象，其中之一就是长期性通货膨胀越来越频繁。这并非意味着邓普顿不喜欢民主和自由经济，正相反，他对此是持支持态度的，而且他还用自己的钱来支持民主和自由经济的发展。除了帮助人们实现精神上的进步以及品格上的完善，自由经济也是他主要的公益慈善事业项目之一。然而，伴随着民主发展而来的一大趋势是通货膨胀，其原因是，选民倾向于选举那些喜欢大把大把花钱而不进行储蓄的官员。邓普顿认为，选民总是更喜欢花钱豪爽的人，对那些不能满足他们要求的政客，他们是不会再次让他当选的。但问题是，花费无度可能会导致过度借贷，而这会逐渐削弱借贷方的货币，最终使之贬值。有关这种情况的极端例子值得便宜股猎手好好加以研究，包括亚洲金融危机（1997—1998年）以及阿根廷金融危机（2001年）中部分国家拖欠债务的例子。

现在我们已经知道要避免什么风险了，那就是政府过度借贷的风险。我们应该抓住机会把这个观点变成切实可行的指导原则，供便宜股猎手在实践中运用。邓普顿多年前介绍过一个基本方法，用以帮助那些接触外币的投资者找到对他们构成风险较小的国家。首先，有些公司是通过使用风险较高的货币来进行运作的，如果你想避开这样的公司，那就将重点放到具有以下特点的公司上，即其25%以上的经营业绩都是在那些出口额大于进口额的国家实现的。从另一个角度来说，这意味着出口国正在积累储备或储蓄，而且其他国家购买它的产品也会对该出口国造成货币升值的压力（因此该国币值应该保持稳定或升值）。其次，要确定这个国家所背负的债务不超过其全年国民生产总值的25%，这个数字给便宜股猎手提供了一个标准，用以衡量一个在管理上比较保守的政府的资产负债情况。当债权人或投资者害怕借贷一方无法还债或会用已经贬值了的货币还债的时候，负债累累的国家就会陷入困境。一旦债权人或投资者因为上述原因而感到担忧，他们就会飞快地抽出他们在这个债台高筑的国家所持有的债务或投资，从而导致该国抛售货币，而这种抛售又直接导致货币贬值。

便宜股猎手需要考虑的另一组风险与他们打算进行投资的国家的政治格局有关。正如前面提到过的，邓普顿坚决支持自由经济以及追求个人利益的自由。他对自由经济怀有信仰始于年轻时读到的亚当·斯密写的《国富论》，他认为该书是有史以来最重要的书之一。这本书对他影响深远。

邓普顿对他所喜欢的投资环境的要求是：法令法规要更少，个人追求自己目标的能力要更强。就投资决定而言，他相信，如果不受干扰，市场会在很大程度上进行自我规范。然而，在真实的世界里，政府总是有强烈的倾向要介入其中、多管闲事、插手干预，并且在商业领域扮演不该扮演的角色。所以，站在政府或政策的立场上来看，邓普顿寻找的是倾向于自由市场的国家，他要避开的是在管理和政策上都趋于集权的国家。

在当前的现实世界，有一个很好的例子可以体现他的这种观点。在过去几十年里，中国政府和中国市场越来越开放，出现了自由市场的倾向。与中国形成鲜明对照的是委内瑞拉，委内瑞拉是"民主制"国家，但是该国总统却用他的权力实行资产国有化，并将私有制转变为公有制。资产国有化带来的后果往往表现为外部资金和公共资金长期投资不足，随之而来的是最终国有化资产利用不足和表现欠佳。作为便宜股猎手，你要不惜一切代价避免这种投资环境。

邓普顿认为，最后必须让人们运用自己的方法，以一种无拘无束的方式去追求自己的经济目标。这种不干预市场的观点是由亚当·斯密的自由放任政策或不干涉主义推广普及开来的。这个观点暗示着有一只"看不见的手"会引领着市场朝积极的方向发展，因为资源会被分配到机会最好的地方，避开情况最糟糕的地方。与这只"看不见的手"相对的是政府操纵的我们称之为"强有力的手"。对一个中央计划的政府来说，引导市场的这只手就是政府。

这只强有力的手所采取的最令人遗憾的经济行动之一就是把资产所有权从个人手上转移到由政府控制的国有企业实体手上，这一做法正好与自由经济制度相反。而且，企业国有化会导致市场缺乏竞争，而缺乏竞争的环境会让人变得浑浑噩噩、沾沾自喜，这又会进一步导致市场表现平庸。一旦资产所有权发生了转移，其余经营者就会认为资产或与资产有关的活动和他们不再有利害关系；他们会觉得常规性以破产而告终的失败风险很低，这种心态会使企业倒退好几年甚至数十年。而与之相对的自由经济则是以竞争为基础，各个公司必须不断发展进步，否则就会有被挤出市场的危险。因此，资产国有化不仅意味着失败的投资，而且还与邓普顿所持的深层哲学理念相悖。他相信自由经济和竞争会带来进步，而进步对商业领域来说是件好事，也非常必要。对各行各业来说，无论是技术、科学，还是其他任何行业，都是如此。如果竞争受到压制，那么进步也就无从谈起了。

到此为止，我们不仅在个案的基础上谈了寻找便宜股的策略，而且还介绍了从不同的国家挑选便宜股时应该避免的一些常见风险。关注完这两个关键因素之后，接下来必须要做的就是把这两点合二为一，形成一个观点。换句话说，一旦你根据自下而上的分析发现了有潜力的便宜股，你就要研究一下，看看自己是否能承受伴随这种投资而来的自上而下的国家风险①。在一些例子中，你可能会发现某公司的股票价格仅仅是你所估算的公司价值的一半甚至更低，但是通过进一步调查，你又会发现监管该公司经营运作的政府已经对公司产品实施了价格管制，不允许公司提高价格。在这种情况下，你很可能就要拒绝购买这只股票，转而去别处寻找风险更低的便宜股。

此处的一个基本思想是，如果找到了真正的便宜股，还需要积极努力地找出这些股票价格偏低的原因。如果是由于近期或暂时的一些问题造成的，那么这种股票价格偏低就更容易让人接受。当然，造

---

① 国家风险是指在国际经济活动中发生的、在一定程度上由国家政府控制的事件或社会事件引起的给国外债权人（出口商、银行或投资者）应收账款造成损失的可能性。在对外贸易和对外投资活动中，可能遭遇到的国家风险主要包括战争、政府征收、违约、汇兑限制和国有化等。——译者注

成股票价格与其长期价值相比偏低的原因可能与股票所在的国家并没有什么关系。因此，我们要做的就是对每一种情况都要详细了解，这样就能看出这些情况呈现出来的模式和形态，这些模式和形态可以告诉你一批股票价格之所以偏低可能是一个极其普通的因素引起的，如对该国宏观经济环境的担忧。例如，你可能会发现某个国家有一大批股票价格极低，原因是过去发生过让投资者不安的事情，如增长放缓、前景暗淡，甚或是一次真正的经济衰退等，但是这种情形在未来却不会再次发生。如果导致股票价格偏低的原因是暂时性的，便宜股猎手就应该抓住机会进行投资。

第四章

发现冷门股：
如何成为眼光独到的投资人

> 到日本访问，看到日本人的工作态度是件令人愉快的事。大约五六十年前，美国商人受到普遍羡慕和称赞。美国人为自己工作勤奋、生产的商品质量上乘而自豪，他们在周末加班工作，他们为自己所效力的公司感到骄傲。美国人曾有的这些美德如今依然存在于日本人身上，所以日本的工业增长速度将是美国的两倍。
>
> ——约翰·邓普顿，1981年9月

邓普顿在《华尔街记录报》(*The Wall Street Transcript*) 对日本做出以上评价的时候，他的大部分基金已经从日本股票市场撤出。由原先大量集中的投资到现在大规模的撤出，是因为日本股票正变得越来越热门，其市值在不断攀升。不过上面引用的这番话对我们很有启发意义，因为这是一个重要的例子，体现出邓普顿是如何把对个别公司及其合理价值评估所进行的分析与他认为重要的其他因素结合在一起的。毫无疑问，他之所以在日本进行大量投资，主要是因为在20世纪50年代和60年代，日本股票的市盈率极低，而日本公司的增长率极高。不过他之所以沉得住气对所持股票按兵不动，静待其市值升高，则毫无疑问是因为他在日本人身上亲眼见到了他一直奉若至宝的可贵品质：节俭、目标明确、坚定果断以及工作勤奋。日本人体现了这些美德，而有着日本雇员的公司则将这些品质集中体现在了经济上。

20世纪80年代，大多数美国人开始意识到日本已经成为世界经济体中的一支主导力量。然而，在二战之后的前20年，美国人对日本的看法却与此大相径庭。在这一看法转变的过程中有一点极为引人注意，那就是早在二战结束不久之后的50年代，邓普顿就已发现日本是一个极为可靠的投资对象。80年代之前的30年前，邓普顿开始在日本投资的时候，世界对日本既不恐惧也不钦佩。总的来说，日本被不屑一顾地看成是一个廉价劣质产品的低收入制造商。在美国投资者眼中，日本不过是一个工业落后的小国。除了偶尔抱怨日本在日美纺织品贸易过程中的倾销做法，美国显然更关注日本作为一个自由国家在亚洲地区所扮演的角色，对美国来说，这一点远比其他任何因素都更为重要。

尽管美国认为日本经济落后，但是一些细心的人通过仔细观察日本的各种行动却能清楚地发现，日本正雄心勃勃地要重新振作起来，实现其工业强国的奋斗目标，而不甘心再当一个廉价小商品的生产者。事实上，日本人正在积极采取各种措施研究和改进他们的制造工艺，了解和熟悉美国的销售模式以及美国消费者的喜好。1950年，日本在美国包括纽约在内的几个地方设立了海外贸易代理机构，一位日本政府官员在《纽约时报》的一篇报道中说："设立这个代理机构的目的之一是消除美国顾客对日本贸易政策的抱怨，并彻底改变美国公众认为日本产品都是'廉价货'的观念。"

在大约6年之后的1956年，日本人的勤奋、节俭以及专心发展工业的做法开始初见成效，这个国家正稳步从价值链条的小商品生产者一端上升到更高级的技术型工业机械生产者一端。在1956年《纽约时报》的一篇报道中，记者将这一信息反馈给了美国，但是美国人却对此充耳不闻，置之不理。"日本过去一直专事生产廉价、低劣的日常消费品和低档的纺织品，但现在它正积极从事机械和优质产品的生产……因此重型设备和机械制造业正日益成为日本赖以依靠的支柱产业，在这一领域，日本将有能力和美国、英国及整个欧洲进行竞争来争夺亚洲市场。"大约4年后，日本开始大步向前实现其战后成为工业强国的目标。

1960年来临的时候，美国几乎还没有观察家注意到日本正在快速推进的工业化进程。同年7月，《纽约时报》一篇题为《日本制造的两难困境》的报道十分具有前瞻性。该报道的记者通过日本向美国市场出口这一现象，捕捉到了日本正在大力发展工业产业的情况，他在文章中评论道：

> 日本二战前想要确立其工业大国地位的野心现在已经落实成为战后的经济政策。日本已经发展了大量高度专业化的产业，其中包括针对消费者市场的照相机、缝纫机、半导体收音机，以及针对工业行业的科学仪器、重型设备、金属。

在整个转变时期，日本经济迅速崛起，为60年代整整10年的强劲经济发展奠定了坚实基础。在把注意力转到60年代及其之后的日本的同时，我们先来看一下日本国内生产总值的增长率，该增长率可以测量出一个经济体中全部产品和劳务的最终市场价值。一般而言，国内生产总值是衡量一个国家经济增长和总产量是否保持良性发展的指标。从图4–1可以看出，日本国内生产总值保持了年均10.5%的惊人增长率。把图4–1中日本和美国的两组国内生产总值年增长率摆在一起就可以看到，美国的国内生产总值年增长率要逊色得多。

如图所示，日本经济的增长速度是美国的两倍多，然而这一点却根本没有为投资大众所注意到。撇开成熟市场上流传的那些新闻报道中的肤浅传闻不谈，日本成为工业强国的这种转变其实是实实在在、可以察觉得到的。例如，表4–1中的数字显示出了日本在1955—1968年出口商品的变化情况。仔细考察表4–1的时候，请特

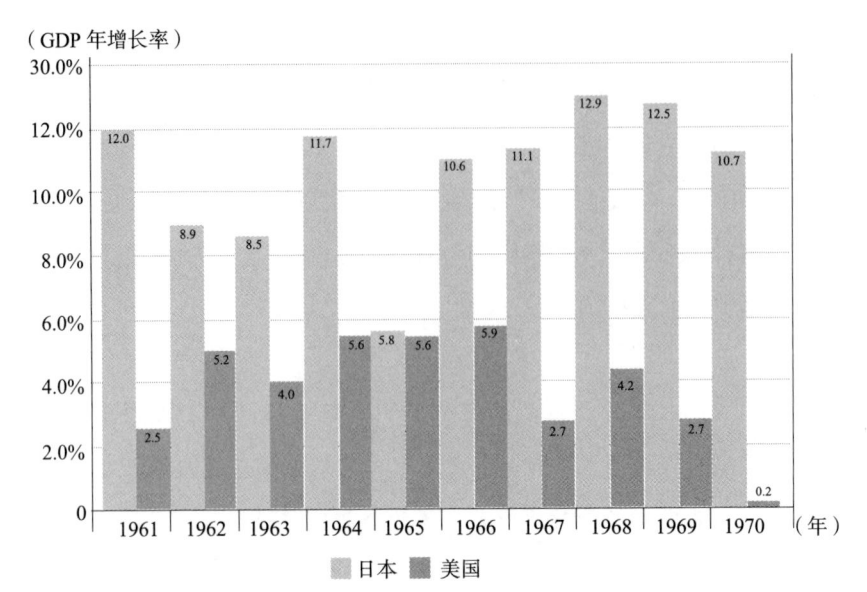

图 4-1　1961—1970 年日本和美国的 GDP 年增长率

资料来源：世界银行

表 4-1　日本通关出口值

	1955 年	1960 年	1968 年
食品	6.3%	6.3%	3.3%
纺织品	37.2%	30.1%	15.2%
非铁金属、矿产品	4.8%	4.2%	2.5%
化学制品	5.1%	4.5%	6.2%
金属	19.2%	13.8%	18.1%
机械	13.7%	25.4%	43.6%
其他	13.7%	15.7%	11.1%
	100.0%	100.0%	100.0%

资料来源：《财务分析师期刊》(Financial Analysts Journal)

别注意日本纺织品出口百分比下降而机械出口百分比上升这一情况。你也许注意到机械出口每年的增长率是26%，或者说其增长速度是纺织品出口增长速度的3.5倍。这是一个信号，表明了这个国家正在实现其成为工业强国的抱负，正在将过去"廉价货"的形象抛至身后。

当日本正在努力把自己建设成为一个工业强国的时候，世界上的大多数人，尤其是股票投资者，还睡眼惺忪地丝毫没有对此给予重视——也许只有一位投资者除外。

邓普顿二战后的那次日本之行让他相信，那个国家和人民靠着节俭和勤奋工作的职业操守，会不断前进实现其战前经济抱负，并发展成为一个工业强国。有什么理由不相信呢？充分储蓄、不知疲倦的工作态度同样也是邓普顿自己事业获得成功的秘诀良方。早在20世纪50年代初期，他就在日本找了一位会讲英语的经纪人，将自己的私人积蓄投资到了日本股市。不过，在50年代，邓普顿并没有把他客户的钱也投进日本，因为当时日本实行资本管制，要求投资者把钱留在日本。换句话说就是，投资者可以通过投资使资本进入日本市场，但之后却不能把资本从日本撤出。邓普顿愿意承担自己的私人积蓄所面临的这种风险，但并不愿意置他的客户于同样的风险之下。

邓普顿之所以愿意承担这种无法撤出资金的风险，是因为他坚信日本会继续开放市场并将允许国外投资自由流动。他发现日本愿意在一些政策上做出让步以求继续在世界贸易中占有一席之地。他认为，日本会适时进一步开放市场，并将允许来自国外投资者的外资自由流动，其中包括允许国外投资者从日本撤出资金，因为只有这么做，日本才能实现其成为领先工业大国的宏图大志。

60年代初期，邓普顿对日本所抱有的信心成为现实，日本解除了对外国投资者撤出资金的限制。就在日本终于取消对外国投资者所设限制的时候，邓普顿立刻上前抓住机会，开始把他客户的资金投向日本市场。无论是经验丰富还是初涉股市的便宜股猎手，当看到邓普顿找到的股票市盈率仅仅是 4 倍，就会完全明白他一头扎进日本股市的原因。与此相反，美国同期股票交易的市盈率大约为 19.5 倍。我们到此暂停一会儿，对这一比较结果再详细思考一番。

60 年代初期，日本经济的平均增长速度为 10%，而美国大约为 4%。换句话说，日本经济增长速度是美国的 2.5 倍，但日本很多股票的价格却比美国股票平均价格低了 80%（市盈率 4 比市盈率 19.5）。这一差距悬殊，尤其是在投资者长期以来对有着高增长率的公司青睐有加的时候。资产价格上为什么会出现如此悬殊的差距呢？人们列举的理由有很多，这些理由主要与当时盛行的传统观点或人们的误解有关。第一个理由是，60 年代在海外投资，尤其向一些类似于日本这样充满异国风情的地方投资，这在当时被普遍认为太超前了。60 年代末期，在《金融分析师》杂志的一篇报道中，就外国投资者避开日本市场这一现象，大和证券（日本一家大型经纪公司）主任研究员坂田新太郎列出了他最常听到的一些原因。看了这些原因，便宜股猎手自然就会明白，除了日本显而易见的经济增长优势和极低的市盈率这两个因素，究竟是什么因素让邓普顿认为 60 年代的日本市场具有极大的吸引力。

"股票价格波动过于极端。"

"缺乏相关信息。"

信也好，不信也罢，这是文章的原话。我们发现，在众多反对理由中，与坂田先生持相同看法的活跃投资者所提出的这两条，恰恰是邓普顿在全世界搜寻便宜股时要找的东西。具有讽刺意味的是，让投资者纷纷远离日本的这两个特点正是邓普顿认为一个投资环境最吸引人的地方，而且这两点正是专业投资者不愿投资的理由。在成熟的市场上，投资大众中间还存在着另一种更广泛的悲观情绪，这一点可以从下面这段话中反映出来："为什么要在日本投资呢？毕竟，他们是战败国。日本人只会在低薪的工厂里生产廉价的小商品，在商业上他们永远也别想赶上美国的实力。"这种对日本的偏见并不准确，也不公正，而且还很无知。虽然如此，但是对便宜股猎手来说，最重要的是要明白，如果没有这些偏见，日本股票的价格就不会远远低于其所代表的公司价值。如果每个人都能像邓普顿一样明白——经过他的仔细研究，日本股票是世界上最便宜的股票——那么当人们一旦回过神来，日本股票成为投资者的新宠时，它们就不会再便宜下去了。

时过境迁之后再来看这件事有一个好处，那就是我们可以清楚地看到，当时对待日本的普遍态度是多么的目光短浅和保守落后。哲学家克尔凯郭尔[①]曾说过，"面对生活我们大步向前，但是只有事后才能理解生活"。这句话用于投资再恰当不过了。那些极端错误的观念是传统观念的陷阱，然而，这些错误观念却往往因为受到大多数人的支持而具有广泛的吸引力。藐视传统，你也许会被指责脱离大众，但是如果你接受传统观念并将其视为你的投资策略，你就永远也别想取得比大众更好的收益。

欢迎来到冷门股的世界，这里是便宜股猎手最珍视的圣殿之一。很多情形之下，在利用冷门股的时候，你要解决的一系列"问题"并不一定来自公司层面或是行业层面，而是来自人们极端错误的观念，

[①] 索伦·克尔凯郭尔（Soren Aabye Kierkegaard，1813—1855），丹麦宗教哲学心理学家、诗人、现代存在主义哲学的创始人、后现代主义的先驱，也是现代人本心理学的先驱。——译者注

第四章　发现冷门股：如何成为眼光独到的投资人　　　087

或许有时你面临的仅仅是某只股票在更广阔的市场上默默无闻的问题。你也许要问，市场怎么会没有注意到或忽视了当时日本正在发生的情况，并把它归咎于60年代投资者的"天真无知"呢？你也许认为这种情形在现代市场上不会再发生了。如果沿着这条思路走下去，到第八章讨论20世纪90年代末和21世纪初期韩国市场的时候，你就有机会重新思考你的观点了。

问题的关键是，投资者会制造出不利于股票行业、股票市场和资产类别的各种负面偏见，这些偏见就像一副遮眼罩，让投资者无法客观公正地思考便宜股的问题。如果你找到了便宜股，甚至是找到了到处都是便宜股的国家，你很想继续看看有没有什么更热门的东西，但这时你必须立刻停下来。如果你不花时间对这种情况进行调查并据此进行评估，你就和其他大众一样是在消极投资。有时候，最佳良机就隐藏在平淡无奇的观点之中，但是，当有些投资者看到其他人对某些股票视而不见或不屑一顾的时候，他们自己也会忽略这些股票。社会观点是一股强大的力量，但是你要努力不要让它左右你的投资决定。经常可能发生这样的事情——整个经济发生了重大转变却没有被大众注意到，而这仅仅是因为他们不愿意朝那个方向看上一眼。

这种情况就发生在20世纪50年代和60年代的日本。二战使日本遭受重创，但二战之后的20年里——此处指的并非是70年代和80年代——缔造了现代日本的根本性的经济转变一直在不断发展推进。当七八十年代这种转变开始显露成效的时候，投资大众已经落后邓普顿何止十步，此时的他已经为他的投资者创造了大笔的财富，并开始了在世界范围内新一轮的机会搜索过程。

不妨用另一种方式来思考基本经济要素之间的这种关系——这就像海啸，一股由离海岸数百英里的深海地震引发的巨大浪潮。在日本的这个例子里，这场地震发生在20世纪50年代，也就是这个国家刚开始重建的时候。在随后的20年里，这股浪潮一直在海洋水面以下平静地潜流。等到大多数市场意识到日本所发生的情况并开始对日本感到兴奋不已的时候，这股浪潮已经即将登陆并以灾难而告终。更大范围的股票市场把日本当作一支极为强大的经济力量而接受它的时候已经是80年代了，如果你一直等到这个时候才投资，那么就等于是在追随大众笔直地奔悬崖绝壁而去。在被忽略的股票中，这种地震一直都在发生，但是在市场上的其他人都躺在阳光灿烂、舒适宜人的海滩上享受的时候，你却必须要站在离海岸数英里远的地方找到它们。

要对被忽视的股票进行投资并打赢这场仗，你还需要在心理上装备一下。被忽视的股票存在一个问题，那就是只有耐心才能获得回报。毫不夸张地说，这种等待可能会持续好几年。在邓普顿的例子里，他在60年代的远见卓识，到了60年代末期和70年代才结出了硕果，他的业绩表现远远超过了美国的其他基金经理。购买被忽视的股票很像钓鱼：有时候，你明明知道鱼儿在哪，而且也准确地知道该用哪种鱼饵，但你还是要乖乖地坐在那儿等着鱼儿上钩。由于水流的原因，鱼儿也许不上钩，但是水流的情况会发生变化。你无法预测鱼儿何时才会上钩，也无法告诉鱼儿什么时候该上钩，但是，当鱼儿最后上钩的时候，你就会大有斩获，这时的你就成了所有钓鱼者羡慕的对象了。

为了让你感受一下这种等待可能会持续的时间，并让你看一下市场会用多长时间才能达到和外界观察者一致的认识水平，让我们考察一下20世纪60年代日本股票市场上国外投资的增长情况。图4-2显示了两种衡量方式：投资到日本的美元数量和美元投资的增长率。由于当时日本国内投资者和公司对日本股市仍然相对开发利用不足，因此外来资本流量能够影响日本市场。我们可以看到，在1968年，国

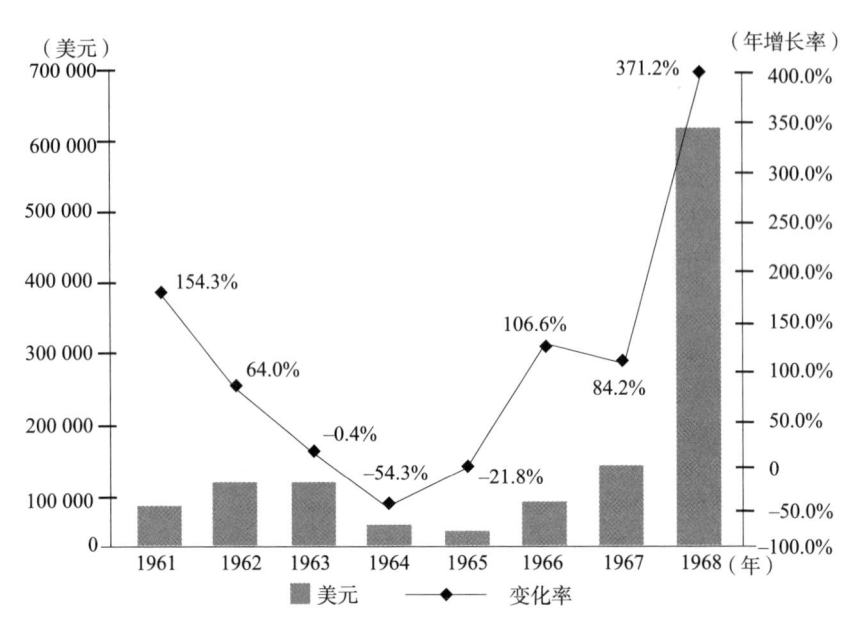

图 4-2　1961—1968 年日本国外有价证券投资总额和增长率

资料来源：《财务分析师期刊》

外投资者一年之内对日本增加的投资超过 370%，这有力说明了为什么找到理想的便宜股后耐心静候会给你带来丰厚的回报。大量外资潮水般涌入日本市场，速度之快以至那些之前没有投资的人一直到最后才反应过来。当他们站在一边观望的时候，他们已经失去了未来可观的收益。据民间说法，掀起这股投资热潮的主要是欧洲投资者而非美国投资者。

这一次必要的耐心和等待最终带来了丰厚的回报——尤其是对邓普顿来说。60 年代末期，美国股市处于下沉走势，而邓普顿成长基金则刚刚开始升温。从某些方面来说，随后几十年里日本股票的上涨是一个信号，标志着日本股票已经登上了国际投资舞台。从 1969 年 1 月发布的一则消息可见一斑（见图 4-3）。

邓普顿1969年业绩名列第一

理柏公司的研究数据显示，在基金市场平均业绩整体下降的情形下，邓普顿成长基金业绩上升了19%。

小罗伯特·D.赫尔希 / 文

邓普顿成长基金是一家位于多伦多的小型基金公司，目前尚不公开发行股票。根据昨天发布的理柏共同基金业绩分析数据，1969年，邓普顿成长基金在共同基金业绩排行榜上名列第一，遥遥领先于其他基金。

邓普顿成长基金总资产仅有670万美元，去年每股净资产值收益19.38%。在由理柏调查机构所做的基金业绩排行榜中，该基金从1968年的第19名，一跃为1969年376家基金公司的第一名。

1969年共同基金业绩排行榜前25名（A）

1969年排名 基金公司	1969年9月30日总资产（百万美元）	1969年变动率	1968年排名
1. Templeton Gr. Fd.S	6.7	+19.38	19
2. Loomls-S C. & I.	21.0	+11.04	89
3. Unlter F.C. & I.	10.0	+10.76	123
4. Vantage-Ten-N. F..	0.9	+8.62	(B)
5. Conn. W. Mutual..	0.5	+7.60	11
6. Insur. & BK.S.F.	2.9	+6.22	31
7. Chemical Fund ..	532.0	+5.89	273
8. Scudder I. Invest.	16.2	+5.54	98
9. Trustees'Eq. Fund	2.7	+5.12	34
10. Natl. Inv. Corp...	735.0	+4.38	253
11. Natl. Western Fd..	0.3	+3.93	126
12. T. Rowe P.G. Stk.	556.9	+3.68	251
13. W.L. Morgan G.F.	14.2	+3.30	(B)
14. Canadian Fund ..	27.8	+3.14	145
15. Boston C.S. Fund.	35.7	+2.15	62
16. Rochester Fund ..	0.4	+1.91	(B)
17. David L. Babson I.	25.4	+1.34	118
18. Johnston Mut. Fd.	129.9	+0.53	259
19. Mass. Inv. Gr. Stk.	1201.1	+0.17	301
20. Investors Sel. Fund	30.9	−0.13	277
21. Putnam Inv. Fund.	293.7	−0.35	190
22. Horace Mann Fund.	11.4	−0.38	238
23. Berkshire Gr. Fd..	1.0	−0.65	(B)
24. Pro Fund ..	18.7	−0.69	255
25. Decathalon Fund ..	1.8	−0.77	(B)

平均规模 149.1（百万美元）
（A）经营期满1968年全年的基金共309家，满1969年全年的基金共376家。
（B）已不在的基金。

图4-3 邓普顿成长基金（1969年）

资料来源：《纽约时报》

为了在一个更长、更广的时间背景下来了解60年代早期发现日本股市并在其中投资所带来的收益，可以考察一下东京股票的东证股价指数①，从而你会看到，一旦真实的经济状况开始为人们所了解，市场会有怎样的表现（见图4-4）。

不难看出，邓普顿首次在日本投资之后的30年内，市场指数呈大幅上扬走势。东京证券交易所的东证股价指数增长了35倍，指数值从1959年12月31日的80增长到1989年12月31日的2 881。股市中的大部分投资者和观察家都梦想着能偶尔碰上个"十倍股"，即

---

① 东证股价指数（TOPIX）又称东交所指数，是日本东京股票交易市场的重要股市指标，追踪所有交易所第一板块内的日本国内公司。——译者注

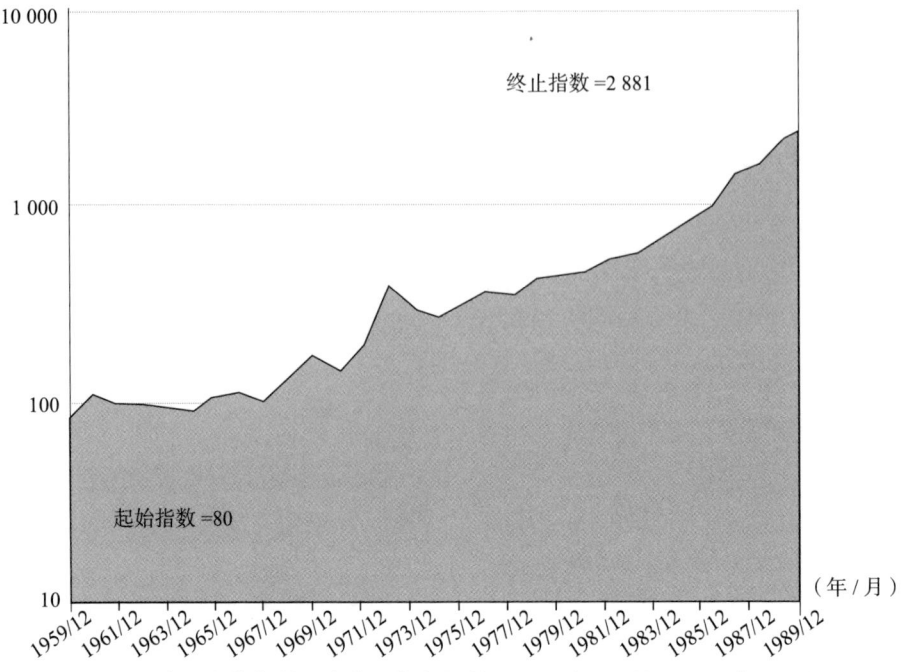

图4-4 东证股价指数（东京证券交易所，1959年12月—1989年12月）

资料来源：彭博资讯

买下的股票价值能涨10倍。在上面这个例子里，股票指数竟然增长了35倍，由此可见，投资于那些被忽视的股票能带来多么巨大的回报啊！当然，邓普顿也会第一个告诉你，他赶在80年代末日本股市到达峰值之前，从日本撤出了大部分投资。

有些人可能不同意太早退出投资的想法。然而，经验丰富的便宜股猎手明白，太早卖出股票是他们经常面临的一种情况，尤其是当他们在别的地方又发现了更便宜的股票时。这又回到了那条简单的原则：如果你所持股票的价格已经涨得超过了它的估计价值，那就把它换成更便宜的股票。这一点很容易明白，因为买股票的时候，我们利用的是股票处于跌势时的错误价格，但是当市场对这只股票重新青睐有加的时候，它的价格就能够而且也会上涨并超过其合理价值。

那些仍然反对"太早"卖出股票的人必须明白，如果你紧紧抓住股票不放，一直等到它们涨得超过其估计价值的时候才出手，那么你就已经不是在投资，而是在玩投机游戏了。我们所说的这个游戏就是众所周知的"博傻理论"①游戏。该游戏遵循这样一种逻辑：紧握股票不放，直到股价上涨，这时把股票卖给一个更大的"傻瓜"。在某种程度上，这种情况在杰伊·古尔德②的时代可能会发生，那时所有的"股票经纪人"都能在毫不设防的市场上垄断、操纵或抛售股票，不过现在再这么干下场可就不太妙了，除非你想吃牢饭。无论何种情况，便宜股猎手都会发现"博傻理论"本身就十分愚蠢，整个策略赖以维系的基础不过是傲慢自大和关于市场择时交易的一些莫名其妙的观点。市场上的这种傲慢自大每一次都会置你于死地，没有一次可以幸免。可能你会暂时逃脱这种失败的厄运，这种逃脱有时甚至长达数年，但是你的狂妄自大最终还是会找上门来，让你在片刻之间尝到失败的苦果。

在上面几段，我们谈到了一个冷门股的例子，在这个例子中地理因素占主导地位。我们的重点是，在这种情况下如何从市场获得最大回报，或者说什么样的股市才能享受到国家级优惠。然而，正如我们在前几章提到的，市场本身并不是我们的兴趣所在，因为作为便宜股猎手，我们编好了更大的篮子，这些以个例和个股为基础的篮子才真

---

① 博傻理论（greater fool theory）指在资本市场中（如股票、期货市场），即使你完全清楚某物已经被估价过高，还是会继续购买，因为这个物品的价格仍在上升。等时机合适时，你会找到一个更大的"傻瓜"来接手。——译者注

② 杰伊·古尔德（Jay Gould）是美国"镀金时代"股票市场的操纵者。他在1869年对黄金市场的狙击导致了被称为"黑色星期五"的大恐慌。他创造的操纵市场、筹集资本、吞并竞争者的新手段，很多已成为如今金融市场标准的操作模式了。——译者注

正代表了那些价值被低估了的市场。既然现在开始把讨论重点转移到了公司层面，那我们就可以谈一下便宜股猎手武器库中的另一重要武器了。至此我们重点谈论的是决定日本 20 世纪 60 年代股票价格的一些较重要的错误观念。也就是说，我们已经谈论过国外投资者的一些偏见和悲观情绪，这些偏见和悲观情绪妨碍了投资者购买日本公司的股票。

然而，关于日本公司，还存在另外一层错误信息，而该信息和投资者的态度毫不相干。当时的大多数市场都笼罩在这层错误信息的阴影之下，却几乎没有投资者明白是怎么回事，好几年之后投资者才恍然大悟并开始对之加以利用。其实这层错误信息是由日本的财务制度造成的，这套财务制度规定了日本公司报告其收入的方式。最后一句话也许会吓到一些人，但是请放心，我们在此并不打算从学术角度对有关国际财务准则展开长篇大论。相反，我们认为你会承认这层错误信息其实是由一个简单的基本差异造成的，而这种差异只有精明机敏的便宜股猎手才能够发现。

以邓普顿所投资的一家著名公司为例，在这个例子中他就利用了日本财务制度效率低下的漏洞。大多数读者应该都听说过日本著名的大型电子公司日立公司。日立公司其实是由许多公司组成的，也就是说，大多数人误以为日立公司是单个实体公司，但实际上，它是母公司所属的许多公司的代表，所有这些公司加在一起才是真正的日立公司。日立公司就像一把大伞，下面设有很多子公司，这些子公司彼此独立，但完全隶属于日立公司。

日本当时的财务规章造成了一个后果，那就是日立公司下属子公司所获得的收益没有被纳入日立公司的财务报告中，因此，日立公司的股票价格除以母公司的收益（该收益没有反映出其所属子公司的收益）所得出的市盈率虚高不实。邓普顿很清醒，他明白自己买了日立公司的股票，就等于买了日立公司所属的所有子公司的股票，而不仅仅只是买了母公司的股票。所以，当他估算了包括公司下属所有较小公司在内的整个公司的价值并把它和市场价格相比之后，他发现他和那些没有做价值估算的普通投资者所看到的情况完全不同。换句话说，普通投资者认为日立公司股票的市盈率是16倍（股价除以每股收益等于16），但是如果你把所公布的公司的收益和公司下属所有公司的收益相加之后，再用同样的股价去除以新的每股收益总额，那么所得的市盈率就会从16倍大幅跌落到6倍。

在分析过程中，邓普顿把母公司名义上的收益和其下属所有子公司的实质性收益进行了合并计算。毕竟，购买了日立公司的股票，就等于拥有了日立公司以及与之有关的一切的部分所有权，包括那些子公司的部分所有权。"与之有关的一切"的价值要远远超过那个被称作日立的母公司的价值。最后，日本监管机构更改了财务规章，重新规定母公司除了公布自己的收益还要公布母公司和子公司的合并收益。这一变化才让人们看到了隐藏在各类上市母公司背后的价值，作为回应，投资者开始纷纷抬高股价。

对那种因为缺乏信息而反对在日本投资的论调，以上的说明不啻为一个有力的回击。在这个例子里，信息不足确是实情，然而这一实情到了邓普顿那里却成了他的优势，因为他花了时间、下了功夫彻底了解到了实际情况。此处的关键不是要告诫你不要在缺乏信息的情况下盲目投资，而是要向你证明不要放过有潜力的便宜股的好处以及"多一盎司"工作原则的重要性。在上面的例子里，这种做法带来的回报十分丰厚。同样的道理，不贸然购买貌似便宜而实际并不便宜的股票也会带来回报。换句话说就是，在投资股票的时候，如果不做功课，那么得到的结果就会适得其反。

这种情况通常由各种财务处理方式引起，就像日本以前的那套财务规章一样。但是，如果那些被隐藏起来的不是收益而是债务，这些会计处理方式就会变得很危险。关于这一点，只要看看当代美国不透明财务制度下的典型代表——安然事件[①]就知道了。在安然事件中，财务报告也存在"部分交易"没有对外公布的问题，但是这里的"部分交易"不过是一副虚壳而已，借着这副虚壳，大量资金源源不断流进了公司高管的口袋，而投资者却被蒙在鼓里，对可怕的真相一无所知。在安然事件这个例子里，公司的价值不是更高了，而是根本没有什么价值可言。无论遇到上述两种情况中的哪一种，便宜股猎手都不应该回避错误信息，而应该利用这个信息找出真相。在上述两种情况下，忽略细节都会导致错误：要么错过日本，要么向安然公司投资。

对日本财务规章的讨论说明，微观层面上的效率低下与宏观层面上涉及投资者态度的效率低下密切相关，关键在于要向决定资产价格的信念系统发起挑战，这一点没有什么可以替代。讨论财务制度以及其他一些在未来投资中可能碰到的各种意外情况会让一些读者觉得有点儿受不了，但是要知道，这个世界上到处都是精通财务并依赖财务的人。如果财务这个词让你感到头疼或害怕，那就把工作外包给喜欢它的人去做。你所投资的共同基金公司应该有许多分析师，他们能够识破那些不透明的财务制度并找出隐藏其后的机会。虽然如此，但是请注意，只有确定你所聘请的证券从业人员是从以上这些角度出发来

---

① 美国安然公司是世界最大的能源交易商，掌控着美国20%的电能和天然气交易。由于财务舞弊行为事发，2001年12月2日，安然正式向破产法院申请破产保护，破产清单中所列资产高达498亿美元，成为美国历史上最大的破产企业。这一事件被称为"安然事件"。——译者注

保护你的资产，你才会获得回报。在聘请某人为你选股之前，问一下此人自己处理这些任务的方式以及需要防范的情况。

讨论完国外投资者对日本的错误看法以及既不透明也不合理的财务处理方式造成的效率低下的问题之后，我们来看看吸引邓普顿购买日本股票的真正原因。归纳起来，邓普顿看中的是与日本股票强大的盈利能力和惊人的增长前景相比超低的价格，换言之，他相信，在20世纪60年代初期，他购买的日本股票的价格丝毫没有反映出它们将来的价值。基本上在还没有人知道日本股市是一个理想的投资市场的时候，邓普顿就找到了一些极为成功的公司，如丰田公司。他找到的公司利润都很高，销售和收益增长迅速，尤其是与美国的标准相比。

在探讨邓普顿购买日本股票的惯用方法之前，我们先处理一些可能会让人感到困惑的流行术语。首先最重要的是，几乎所有人都听过或有过这样一种观点，即投资者分不同类型，其投资风格也各不相同。各种分类中人们最喜欢引用的一个是，股票投资者分属两种投资类型：价值型投资和成长型投资。根据普遍的传统看法，典型的价值型投资者一般投资于成熟但增长较为缓慢的企业；与此相反，成长型投资者则倾向于投资新兴公司，他们对股票价格的关注远远不如价值型投资者，因为他们投资的公司潜力巨大，将会在未来一鸣惊人，让世界为之侧目。如果你有这种先入为主的观念或采用了这种分类方式，而且正打算将邓普顿归入其中一类，那么你就需要重新调整你的观点了。

邓普顿的主要目标是以远远低于其真正价值的价格买东西。如果这意味着买的东西增长潜力有限，没有关系；如果这意味着买的东西会在未来十年以两位数的速度增长，那就更好。如果公司正在不断发展，那我们的关键就是要避免承担这种发展所需要的费用。公司的发展是一件美妙的事，如果你在发展中的公司里找到了理想的便宜股，那么这些股票可以持续数年为你带来回报。然而，这并不能成为购买高价股票的借口。如果你假设某公司即将脱颖而出，成为一个长期成长型企业，然后却发现由于对其成长的期待，股价已经大涨，这时千万别买，因为如果基本面因素已经被计入股票价格中，那么就算你完全清楚基本面情况也没用。便宜股猎手应该注意的是股票价格和价值之间极端错位的情况，而不是一些简单的琐碎细节。这种价格和价值出现错位的情况在任何类型的公司都有可能发生，或者说至少有时会发生。因此，一名成功的便宜股猎手对价值投资者和成长型投资者之间这种肤浅的区分必须持怀疑态度，同时要避免产生会妨碍自己找到便宜股的偏见。

现在让我们再回到日本股票，看看邓普顿认为日本股票是当时理想的便宜股的理由。以邓普顿在日本买的一只股票为例。这是一家大型超市连锁公司伊藤洋华堂的股票，其市盈率是10倍，由于日本正处于向发达的工业国家迈进的时期，该股票的收益率每年以高达30%的速度增长。邓普顿推断这似乎是一只理想的便宜股，因为从未来的收益来看，这只股票当前的价格可能要远远低于其他地方同等股票的价格。在得出这个结论的过程中，一个为大多数便宜股猎手所熟悉的方法发挥了重要作用：比较购买。邓普顿解释说，当他把伊藤洋华堂公司与另一家著名的大型商场西夫韦比较后，他认为与其他市场的股票相比，购买伊藤洋华堂公司的股票要划算得多。为了得出这个结论，他对未来可能收益中每一美元收益所要支付的价格以及未来收益的长期估计增长率这二者进行了比较。要对这个比较做出判断，需要简单运用一下大家都知道的市盈率与增长率之比（PEG），该比率就是用股票的市盈率除以未来收益的长期估计增长率。在这个例子里，我们可以用伊藤洋华堂的股票市盈率和西夫韦的股票市盈率除以各自可期望的合理未来收益增长率，然后大概比较一下我们需要为公司未来的增长前景支付的价格分别是多少。该演算过程如下：

伊藤洋华堂
市盈率 = 10 倍
估计增长率 = 30%
PEG = 市盈率（10）÷ 估计增长率（30）≈ 0.3

西夫韦
市盈率 = 8 倍
估计增长率 = 15%
PEG = 市盈率（8）÷ 估计增长率（15）≈ 0.5

根据计算结果，伊藤洋华堂的 PEG 要低于西夫韦的 PEG，所以，尽管伊藤洋华堂的市盈率高于西夫韦，但是我们认为伊藤洋华堂的股票才是更理想的便宜股。此处的要点是，我们实际上等于用更少的钱去买伊藤洋华堂的股票，因为它未来可能收益的增长率更高。

然而，作为便宜股猎手，很重要的一点是，你要特别注意这些增长假设的合理性。你必须时刻以怀疑的眼光来考虑其中的关系，并处理相关信息。例如，一只股票的市盈率是 30 倍，其每股未来收益的估计增长率是 100%，那么这只股票的 PEG 也是 0.3。此刻你必须老老实实地问自己：这个假设合理吗？收益有可能增长那么快吗？当然不可能，或者说至少这种可能性极小。对构成这些比率的各种关系和假设提出怀疑非常有用，因为比率并不一定代表投资的开始或投资的结束，除非你对其中的所有情况进行了调查并相信这种比率关系是真实的。换句话说，你必须搞清楚你是否真的是在用最少的钱去换取公司未来可能的最好增长前景。

谨记，要始终以比率为参考并解读出其中的含义，要将比率分解然后对其构成成分进行仔细考察。也许 PEG 中的市盈率本身就有问题。例如，某公司股票的市盈率是 10 倍，每股收益估计可望增长 5%，这个市盈率就比较合理；如果每股收益需要增加 50% 才能使市盈率达到 10 倍，那么这个市盈率就不太合理了。无论是盲目购买 PEG 低的股票，还是盲目购买你能找到的所有市盈率低的股票都一样不起作用，因为这会让你犯下本来可以避免的错误。在伊藤洋华堂的例子里，30% 的估计增长率可能看上去有点儿乐观，但是要知道，日本此时正要进入数十年经济飞速扩张的特殊时期，而伊藤洋华堂公司适逢其时。邓普顿投资的时候就知道，日本会继续提高其人均收入，以此来调整其市场消费模式，使之更接近美国和欧洲成熟市场的消费模式。

比起对伊藤洋华堂公司前景进行的基本分析，更重要的是要意识到在便宜股猎手购买便宜股所运用的众多方法中，比较购买是其中十分重要的一种。邓普顿总说，有一百种价值衡量尺度可供分析师用来判断股票价值，但是比较购物法却是他反复使用的方法之一，而且这一方法有助于让你始终投资最佳便宜股。通过这些以价值为基础的比较判断，你就可以不断评估你的投资与市场上其他投资相比所具有的吸引力。

这种比较是一种极为有用的方法，它可以用以处理投资过程中也许是最难的一个问题：应该在什么时候卖出股票。邓普顿花了好几年时间思考这个问题，最后才找到了答案并把这个答案用于自己的专业个人投资——这个答案就是"当你找到了一只可以取代它的更好的股票的时候"。这种比较极富成效，因为与孤立看待股票和公司相比，这个方法能让你更容易地决定应该什么时候卖出股票。如果一只股票的价格正在接近你对它的估计价值，那么搜寻替代股票的最佳时机也就到了。在常规搜寻过程中，你可能会发现某只股票的价格远远低于你对其企业的评估价值，这时，就可以选它来取代你当前持有的股票。但是，这么做应该遵循一定的原则，而且不应该成为反复无常或毫无必要地变换投资组合的借口。

为了防止经纪人对你的股票进行炒卖并避免一些无谓的投资行为，邓普顿建议，只有当你已经找到了一只比原来股票好50%的股票时，才可以替换原来的股票。换句话说，如果你正持有一只股票，这只股票一直表现出色，它现在的交易价格是100美元，而且你认为它的价值也就是100美元，那么这时你就需要买一只价值被低估50%的新股票了。例如，你可能已经找到了交易价格是25美元的股票，但你认为它们的价值是37.5美元，在这种情况下，你就应该用找到的交易价格为25美元的新股票（你认为其价值比价格高出50%）去替换交易价格为100美元的原有股票（你认为其价值与价格完全相等）。

成功地运用这一方法，即不断搜寻比你当前所持股票更好的便宜股，不仅可以教会你运用必要的方法，还能让你具备必要的心理素质避免使自己陷入过度的兴奋和陶醉，因为这种兴奋和陶醉会让你所持股票的价格涨得更高。与刚刚获得成功就松懈下来品尝成功的喜悦相比，振作精神去寻找更多的便宜股会让你获得更多、更大的回报。关注未来比关注过去更重要，这一观点就体现了这一思想。

专业便宜股猎手在很多方面很像职业运动员：大家都根据你最近

一次的交易或最近一次的投球来对你进行评判。为了在竞赛中保持实力，你必须始终将注意力放在下一个机会上。也就是说，正是这种不断搜寻相对更好的便宜股的过程引导着邓普顿在日本股市发生灾难性崩溃之前撤出了日本。等到日本被投资大众完全接受并变得极为热门的时候，邓普顿已经把他投资组合中所持有的日本股票从60%减少到不足2%。正如我们所看到的，这种对便宜股进行机械的、数量上的相互比较的过程，会不断促使你找到最理想的便宜股并避开危险地带。你还会因而具备必要的洞察力去避开或忽略那些天花乱坠的伎俩，始终领先众人一步，这也是便宜股猎手所惯用的一种策略方法。

做出撤离日本的决定对邓普顿来说并不难，因为他在加拿大、澳大利亚和美国找到了更好的便宜股。促使这个决定形成的因素当中并不包含质的因素，相反，这一决定是在对公司价值与股票价格进行比较计算之后才形成的。在形成这一决定的过程中，定性推理的方法只会对邓普顿的判断造成干扰。在成功猎取便宜股的过程中，保持清醒的判断能力是一个核心原则。

为了更好地了解邓普顿实施这一策略的方式以及促使他做出撤离日本这一决策的那些真正变量，请参看图4-5，该图显示了日本公司收益的市场价格，这个价格随着时间的推移不断升高。看图4-5的时候，可以直接这么理解，市盈率之所以越来越高是因为随着日本的经济发展和实力开始为更多人所了解，人们对日本的关注度越来越高，关于日本财富储备不断增强的大肆宣传也越来越多。换言之，日本股票正在变成便宜股猎手避之唯恐不及的有毒故事股。

对投资者就一段时间内的收益所愿意支付的价格进行观察很有启发意义，原因如下：首先，这能让投资者快速了解这个市场的发展变化，从起初默默无闻不为人所了解，到20世纪80年代末一跃变得大

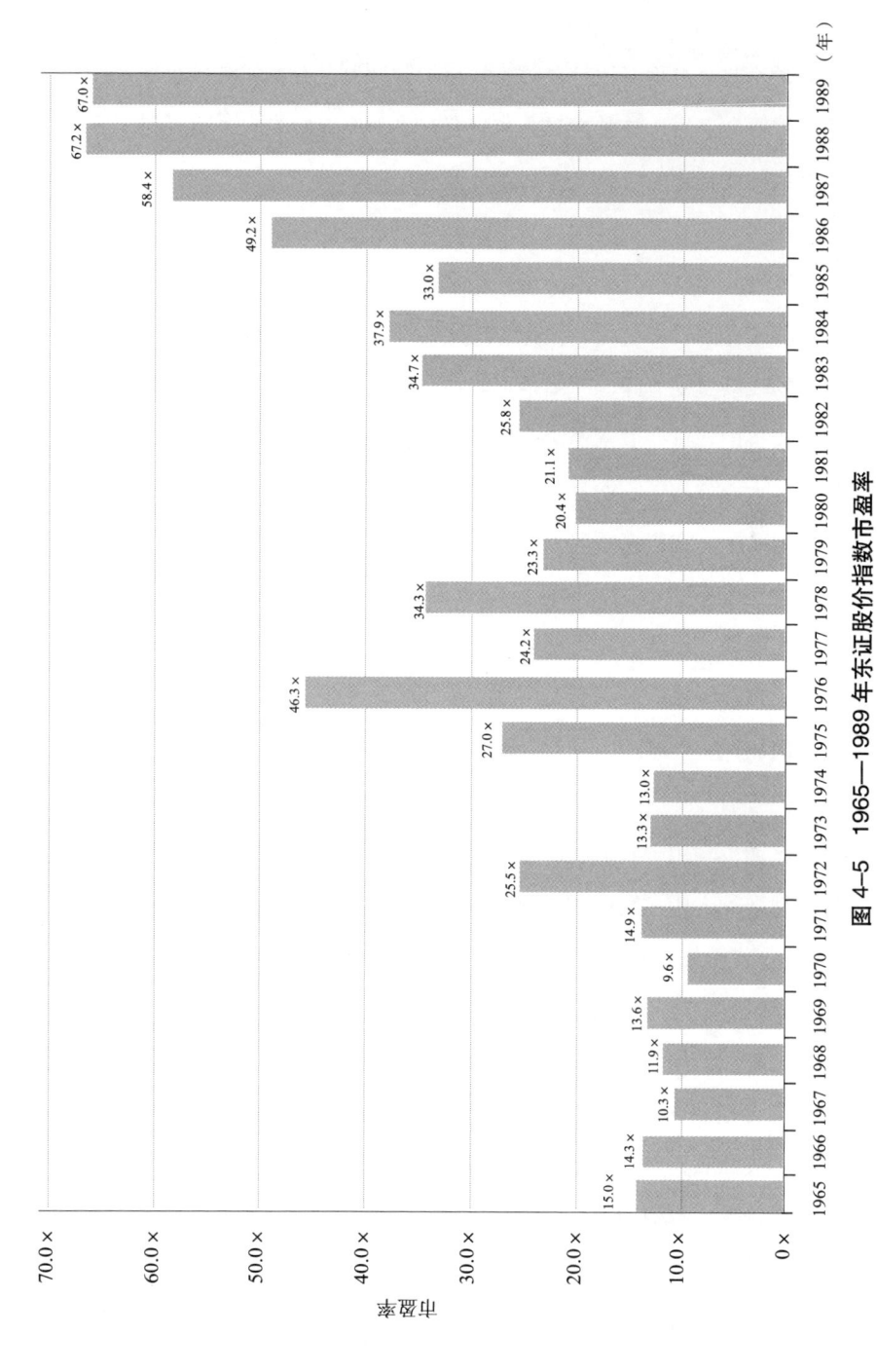

图 4-5　1965—1989 年东证股价指数市盈率

资料来源：摩根士丹利

第四章　发现冷门股：如何成为眼光独到的投资人　　103

红大紫，这个过程好比是在短短几年从舞会上没有舞伴的孤家寡人一跃成为舞会皇后。这种情况并非只有在迪士尼电影当中才能看到，股市上这种戏剧化的情况一直都在上演。

其次，图4-5中所列出的市盈率是很重要，但是我们还应该注意到，当时的指数所代表的公司范围很窄，主要是一些受到国外投资者青睐的较大的日本公司，因为与这些公司相关的股票信息更多。这些公司的股票更受青睐，原因是它们拥有更大的市场，因而投资者进出也比较自由。这些股票透明度较强、信息量较大、流动性较高，这些特点极大地增加了它们受欢迎的程度，因此和每股收益相比，其价格也就更高了。在很多情况下，邓普顿并不购买东证股价指数，他要寻找价值更理想的公司，也就是股票市盈率仅仅是3~4倍的公司。在不为人所知也不为人所了解的市场最底层，邓普顿怡然自得地进行着自己的投资操作。越不为人所知、越不为人所了解的股票，其价格与其价值相比也会越低，这是一种常态，而非偶然。

便宜股猎手应该注意价格和效率低下之间的这种关系，并时刻准备对之加以利用。我们在此想要着重强调的是，随着日本市场开始为越来越多的人所了解而变得越来越受欢迎，邓普顿在20世纪50年代和60年代首先注意到的股票价格及其未来收益增长之间存在的那种最初差距也变得越来越小，直至最后全面消失。

如果我们用东证股价指数的市盈率除以5年期全日本所有公司收益的综合增长率，就会发现，从70年代开始，一方面股价不断攀升，而另一方面收益增长却在不断下滑。这两个变量的变化使得日本股市与邓普顿首次投资的那个时候相比已经不那么具有吸引力了，这也使得世界其他市场上的股票变得相对更便宜也更具有吸引力了。图4-6用数学方式呈现出了这两个基本现象，正是这两个现象引导着邓普顿在70年代撤出了日本，进入了其他更具有吸引力的便宜股市场。股票价格和市盈率是导致日本股票的PEG在长达10年的时间内保持增长的两大基本要素，但是当日本市场开始变得热门，其股票价格和市盈率也开始持续上涨，吸引邓普顿的日本股票收益的惊人增长率开始大幅减速。实际上，随着70年代的结束，继续涌向日本市场的投资者所投入的资金越来越多，可是收获却越来越少。

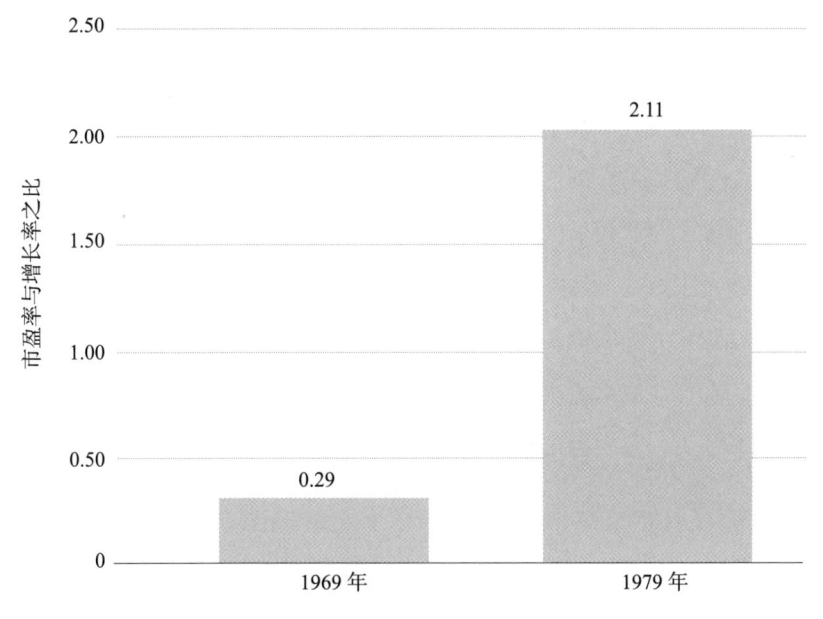

图4-6　东证股价指数市盈率与增长率之比（PEG）

资料来源：摩根士丹利，日本总务省

到最后，更多的投资大众也开始渐渐注意到日本以及前几十年发生在日本的经济转变。这种迟来的觉醒所带来的结果是，到20世纪80年代，股市对日本股票表现出了过度亢奋的热情。投资者购买的资产（如股票和不动产）的价格不断攀升，最后涨得超乎人们的想象，达到了令人难以置信的水平。80年代末期资产价格上涨势头强劲，这一现象背后的原因很多。其中最重要的是，许多缺乏经验的投资者在投资的时候听信了股市只会上涨的神话，正如在所有的市场泡沫中一样，许多日本国内经纪人和推销人员有意弱化了投资风险和损失。通常，市场价格上涨的原因很简单，因为前一天股价也涨了。价格就这样被买家逐渐抬高，绝大多数买家一想到自己每一天都在为自己的经纪账户增加财富，就会受到激励而继续购买。

让这种现象变得尤其危险的是，这种想象中的纸上财富刺激了一些人的消费主义，他们认为这些财富可以使他们奢侈的消费行为提升至一个新的档次。利率提高之后不久，市场崩溃，那些个人投资者得到了一个惨痛的教训，认识到股市价格脆弱得不堪一击。当这一切发生的时候，邓普顿早已远离了日本市场，但显然他还在密切关注着它，希望记录下这些事件并从大众的愚蠢行为中吸取教训。对这些事件进行仔细观察并吸取他人的教训使他为未来的一次股市泡沫做好了充分准备，在这次股市泡沫中，他利用泡沫所进行的投资交易获得了惊人的利润。下一章要讨论的就是这次股市泡沫。

第五章

股票的死亡，还是牛市的重生？

股票已死，这看起来几乎已成了无法挽回的定局。
　　　　　　——《商业周刊》，1979 年 8 月

"股票已死",这话听起来似乎有点儿夸张,但至少可以这么说。如果有人很严肃地告诉你股票就要过时或永远不再受到青睐了,你会有怎样的反应?这种说法听起来荒谬可笑吗?如果你认为是,那就欢迎和我们一起做个事后聪明人,只有时过境迁,对愚蠢言行的识别判断才能够无拘无束、不受限制,我们的眼光才能堪称完美。如果当时有人那样说,你会觉得言过其实吗?我们这样问的原因是,在20世纪70年代快要结束的时候,持这种观点的投资者大有人在。美国市场那不景气的10年正好为这一观点提供了有力佐证。在70年代整整10年的时间里,市场实际上一直处于横向整理①状态,其中还出现过几次严重的盘整②。换句话说,随着1980年的来临,在股市苦心经营了10年的你可能会竹篮打水一场空,没有什么收获。如果你有勇气把自己所获得的回报与美国的通货膨胀率做一番比较,也许更会产生

---

① 在某一周期内,市场价格无力突破前一浪的高点,之后又无力跌破前一浪的低点,这样一直维持的过程就是横向整理。——译者注
① 盘整是指股价在一段时间内波动幅度小,无明显的上涨或下降趋势,最高价与最低价相差不大,方向不易把握,是投资者最迷惑的时候。——译者注

一种彻底的挫败感。

　　与此相反，如果你之前投资的是商品期货、不动产或收藏品，那么你可能会庆幸自己比较聪明，因为这类投资在通货膨胀下能够有效保值并保持其购买力。你可能会以这些"有形"投资的更高回报来证明，后悔自己没能早些投资，然后就加入其他投资者队伍中齐声高歌投资新时代的来临。宣布这一新时代来临的根据是，和商品有关的投资成功地为人们带来了丰厚回报。典型的情况是，一些投资者会把近期发生的一些事件投射到未来，只有一种情况除外，那就是他们极端地认为这类有形投资会永远受宠。他们就这样贸然宣布新的投资时代已经来临了。《商业周刊》杂志1979年8月的一期封面上赫然可见这样一个标题："股票已死"。

　　将近30年以后，这份杂志的封面和关于这一主题的那篇文章当然都被人们当成了笑话。很多人指出，这个封面对股票市场来说是一个极为清晰的买入信号，同时也是抛售商品的良好时机。股市中的便宜股猎手应该把这份杂志的封面及其支持观点看作一个极度悲观点。对便宜股猎手来说，1979年以及随后3年的股市简直是他们梦寐以求的狩猎天堂。要想知道这时的投资者究竟有多悲观，让我们仔细看看这篇文章，具体了解一下当时流行的一些看法。文章开头如下：

　　　　大众很早以前就从股票转到了其他投资，因为其他投资收益更高，面对通货膨胀也更保险。现在，养老基金——市场的最后一线希望——已经获准退出股票、债券投资，转而购买不动产、期货、黄金，甚至钻石。股票已死，这看起来几乎已成了无法挽回的定局——也许有一天会东山再起，但短期之内绝没有希望。

如果你打算在市场谷底买入，这篇文章的这段引言就是一份极好的研究资料，其中包含了你要找的基本要素。聪明的便宜股猎手应该把这篇文章传递出的信息看作牛市指示信号，而不是熊市指示信号。第一个线索就蕴含在开头第一句话："大众很早以前就从股票转到了其他投资，因为其他投资收益更高，面对通货膨胀也更保险。"首先，便宜股猎手并不希望盲目追随大众，相反，他们总是和大众背道而驰，因为和大众相反的方向才是寻找便宜股的最好地方。下一个线索隐含在这句话中："股票已死，这看起来几乎已成了无法挽回的定局。"有人问邓普顿如何寻找极度悲观点，他的建议是"等到100个人中的第99个人放弃的时候"。

　　在那之后，你就成了剩下的唯一买家，由于再也没有其他买家，股市只能上涨而不会下跌。准确估量这种情况并不容易，但是如果人们一致认为"股票已死，这看起来几乎已成了无法挽回的定局"，就很容易感觉到笼罩于市场的浓重的悲观绝望情绪。而且，这段引言中还有一句话很好地证明了市场正在接近极度悲观点："现在，养老基金——市场的最后一线希望——已经获准退出股票、债券投资，转而购买不动产、期货、黄金，甚至钻石。"

　　思考一下这句话，它的意思似乎是说最后一批持股者已经准备卖出股票了。所以，如果最后一批卖家就要退出市场了，那么在他们卖完以后，价格还会跌很多吗？当然不会。最后一批卖家要退出市场的时候，你必须在一旁睁大眼睛等着买入。一旦所有的卖家都离去了，从理论上来说，市场上就只剩下买家了。商品又会是怎样的情况呢？它们之前一直表现良好，现在最后一批买家正要进入市场。一旦他们进入，还会有谁再来购买商品并把价格抬高呢？再也没有人了。一旦股票市场上的最后一批卖家变成了商品市场上的最后一批买家，商品市场和股票市场就会立即角色互换，这不应该被视为巧合。这体现了逆向投资法中惯用的基本原理。

如果以上所说的让你觉得股票市场上便宜股俯拾皆是，你的感觉一点儿没错，而且你的想法也正像个便宜股猎手。但在我们谈这个话题之前，还需要先讲一些重要的基本问题。如果研究一下长期以来的市场狂热现象，就会发现每一次必然会有某种荒谬可笑的观念在其中抬头。我们不知道究竟是什么原因让这些人如此毫无顾忌地表达观点，但是每当市场陷入迷失、偏离正轨的时候，这些观点就会像钟表一样准确地按时出现。当市场价格过高或出现泡沫，你就会经常看到这种情况。然而人们都知道，长期以来股市的悲观情绪压低价格的程度至少和亢奋情绪抬高价格的程度一样大。

在这个意义上，在"股票已死"的市场谷底发现某些言论开始浮出水面，一点儿也不令人惊讶。我们现在看到的言论——"我们进入了一个新的金融时代，那些老一套的规矩已经不再适用了"——所包含的观点会让人误以为金融范式已经改变，市场已经进入了一个新时代，股票的价格和公司的价值不再相关。

如果将来再看到类似言论，作为便宜股猎手，你在灵魂深处就应该警钟长鸣了。这些言论以及支撑这些言论的那些目光短浅的观点正是聪明的便宜股猎手要极力避免的。在相当长的一个时期，市场价格出现极端波动的情况下，就会时不时冒出类似言论。通常这类言论看上去都是在试图证明用过高的价格去买某样资产是合理的。在上面那个言论里，自认为是博学权威之人正在为不动产和商品投资的一个"新时代"进行辩护。如果这一言论在你那里未能引起共鸣，也许我们还需要对它再补充一下——似乎伴随着这种言论而来的另一种言论总是"只有那些老人因为不明白国家金融市场发生的变化，或者无法适应这种变化才死抱住股票不放手"。

该从何说起呢？这一言论在很多方面都说错了。但是，在讨论20世纪90年代末美国科技泡沫时，我们会看到，新时代的投资者经常嘲笑那些"正在落伍"的老投资者。身为便宜股猎手，我们头脑清醒、明白事理，不会对那些在股市上见过世面、经历过风雨的老投资者妄加评论。投资年头久不仅不是障碍，反而经常是一种优势。便宜股猎手的知识和经验会随着时间的推移而不断丰富，好比做游戏，玩的时间越久，也就越得心应手。最后，具有讽刺意味的是，"只有那些老人因为不明白国家金融市场已经发生变化"，才聪明地长期坚守在市场谷底。他们并没有落后，事实上，他们才是走在前面的人。

出于某种原因，这一系列言论似乎都指向了价值投资者，而且还夹杂着冷嘲热讽。身为便宜股猎手，我们也许会针对这些抨击据理力争，但是无论何种原因，我们将保留其中一部分辩论，留待第六章讲20世纪90年代末的科技泡沫时再谈。无论在哪个时期或哪个市场，历史总是证明了类似上面的言论愚蠢到了极点。要记住一个简单的基本事实：资产价格和资产价值之间的关系永远适用，忽视这个关系只会使你陷入危险。

如果说曾经有一个让人人都看清楚了的极度悲观点的例子，那就应该是20世纪70年代末80年代初的美国股市。随着1980年的来临，邓普顿把60%的基金投资于美国，这和当时股票市场上的共识形成了鲜明的对比。当时投资者普遍认为，由于急速飞涨的恶性通货膨胀，股票已经奄奄一息。美国股市就像一栋失了火的大厦，令投资者纷纷逃离，但是邓普顿却反其道而行之，镇定自若地从前门走进，估量市场受损的程度。他由于对市场持有不同于大众的全新观点而受益，他因为不像其他人那样，在之前的10年死死守住美国股票不放，从而一路跌进了绝望的深渊。相反，他刚刚从日本市场大获全胜，丰厚的回报使他成了那10年最成功的基金经理。

为什么在别人碰都不愿碰的时候，邓普顿却看好美国股票会大涨呢？原因之一很简单：因为没有人愿意碰它们。原因之二是，市场上对待美国股票的这种普遍态度使得美国一些最知名、呼声最高的公司的股票，也就是道琼斯指数的交易价格相对于其收益以及账面价值跌到了历史低点，其他测量数据也是类似的结果。

事实上，经过一番研究，邓普顿发现在美国市场的历史上再也找不到比这时更便宜的股票了。别忘了，这其中还包括经济大萧条和始于1929年的股市崩盘时期。为了证明这一点，我们先参考一下投资研究供应商价值线公司统计出来的市盈率汇总情况。从表5-1我们可以看到，1979年道琼斯工业指数的平均市盈率为6.8倍，这是有史以来的最低水平。相比之下，根据价值线公司的研究，道琼斯指数成分

表5-1 道琼斯工业指数平均市盈率最低的10年排名

名次	年份	市盈率（倍）
1	1979	6.8
2	1950	7.0
3	1978	7.3
4	1980	7.3
5	1949	7.6
6	1974	7.7
7	1984	7.8
8	1981	8.2
9	1988	9.0
10	1924	9.2

资料来源：价值线公司

股的长期平均市盈率为 14.2 倍。换句话说，1979 年道琼斯指数的平均市盈率与回溯至 20 世纪 20 年代的长期平均值相比要低 52%。

在 1979 年前后的 70 年代末和 80 年代初，市盈率极低的年份如此之多，几乎和道琼斯指数 1979 年低达 6.8 倍的市盈率同样引人注目。笼罩当时市场长达数年之久的悲观情绪之浓重由此可见一斑。当时的投资者经历了通货膨胀、高利率、石油危机、人质危机以及来自日本竞争的新威胁等种种磨难，他们被来自四面八方的力量击倒，经济上和心理上的压力都反映在了股票的价格上。

对便宜股猎手来说，那个时期道琼斯指数市盈率的历史低点向他们发出了一个传统的买入信号。与此同时，其他的买入信号也从四面八方而来，而且每一个信号都指向同一个结论：美国的股票特别便宜。邓普顿始终强调，对价值的分析要从许多不同角度进行，不能仅凭某一个方面（如市盈率）。"股票已死"提供了一个很好的机会，让我们更清晰地看到了邓普顿运用的一些投资技巧以及便宜股猎手在未来可能会采用的一些技巧。

邓普顿猎取便宜股的时候，总是运用证券分析师的"一百种价值衡量尺度"中的好几种。这么做的理由有两点。其一，可能也是最重要的一点，如果仅局限于使用单一尺度去衡量股票，在周期性的一段时间，甚至数年之内还可能管用，但时间再长这种方法就会失效。这个理由与在你的投资生涯中为什么绝不能只投资于一个国家的股票市场的理由类似——如果你只守住一个地区、一个国家、一个市场或者一个产业进行投资，那么总会有一个时期，你的投资表现会落后于市场平均水平。仅凭单一衡量尺度（如市盈率）进行投资，其结果要么是美美地吃上一顿，要么是活活饿死。因为利用单一衡量尺度找到的便宜股，可选范围有限，所以有时会找不到价值更高的股票，但是如果运用另一衡量尺度（如市现率[①]），也许就能找到。就此而言，没有人能保证你用于猎取便宜股的方法会永远管用。

邓普顿认为，所有经过时间证明的有效的选股方法都会被人们普遍采用，可是一旦人人都在用，这种方法最后就会不起作用了。例如，如果你决定采用本杰明·格雷厄姆在《证券分析》一书中详细介绍的一些被普遍证明有效的选股方法，如要购买市场价值低于其净营运资本或净存货额的公司的股票，你恐怕很难找到符合这一描述的股票。至少，就算格雷厄姆在制定出这一方法，并且亲自使用这个方法被认为十分有效之后，也不会比你更容易地找到这种股票。总而言之，如果只有一种挑选便宜股的方法，你就会错过哪怕近在眼前的其他机会。

运用多种价值衡量尺度的第二点理由是，通过运用不同的方法，可以进一步确认找到的股票是否便宜。如果某只股票用五种不同的方法衡量的结果都是便宜股，你对这只便宜股的信心就会增强。面对股市的反复波动，提升信心对增强心理素质极为重要。趁着这个机会，我们来看几个运用其他价值衡量方法及指标进行选股的例子，这些价值衡量方法及指标是在20世纪70年代末80年代初股票即将"死亡"的时期冒出来的。

这些方法对有些读者来说也许是初次耳闻，对另外一些人来说则几乎成了他们的第二天性，但至少，这些方法让我们得以从其他角度来了解便宜股猎取过程的精神实质以及其他许多可供借鉴的观点。

邓普顿发现，70年代末80年代初的美国股市有许多吸引人的特点，其中之一就是，较之不同公司财务报告所列出的资产价值，股票

[①] 市现率是股票价格与每股现金流量的比率，可用于评价股票的价格水平和风险水平。市现率越小，表明上市公司的每股现金增加额越多，经营压力越小。——译者注

价格或市场价值完全处于低点。当对市场价值和账目上的资产价值进行比较的时候，最广为人知、运用最为广泛的方法就是看市净率。用最简单的术语来说，就是用公司的股票价格除以总资产和总债务（账面价值）相减所得数字之后的结果，这个结果再除以已经售出的股票数量（即找出每股资产减去债务所得数值，并用股价除以这个数值），所得的结果就是市净率。计算这一比率，便宜股猎手要找的是一个很小的数字，也许约等于1甚至小于1。

要想理解市净率，需要知道一点，即你为财务报告所列出的公司资本净值总额所支付的股票价格是多少。如果支付的股票价格低于公司的价值总额，你也许就找到了一只便宜股。当然，公司也可能正处于经营不善的低谷时期，而且市场已经注意到了这一情况，如果是这样，股票价格低于其每股账面价值或资本净值就符合情理。市净率为1或小于1的时候，股票市场对该企业的期望值就很低，而这会反映在股票的价格上，明白这一点十分重要。相反，如果市场认为某公司的股票能够产生回报，而且这个回报可以抵消这只股票的投资风险，市场上该股票的市净率就会大于1，有时候还会远远大于1，这就看市场对这只股票的青睐程度了。以下是计算市净率的简要公式：

股票价格 ÷ 每股账面价值 = 市净率

每股账面价值 =（总资产额 — 总债务额）÷ 售出股票数量

市净率一直以来十分流行，但是在20世纪70年代末80年代初，美国经济出现了一个异常罕见的现象：通货膨胀以两位数的速度飞涨。这给投资蒙上了一层浓重的阴影。高达两位数的通货膨胀率使市净率的性质发生了改变，并让投资者看到了额外价值。

例如，邓普顿认为，因为这次通货膨胀，尽管相对于其账面价值，股票价格已经低至十分诱人的水平，甚至对便宜股猎手也十分具有诱惑力，但是其市净率并没有全面反映出股票价格究竟低到了什么程度。他认为资产的重置价值要远远高于公司资产负债表所列出的资产历史成本。换句话说，如果经营某个带有一家工厂的公司，在5年以前，修建工厂需要的成本是1 000万美元，此后物价上涨率（也就是通货膨胀率）每年持续高达15%，因此如果现在重建工厂，需要的成本就要远远超过当初的1 000万美元。实际上，因为通货膨胀率高达15%，要重建那个工厂，成本可能需要增加到大约2 000万美元。有一个方法可以让我们具体感受一下这种情况，那就是想象一下这个工厂是用什么材料修建的。假设主要材料都是钢材，如果钢材的价格从我们修建工厂的那一年开始每年上涨15%，我们今后重建工厂所需要的成本就会因为物价的上涨而增加许多。

根据这个道理，股票价格与资产的历史成本相比不仅偏低，而且还远远低于重置这些资产所需要的实际成本。邓普顿说，在1982年年末，与资产的重置价值相比，股票价格处于历史最低点。

图5-1显示了从当前一直回溯至20世纪20年代的道琼斯工业指数所代表的公司的市净率。可以看到，自1978年开始持续至1982年结束，这段时间市净率降到了1以下，这一点十分具有历史意义。而且，考虑到那个时期的通货膨胀率一直处于13%~19%，我们就能理解包含有重置价值在内的股票价格为什么低得这么不正常，因为其交易价格甚至低于其历史成本。要想更清晰地突出这一关系，可以快速浏览一下图5-1，找出道琼斯指数市净率低于1的另一个时期，这样我们就一路回溯至1932年。这一年是1929年市场崩盘后的一个低迷时期，整个国家正处于经济大萧条中期。在大萧条时期，美国经济出

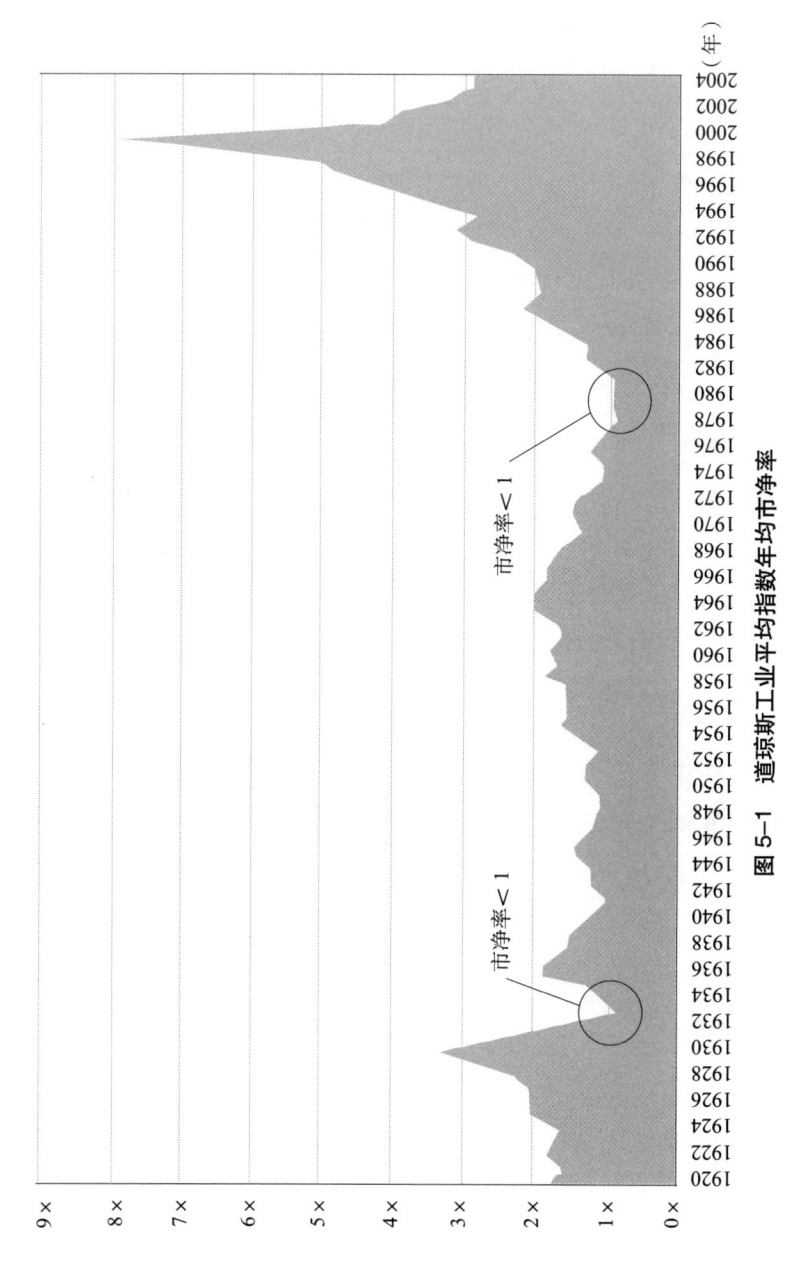

图 5-1 道琼斯工业平均指数年均市净率

资料来源：价值线公司

第五章　股票的死亡，还是牛市的重生？

现了物价大跌，也就是通货紧缩，然而到了70年代末80年代初，又出现了与之遥相呼应的物价飞涨，也就是通货膨胀。因此，只看指数点位这个表面指标，1932年道琼斯指数跌到只有1929年9月牛市顶点水平的1/9，用市净率这个指标来衡量也只有0.79，比1979年"股票已死"那个时期还低，但是1932的道琼斯指数实际估值水平并没有1979年"股票已死"那个时期更加便宜。

一方面是大萧条时期，一方面股市因为崩盘而跌至谷底，但是道琼斯工业指数成分股依然不能算是便宜股，其原因就在于，道琼斯指数成分股公司持有资产的重置价值较之公布的账面价值要低20%。换句话说，如果道琼斯指数成分股公司的各个业主想要重新置换其公司所属资产，由于物价下跌，其成本将减少20%。用最简单的术语来说，以重置价值为参考，在1932年，这些公司的资产价值被过分高估了。

以1932年道琼斯指数0.79的市净率为例，如果以资产的重置价值为参考，把资产价值计入其重置价值之中，真正的市净率要更接近1。与此相反，如果以重置成本为参考，重新理解70年代末80年代初的市净率，就会发现较之公布的资产账面价值，资产重置的成本要高出70%，这是因为恶性通货膨胀使美国经济持续数年物价飞涨。因此，尽管1982年道琼斯工业平均指数的市净率是1，但是，如果根据通货膨胀对道琼斯指数成分股公司持有资产的账面价值进行调整，考虑到之后价格上涨以及业主重置资产所需要的成本等因素，我们会将其提高70%。按照这个思路来计算相对于资产重置价值的股票价格，正如我们计算1932年的市净率一样，就会发现1982年的市净率从1跌到了0.59。换句话说，这时的股票比起一位非专业观察家通过只考察标准市净率所能找到的便宜股还要便宜40%。

有时候，这种关系用表格来表示会更清晰（见表5–2）。浏览用传统方法计算出来的市净率，并把它们与根据价格变化计算出来的市净率相比较，就会发现非专业观察家看不到的隐藏价值。

表 5-2　市净率比较

道琼斯工业平均指数	1932 年	1982 年	调整后道琼斯指数账面价值	1932 年	1982 年
账面价值	81.8	881.5	重置价值	65.4	1 498.6
指数价格	64.6	884.4	指数价格	64.6	884.4
市净率	0.79	1.0	重置市净率	0.99	0.59

从表 5-2 中，我们可以学到两条重要经验。第一条，对便宜股猎手来说也是最实用的一条，就是要积极主动地分析理解财务比率的各种数据。非专业的观察者能很容易地发现道琼斯工业平均指数 1982 年年末的市净率大约是 1，当然，就当时的历史背景而言，这个比率已经很低了。然而，只有愿意对各种数据进行分析的积极分子才肯花时间理智地思考这一实际情况，即资产负债表所列的资产历史成本包含了较之当前价格被低估了很多的价值。顺便简要提一下，针对通货膨胀而做的价格调整，相对于名义术语而言，用真实术语表示就是计算价格。经济学家总是很关注与资产的名义价格相对的资产的真实价格。对数据进行的这种深入研究可以从前面邓普顿提出的"多一盎司"工作原则中找到根据。只有愿意付出额外劳动、勤于思考的便宜股猎手才能从重置价值的角度发现，此时美国市场的股票是有史以来最便宜的。

第二条，对重置价值的分析和前面第四章探讨过的邓普顿用以揭示日本市场的隐藏价值所进行的分析极为相似。在日本的例子里，邓普顿根据日本母公司没有公布其所属子公司收益这一情况，调整了公司收益数额；在美国的例子里，通过调整美国公司的资产价值使之符合市场价值，邓普顿又一次发现了隐藏价值。在这两个例子里，邓普顿所利用的都是信息匮乏这一点，而非专业观察家就没有注意到这一点。

同样是在这两个例子里，邓普顿还运用了追问式的推理方法来找出真相。在美国的例子里，真相就是下面这个问题的答案：这些资产的真实价值是多少？如果这个问题在分析过程之初就被提出来，根据常识，就要像邓普顿那样进行价值调整并揭示出被财务惯例所遮掩的隐藏价值。非专业观察家对财务处理方式的看法容易理想化，因此经常会被经济活动的记录方式误导而步入歧途。便宜股猎手会对各种数据进行积极分析、深入研究，就是要准确地理解这些财务数据的真实含义，然后根据自己所了解的真实世界的经济现状，对这些数据进行比较。在真实的世界里，日本公司下属子公司所创造的收益就没有在财务报告中加以公布；在真实的世界里，美国公司持有资产的价值要高于推荐财务报告所公布的价值。1982年，邓普顿说，投资者对1932年在市场最低谷所发现的便宜股津津乐道的时候，完全没有注意到这样一个事实：50年后的1982年，市场上的股票要远远比1932年更便宜。在市场上不断搜寻最理想的便宜股可以让便宜股猎手不致错过诸如1982年的美国市场这样千载难逢的好机会。

最后，回到我们最初关于采用多种价值衡量尺度的话题，可以看出运用多种衡量方法判断便宜股具有显而易见的优势，仅靠市盈率这一单一尺度是不够的。从市盈率来看，股票似乎很便宜，但是从价格与重置价值之间的比率来看则不然。实际上，因为美国股票有史以来从未像此时这样便宜过，因此也就从未出现过这样千载难逢的投资机会。尽管道琼斯指数市盈率以及价格与重置成本之比已经足以令便宜股猎手欣喜若狂地去买入美国股票，但市场上甚至还有更多的线索表明美国股票的确十分便宜。

邓普顿认为另一条重要线索是，当时出现了大量企业并购现象。对那些正在研究公司的便宜股猎手，邓普顿的重要建议是：对公司进行研究调查的同时，还要花几乎同样的时间对其竞争对手进行研究调查。邓普顿总说，任何一家公司最重要的信息通常来自其竞争对手，而不是该公司本身。因为优秀的公司会高度关注与其竞争的公司，并会付出巨大努力，力争在竞争中保持领先地位。通过付出努力，展开竞争的公司不仅会逐渐掌握其竞争对手的优势和劣势，而且还会积累有关其竞争对手的大量实用信息。当暂时不乐观的局势使公司的市场价值跌至极低水平，这些公司能够比普通便宜股猎手更迅速地对商业局势做出较准确的判断。综上所述，这类公司通常会时刻留心寻找机会，以便将竞争能力强的对手收至麾下。其中的原因根据具体情况而有所不同，但是一般情况下，这么做都是旨在取竞争对手之所长补己之所短。

因此，当邓普顿注意到被收购的公司数量开始越来越多的时候，他把这视为除了他所观察到的其他信号，市场发出的又一个信号。这个信号表明，与公司的内在价值相比，股票价格正处于极低的水平。邓普顿看到那些竞争公司为了购买其竞争对手公司，愿意支付的价格比股票目标价[①]的市场价值高出50%到100%，这让他更加坚信市场上遍地都是便宜股。这种观察可以转化为一种常用的便宜股猎取策略。很多聪明的便宜股猎手密切关注着一些公司的市场价值，因为这些公司的价值与其所在行业收购价值的历史水平相比显然过低。便宜股猎手侦察这种关系最常用的方法就是企业价值（enterprise value）与

---

① 股票的目标价是某些专业机构认为的股价最终能到达的某个点位。目标价是根据多种因素来综合计算的，主要是根据每股收益（EPS）和市盈率来综合计算的。——译者注

EBITDA[①] 的比值。公司的企业价值就是该公司在股市上的股票价值加上公司债务总额，再减去公司资产负债表上公司持有的现金总额所得。用这种方法算出的这一比率是为了帮助我们了解要全面收购某家公司所需要的成本，因为你必须从持股者手中收购股票，承担该公司的债务或还清债务。

企业价值＝股票的市场价值（市值）＋债务总额－现金总额

这个计算公式以简要的方式表明，与公司的"现金"收益相比，该公司的收购价值究竟是多少。我们说EBITDA类似于现金，是因为它通常被用来代表现金收益，不过它还存在一些显而易见的盲点。举个实例，如果用某公司的企业价值除以其EBITDA，发现公司的企业价值是其EBITDA的3倍，我们还知道本行业的竞争对手正在收购其他企业价值是其EBITDA的6倍的一些公司，那么据此就可以判断出该公司的股票很便宜。其中的基本道理是，市场上总会有人把这只股票当成便宜股，无论是购买股票的便宜股猎手也好，还是收购公司进行兼并的竞争对手也罢。现在回到20世纪80年代初期的例子，邓普顿看到，很多公司正在用比其竞争对手的股票价格高出50%~100%的价格收购这些对手公司。除了邓普顿当时掌握的众多其他衡量价值尺度的方法，这种观察也算是一种非常有效的方法。

80年代初期，邓普顿发现市场上还有一件事说明了当时的股票是最便宜的，即越来越多的公司用经营自身业务所产生的现金来收购自己的股份。这种行为引起了邓普顿的强烈兴趣，他看到数百家公司

---

① EBITDA就是息税折旧摊销前利润（earnings before interest, taxes, depreciation and amortization）的英文首字母缩写。

在公开市场全力收购自己的股份，因为这些股票的价格极低。邓普顿认为，公司收购自己的股份这种行为有力地证明了，与公司价值相比，其股票价格已经跌得过低，因为毕竟公司的经营者应该比任何局外人都更清楚自己公司的价值。如果公司从市场回购自己的股份，这也会提高该公司股票的每股收益额，因为在其他所有条件都相同的情况下，已经售出的股票的价格与同样的收益相比要低。公司的这种行为受到许多持股者的欢迎，因为这种行为有助于增加股票的每股收益，而且也许还会增加公司的价值。如果公司的现金总量不断增长，或尽管现金过剩却不再对自身经营进行新的投资，那么很多积极持股者就会鼓励公司收购自己的股票。与股利相比，其他投资者更钟情于股份回购，因为收取股利需要缴税，以这种方式把钱返还给持股者，其中一部分钱就会以向政府纳税的方式白白损失掉了。

邓普顿观察到的最后一条线索也表明市场上的股票价格已经跌得过低，而且还显示出这一趋势会发生逆转，这条线索就是：有一批数额极其庞大的现金正在市场外围观望。当时，邓普顿说："我这辈子还从来没有见过现在这么多的现金。"此外，他还观察到市场上出现了机构性的股票大买家，如保险公司、养老基金以及一些国外投资者，这些国外投资者入市是因为其国内股票市场的价格交易水平远远高于美国股市。当时，邓普顿看到，美国的养老基金持有大约 6 000 亿美元现金；与此同时，养老基金专家预测，养老基金所持有的现金总额在今后 12 年内将达到 3 万亿美元，这意味着养老基金要投入的未来现金总额最后会是当初的 5 倍。如果养老基金至少投资 50% 于普通股票（平均水平一直是 55%），那就表明会有 1.5 万亿美元的额外现金进入股票市场。附带说一下，1982 年整个股市的价值是 1.25 万亿美元。

这一思路也表明，这种追加收购之后，股票价格很可能会上涨，原因很简单，钱必须要流向某个地方。这一观点与更传统的观点形成了对照，传统观点认为，股票收益和其内在价值变得更高才会引起购买，从而导致股票价格上涨。无论如何，邓普顿都不相信股票价格会因为养老金的流动而涨一倍，但他也承认这些养老金的流动给我们提供了用以判断美国股票很便宜的另一依据。当然，所有这些现金和"股票已死"的论点形成了鲜明的对比，该论点认为，那些机构性买家可能不会再重返股票市场了，他们此后会转而钟情于不动产、商品以及收藏品。

只要想象一下人们的退休基金或保险费都投资到诸如邮票这样的收藏品的情况，大多数投资者就能看出以上论点的肤浅和荒谬。然而，商品和收藏品投资在当时很热门，而股票投资却备受冷落。那时候，恶性通货膨胀、收藏品所产生的虚幻回报，以及盘旋于股市上空的愁云惨雾，这一切让所有人都看不到情况好转的希望——但至少有一个人除外。

1982年，邓普顿出现在由路易斯·鲁凯泽主持的一档很受欢迎的名为《华尔街一周》的投资类电视节目中。当时，通货膨胀、失业率、高利率以及经济衰退使美国经济及其股票市场笼罩在一片浓重的悲观情绪之中，录制这期节目时正值这种悲观情绪的中期阶段。在节目里，邓普顿向达成共识的大多数人泼了一盆冷水。当时，一种普遍流行的观点认为，15%~19%的高通货膨胀率和高利率会使股票的市盈率低至5倍左右。然而邓普顿看到的却是杯子装满了一半水，作为便宜股猎手，他知道，相比于股票所代表的企业的价值，股票的价格已经跌得过低了。通过运用我们在本章所谈及的各种价值衡量尺度，邓普顿坚信股票市场不会死亡，相反，他看到了一个即将浴火重生的市场。邓普顿预言，投资者即将面临一个大牛市，道琼斯指数在未来10年将达到3 000点。

让我们看一下这个预测产生的时代背景——当时道琼斯平均股价交易指数正处于从中间点位到 800 点左右的低点位，所以邓普顿所做的"股指在未来 10 年将会在当前水平上增加将近 3 倍"的大胆预测在当时让人觉得简直不可思议。一些观望者和其他市场观察家认为邓普顿已经失去了理智。表面上，这一预测在当时听起来也许有些异想天开，但邓普顿深信，美国市场的股票价格表明美国股票是他这一生所见过的最便宜的股票。为了说明这一点，他运用常识和简单的算术对此进行了解释。

邓普顿说，如果企业利润以大约 7% 的长期平均增长率增长，通货膨胀率维持在 6%~7% 的水平，那么总利润就会每年增加大约 14%。如果这 14% 的收益每年以复利计算，股票的价值在未来 5 年就会翻一番；如果这种状况继续持续下去，那么在下一个 5 年，股票价值就会在原来的基础上又翻一番。企业的这种收益翻番行为并不需要股票市场的市盈率也会成倍增长。比较道琼斯指数大约为 7 倍的当前市盈率和其长期平均市盈率 14 倍，我们有理由相信股指会回升到其平均市盈率水平，并在此基础上继续上升。而且，由于其他现金正在一旁观望，机构性买家还没有进入投资市场，所以邓普顿相信还有无限潜力可以将股指抬至更高。总而言之，现在的市场环境已经糟糕得无以复加，所有坏消息都反映在了股票价格上，因此这种状况极有可能会朝着对邓普顿以及所有美国股票持有者有利的方向发展。在随后的 9 年，邓普顿的预测被证明是完全正确的。

如图 5-2 所示，1991 年，邓普顿的预测变成了现实，他在投资领域的权威地位得到了更广泛的认可。在此特别值得一提的是邓普顿的非凡勇气，靠着这股勇气，他义无反顾地踏入了已经被其他所有人认为是毫无希望的绝境，用开放的心态仔细考察局势，根据考察结果，

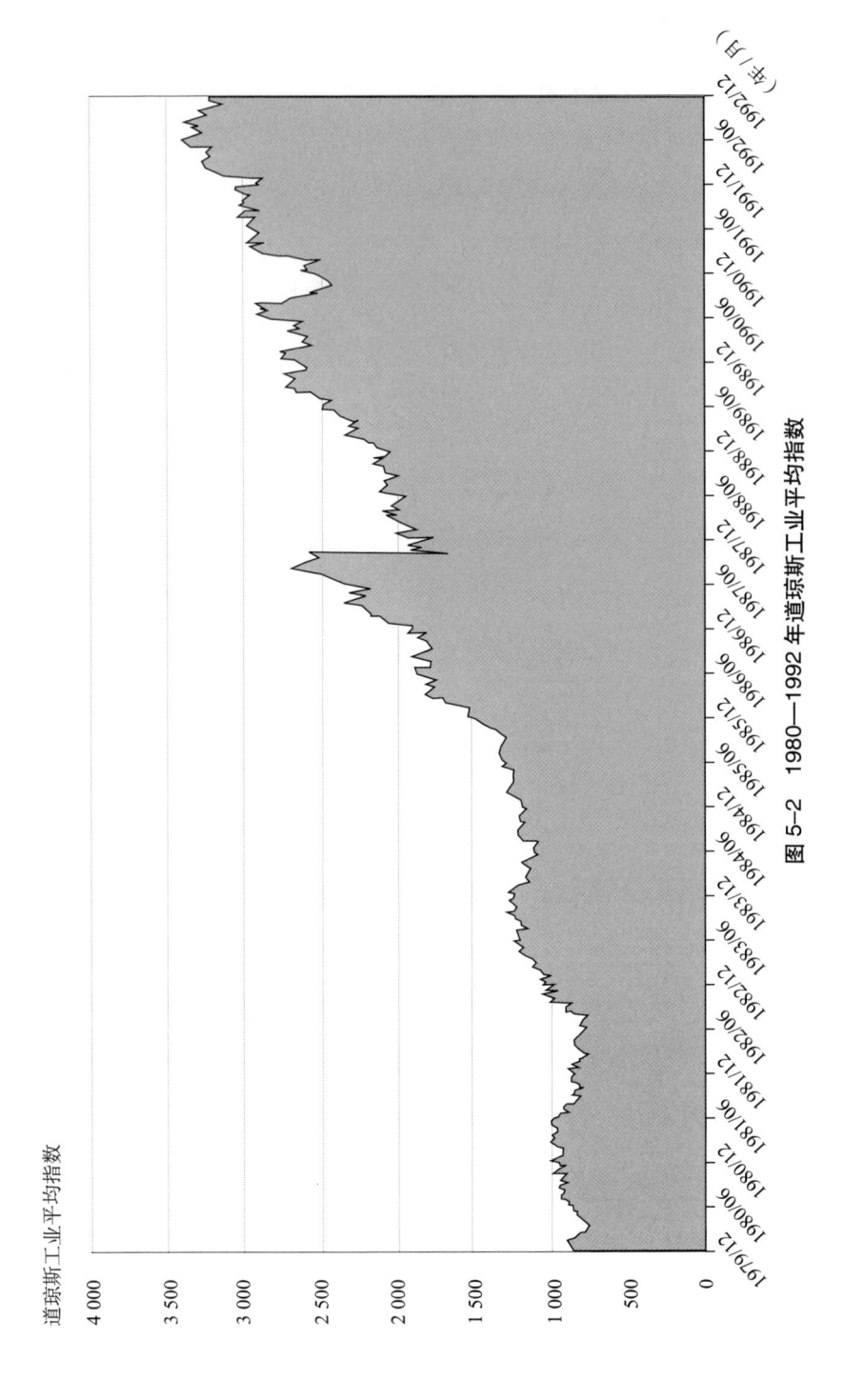

图 5-2 1980—1992 年道琼斯工业平均指数

他更坚定了与大众背道而驰的信心。在别人甚至不愿看上一眼的地方寻找便宜股，并勇敢地独立于孤岛之上是价值投资者持续获得成功的基本秘诀。

正如邓普顿指出的，那些渴望在1932年找到买入机会的投资者彻底错过了80年代初期的股票市场，用一种有别于他人的思维方式来考察股票很重要，无论是个股还是整个国家市场都是如此。由于某种原因，很多人即使明白股票大跌的时候就是买入的最好时机，还是无法做到这一点。这种违反常理的现象屡见不鲜——当股票低价待售的时候，竟然无人愿意购买。想象一下，商场刚宣布所有商品一律半价出售的时候，花季少女们难道会逃跑似的冲出购物商场吗？或准确地说，她们会一路拼命推搡开密集的人群挤出商场吗？当然不会。实际上，情况只会相反。然而，当股票低价出售的时候，上面所描述的却正是发生在股市上的情形。

克服人类这一缺陷的办法是借助定量而不是定性的推理方法。邓普顿总是告诉我们，他在实践中采用的是定量方法——"从不喜欢公司，只喜欢股票"。如果你的投资方法主要是计算公司价值、寻找与价值相比最低的价格，那就不会错过在"股票已死"的市场上发现的机会。然而，如果你仅仅从市场观察家、报纸或朋友那里获取线索，就不会有信心投资那些前景似乎不乐观的股票。相反，如果你肯独立思考，把注意力放在那些具体数据而非公众观点上，你就会获得一种能经受任何市场考验的投资策略。换句话说，如果你发现与其估计价值相比，某只股票的交易价格是最低的，而且所有其他投资者已经退出了这只股票的市场，那么这就是你可以利用的极度悲观点，也就是投资的最佳时机。

第六章

面对泡沫：拿出卖空的勇气

在投资里，代价最昂贵的一句话是："这次情况有所不同。"

——约翰·邓普顿

1999年年初，我刚大学毕业就进入了金融界，在摩根士丹利添惠公司设在佐治亚州首府亚特兰大的一家事务所从初级职位做起。虽然早在8岁时我就已经开始在投资领域初试身手——我买的第一只股票是盖璞公司（Gap）的股票，那时我卧室的墙上挂的都是盖璞品牌的衣服——但是面对20世纪90年代末如火如荼的股票市场，我依然毫无经验。我看到备受瞩目的科技股首次公开募股后，剩余部分流入了投资银行家和经纪人的腰包；以20来岁年轻人为消费主体的休闲时装公司发展迅速，这类公司对美国"新经济"[①]的形成功不可没——所有这些让年轻的我大开眼界。

就我进入金融界而言，再找不到比这更好的时机了。市场在2000年达到了极度亢奋的顶点，然而紧随其后，投资者就纷纷绝

[①] 20世纪90年代以来，美国经济出现了二战后罕见的持续性的高速增长。在信息技术领域的带领下，美国自1991年4月以来，经济增长幅度达到4%，失业率从6%降到了4%，通胀率也在不断下降。如果食品和能源不计在内，美国1999年的消费品通胀率只有1.9%，增幅为34年来的最小值。这种经济现象就被人们表述为"新经济"。——译者注

望地抛售股票，黯然退出市场。我亲眼所见的这一切让我在短短几年内就学到了一个投资者一生的投资经验。而且，2001年夏天推出的对冲基金也让我从市场中获得了宝贵经验。本章要带大家回到1999—2000年的那个时期，故事要从我和父亲在1999年年初拜访身居巴哈马的邓普顿开始说起。

那天早上，我和父亲刚到巴哈马首都拿骚，就来到邓普顿住的地方——莱福德沙洲俱乐部，和他在俱乐部餐饮区的游泳池边共进午餐。由于不知道该说些什么，我不经大脑就脱口问了一个问题："约翰，你一直在买科技股吗？"问完后我十分后悔。邓普顿平静地看了我一眼，轻轻把可乐放在桌子上，脸上露出一丝淡淡的微笑，说道："我给你讲个故事吧。"

> 小时候，我住在田纳西州的温彻斯特。记得一个夏天的傍晚，我和哥哥在街上一路飞奔，跑到聚集了一大群人的一所房子的前廊外。当时全镇的人几乎都站在这所房子外面焦急地等待着。最后，房子的主人——那个男人在前门出现了，他面带微笑，示意让我们大家再稍等片刻，转身又回到了房子里。不一会儿，随着开关"啪"的一声轻响，整个房子一下子亮了。守在那儿的人群欢呼起来，兴奋地鼓掌——原来是在通电，从此电永久性地改变了世界，但是卖出电力股票的时间却比这要早好多年。

以这个故事开头，邓普顿讲起了几个世纪以来的许多金融市场泡沫，从17世纪30年代的荷兰郁金香泡沫[①]到由法国投机者引发的

[①] "郁金香泡沫"是源自17世纪荷兰的历史事件，是人类历史上第一次有记载的金融泡沫。——译者注

密西西比泡沫①、发生在英国的南海泡沫②，当然还有美国铁路建设的盛衰荣枯。即使到了现代化程度更高的时代，无线电通信、汽车以及电视机领域仍然存在着投机泡沫。邓普顿对这种泡沫行为总是很感兴趣，他甚至让邓普顿基金出版社发行了《非同寻常的大众错觉与群体狂热》（*Extraordinary Popular Delusions and the Madness of Crowds*）③一书的重印本。在邓普顿对于会转变成群体狂热的经济活动的讲述中，我认为最值得注意的是，每个案例中的经济状况和人的活动都有着共同特点。如果花时间研究这些事件，甚至是发生在几个世纪之前的事件，就会发现每个事件都包含有我们熟悉的成分。如果你还记得互联网泡沫，那么考察南海泡沫的时候，你很可能会有一种似曾相识的感觉，尽管南海泡沫发生在18世纪的英国。

以汽车业为例。20世纪初期，汽车业刚刚起步，进入这一行业几乎不受什么限制，1900—1908年，美国汽车业的早期商业化进程使500家制造商一起进军汽车业；与此相似，20世纪90年代末期到2000年，网络公司一时之间呈爆炸式增长。早期的汽车生产商其实只是汽车零部件的组装者，并非大规模的汽车制造商，就像许多早期的互联网公司一样，只要有创意就能建起一个网站。无论是上述哪一种情况，创办一家公司都不需要很多资本。同样的道理，大众似乎并不过多考虑如此众多的企业玩家的命运，纯粹是竞争才让这些企业玩家在最后分出输赢。

---

② 法国股票市场的价格从1719年5月开始连续上涨了13个月，涨幅超过了20倍，但从1720年5月开始崩溃，连续下跌13个月，跌幅达95%，这就是著名的法国密西西比股市泡沫。——译者注

③ "南海泡沫"指英国南海公司于1720年在南美进行的股票投机骗局。——译者注

④ 该书由苏格兰人查尔斯·麦凯著，是最早阐述经济心理学的著作之一，被许多投资者认为是投资市场群体行为领域的经典著作之一。——译者注

这很有道理，因为大众通常会在企业发展的初期阶段对该企业估计过高。在汽车和互联网两个行业中，其繁荣和狂热相隔将近百年，为数众多的企业玩家在泡沫破裂之后资产都大幅缩水。一旦竞争迫使公司要靠自身实力去赚钱，而不是从投资者那里集资筹款，那些赶时髦凑热闹的公司就没有好日子过了。每一家通用汽车公司都有若干新时代汽车公司（New Era Motors Inc.）跟风与之相竞争，每一家eBay公司也都有若干威普旺公司（Webvan）跟风与之相竞争。当大众介入竞争中，群体性的狂热就开始形成，只要与新兴企业有关，大众就会不顾一切予以支持。投资者通常又会进一步向那些甚至最不可信的新经营者提供资金。一旦失去资金供给，这些经营者就会破产，而资助他们的那些天真的投资者就会蒙受巨大的经济损失。

每一次投资热的另一共同特点是：表面上看起来很乐观，人们对下跌的风险几乎不予考虑。典型情况是，这种乐观情绪的产生是因为人们预测某一企业在未来会实现惊人的增长，而且这种增长会直线式发展，其间不会出现重大中断。当汽车业在20世纪的最初十年开始迅速发展的时候，人们过于乐观地认为这一行业会无限增长，这是一个简单的事实。与这一观点不谋而合的是一个潜在的假设，即这一增长不会出现中断，相反，它将呈直线式发展。

在互联网的引领下出现了新经济，与此十分相似的是，汽车的发展也引领我们进入了一个"新时代"。投资者所宣布的新时代是快速交通运输的时代。由此我们可以看到，无论是20世纪还是21世纪，技术泡沫似乎总要鼓吹所谓"新时代"的概念，无论是20世纪90年代末期到2000年之间的新经济，还是20世纪最初10年高速交通的年代都是如此。如果分别仔细考察这两个时期的新闻报道，就会很明显地看出这两个泡沫时期的相似之处。从1912年《纽约时报》的这段摘录中，我们既可以看到大众的预测暗示着汽车行业的增长不会中断，也可以看到其中含有进入一个新时代的观点，这个例子里的新时代指的是第一次高速交通。

很多人轻率地把汽车看成一时的时尚或狂热，这是完全错误的。所有人必须意识到，这是一个高速交通的时代，对汽车的实际需求是如此巨大、如此普遍，以至人们无法相信对汽车的需求量会减少。

"无法相信对汽车的需求量会减少"——如果这种看法还不够片面，那什么才算片面呢？请仔细思考一下1999年年末《连线》杂志上的一番评论，这番评论摘自乔治·吉尔德的访谈，此人是一位鼓吹科技股的牛人，发表有关行业方面的通讯报道。在以下引文中，我们可以再次看到那个潜在的假设，即惊人的增长会加快速度而且不会中断。

我并不认为网络企业价值评估很疯狂，我认为这种评估反映了人们从根本上接受了巨大的机会。事实上，所有的预测都估计互联网流量在未来5年大约会成千倍增长。这意味着，如果你现在代表一家互联网公司，你处理的仅仅是两年内潜在流量的0.1%而已。照这种速度，互联网流量10年后将会成百万倍增长。

"百万倍增长"——这种乐观情绪简直太离谱了！平心而论，汽车和互联网都永久地改变了世界。然而，我们是便宜股猎手，我们关心的事实是，这两种企业的价值都被过分高估了，一旦整个股票市场与大众意见相一致，就会产生一个大的泡沫，投资就会因此面临极大风险。还记得猎取便宜股的第一条规则吧——要区分股票价格和股票所代表的公司。在这个例子里，投机者接受了聪明的主意，在不考虑价格的情况下买下了股票。股票的价格并不重要，只有一种情况除外，那就是假设股票价格会持续上涨，因为这些公司正在改变世界，没有任何力量能阻止这种增长。受到这一"观点"以及公司一定会增长的诱惑，投资者常常被吸引到这类投资中来。随着之后几年里汽车狂热现象的出现，有一点已经十分清楚，那就是在无限的增长和利润的诱惑之中，股票市场已经倒塌。下面摘录了有关1916年华尔街交易的报道，其中描述了由于对汽车业增长过分乐观而在股票市场上形成的这种情绪。

> 对一个近来在经纪人事务所打发时间的人来说，不用再怀疑人们对汽车的狂热。刚刚在汽车股中赚了一笔、还没有汽车的投机者正准备用所获得的利润买上一辆，而已经有了汽车、同样赚了一笔的交易者正在计划买入一只更大的汽车股。

伴随投机狂热的一个特点是一种财富消费效应，这种效应来自那种对新得到的（而且长久的）财富的意识。这种心理上的转变使得成功的投机者会把自己的新财富消费出去。在上面的例子里，在汽车股票中投机成功的股票经纪人会用赚到的钱去买新汽车。在20世纪90年代末的互联网泡沫期间，新财富的诱惑力深深地影响了那些当日股票交易者和开始把互联网股票当作爱好来玩的人，结果他们自己却在这种狂热中深受其害。许多当日股票交易者都犯了一个大错，他们把牛市当成自己的投资天分使然，放弃了自己的工作，把全部时间都用于股票交易。当然，他们的打算是在股票市场上不停地赚钱，用所得收益来实现经济上更高水平的成功并满足个人消费。在下面摘录的文字里，从一个学校四年级教师身上，我们可以发现新财富和消费增长的一个类似例子。这个教师过去从事的是当日交易，1999年的《华尔街日报》曾对此人做过报道。

> 来自密歇根州布卢姆菲尔德山的一位四年级教师通过其在威特资本和电子交易平台的账户，以发行价购买了首次公开发行的股票，之后不久又全部卖出，这次交易让他收获颇丰。
>
> 他的交易组合已经从大约2 000美元增长到大约9万美元，这都归功于他对十分抢手的首次公开发行的互联网股票的短期投资，其中包括在线旅游公司Priceline.com和集成软件供应商webmethods公司的股票。此刻他正带着全家前往毛伊岛过复活节，不仅如此，他赚到的钱还够他买一部数字影碟机，并对房屋进行必要的维修。

20世纪初，汽车股票的交易者用赚到的钱买汽车；21世纪90年代，当日股票交易者用赚到的钱去美美地旅游、买电子产品——不同的时代，相同的情况。当投机者开始越来越恣意挥霍其假想中的财富时，就会导致灾难性的后果，因为这种假想中的财富可能等不到交易日结束，就会化为轻烟消失无踪。同样的道理，如果相当一部分公众将消费模式与股票价格上涨的预测联系起来，那么当股票价格崩溃时，消费就会回落，从而会对经济造成负面影响。在一个较长时期内，如果越来越高的股票价格使得消费也越来越高，就会带来毁灭性的结果。

美国股市1929年大崩盘、日本股市崩盘以及1989年的不动产泡沫都伴随着这种动态关系。消费和更高的股票价格之间的这种关系也是过去经济范式的一个组成部分，这个经济范式在1720年的南海泡沫期间分崩离析了。

18世纪，南海泡沫因为诱骗了各行各业的人投资而声名狼藉，从此以后就再也没有摆脱这一恶名。这次的股票狂热与其他大多数股票狂热的不同之处在于，整个泡沫在短短数月之内就形成了，而很多其他泡沫的形成则需要几年的时间。南海泡沫出现的时候，英国议会正和经营商业运输船舶的南海公司达成一笔交易。这笔交易是让南海公司承担英国背负的一大部分债务，政府通过给予南海公司对南美洲的贸易垄断权，对这部分债务进行担保（主要是偿还）。人们以前持有的政府债券被换成了南海公司的股票，南海公司的股票会永久性地带来6%的股利，而且只要股票的市场价值上涨，持股者就一定会获利。在第一次交易之后不久，英国国王向全民发表讲话，谈了他对减少国债的愿望。

南海公司的经营者抓住这一机会，迅速拟订了一个计划，打算用南海公司的股票以同样的方式接收全部国债。一旦这笔交易获得通过，股票售出，大众满脑子想象的都是南美洲数不尽的金银矿藏以及会自然增长的巨额财富。此外，公司的董事们又在这些谣言当中推波助澜，以使股票价格上涨。来自新世界的巨额财富的诱惑力如此巨大，实在令人难以抵制，英国大众由此陷入了南海公司股票交易的旋涡之中。20世纪90年代末的当日交易者的行为让观察家感到迷惑不解，1720年南海公司股票的当日交易者的自以为是同样让观察家困惑不已。至少从英国18世纪开始，当日交易者一直是各种泡沫中一个活跃的固定角色。每一个例子里的当日交易者都不由自主地自愿放弃自己的本职工作，用以换取股票市场上的财富。以下叙述摘自《蓓尔美街报》(Pallet Mall Gazette)以及1720年的一些私人信件，通过这些叙述，我们很容易想象得到各行各业毫无疑心的投资者是如何受到南海公司股票狂热的引诱而上当受骗的。

> 地主卖掉了祖上的房地产；牧师、哲学家、教授、持不同政见的大臣、上流社会人士、贫困的寡妇以及普通的投机者都在"发生改变，把自己的所有财产抛进了新股票"。

南海泡沫与网络泡沫十分相似，社会上的所有成员都受到诱惑，原因很简单：轻易就能获得财富对人的诱惑超越了时间和地域的界限。社会上没有任何人能除外，即使是那个时代最聪明的人也深受其害——牛顿在这次泡沫中就损失惨重。一位贵族遗孀在写给伦敦一位亲戚的信中讲述了她购买南海公司股票的经历：

> 南海公司成了人们议论的全部内容。贵妇们卖掉了自己的珠宝首饰去买南海公司的股票，为买到股票而高兴不已。杰米为自己交了好运买到股票而心花怒放，他那一向严肃的脸上开始露出了笑容，他看人的时候都掩饰不住自己的得意。惠特沃斯先生给了我200基尼（英国旧时金币名），想换取两个月内股价为500英镑的1 000股南海公司股票的优先认购权，但恐怕他不能如愿了，因为我要成为一个富有的女人。赚钱从来没有像现在这样容易。

这位贵妇的一位亲戚也就当时的这些事件，包括投机活动，写了回信。他同样感受到了市场上轻易就能获得巨额利润的诱惑力。

> 我变得富有的速度如此之快，以至证券批发成了我最喜欢的工作。南海公司宣布其年金受益人的股票已经大幅上涨。南海公司股票价格到现在为止已经涨到了460英镑；人们出价230英镑去换取股票开盘价为450英镑的优先认购权。我估计股票在停盘之前会涨到500英镑。

在南海泡沫和之后的大多数股票狂热期间，很多例子清晰地显示出，大众对那些和这种狂热唱反调的人都嗤之以鼻。1720年，一位曾担任英国财政大臣的聪明金融家罗伯特·沃波尔反对创造南海公司股票，并在其反对议案中大胆直言。他的观点摘录如下：

> 股票投机的危险做法会将国民的才智从贸易和工业上转移开。它会以危险的诱饵去引诱毫无防备的人，让他们放弃自己的辛勤劳动所得，去换取幻想中的财富，结果只能走向毁灭。这一计划的大原则其实是个一流的骗局：人为增加股票的价值，其所用伎俩是向人们许诺资金投入会带来可观的股利，从而激起并保持大众对股票的狂热追捧，而这些承诺其实永远都无法实现。

沃波尔对钱的看法是正确的。他谈到了毫无戒心的当日交易者，这些人在游戏还没开始的时候就被拖下了水。人们把他的担心和警告当作胡言乱语而不屑一顾。这一事件中有个教训，其基本意思是说，任何人如果胆敢反对狂热的大众观点，就会被大众毫不留情地打倒。在网络公司受到热捧期间同样如此，当日交易者会由于美美赚了一笔而被过分吹嘘美化，而谨慎的资深便宜股猎手则会因为没有加入而受到大众的奚落。最引人注意的一点是投机者过度膨胀的自信心，当狂热的情绪开始蔓延，投机者就变得更加自负了。

在网络公司受到狂热追捧的时期，出现了两位极其成功的价值投资者——朱利安·罗伯逊和沃伦·巴菲特，这两个人就因为没有购买飞涨的科技股、在市场上表现不佳而招致许多不应有的大众批评。1999年12月27日，金融刊物《巴伦周刊》封面文章的标题是《你怎么了，沃伦？》文章谈到了巴菲特在1999年落后的市场表现，暗示他已经落后于新型投资者了：

> 伯克希尔公司无力的表现不仅仅体现在其经营和投资中。坦率地说，巴菲特，这个在2000年已经70岁的昔日股神，被越来越多的投资者认为过于保守，甚至过时了。

这篇文章，就像1979年那篇宣布"股票已死"的文章一样，事后也被当成了一个笑话，但是在当时人们可不这么看。自命权威的金融评论家和投资大众在期刊上轮番嘲笑那些坚定的便宜股猎手，对其欠佳的表现乐此不疲地加以讥讽。对于这种情况，没有哪篇文章能比1999年12月《华尔街日报》上的一篇文章描述得更准确了。在这篇文章中，一名成了当日交易者的社会工作者炫耀着自己的股票交易技巧，想与巴菲特一较高下。

> 加利福尼亚州雷东多比奇的一位社会工作者以前从未买过股票，她认为自己不适合股票市场。"我并不清楚市场是怎么回事。"她坦白地说。后来有一天，她在开车的途中，从收音机上

听到一家本地公司"已经和俄罗斯签了一份听起来似乎不错的合同"。在打电话了解了更多信息之后,她为自己开设了第一个经纪账户,以每股12美元的价格买入了100股。那家公司就是现在的世界通信公司。她原始的1 200美元现在已经价值16 000美元,这只是包括红帽子公司、雅虎公司、通用电气公司以及美国在线服务公司在内的50万美元投资组合中的一部分。

"我的钱在两年内就翻了一倍,我很吃惊,你们难道不吃惊吗?这真是太不可思议了。做社会工作根本不可能赚到这么多钱。"

商业街(Main Street)[①]的投资者已经崛起为20世纪90年代一支强有力的金融力量,这股力量随同华尔街的显要大亨一起,推动着各自的资本净值以超乎最大胆想象的速度增长,并推动市场不断刷新纪录。的确,现在个体投资者已经占纽约股票交易所交易量的30%,而1989年这个比例还不足15%。走进任何一个工作场所,不管是办公楼、汽车商行、旅馆还是工厂等,都极有可能看到人们在热烈地谈论投资。

那位社会工作者选股如此成功,以至她将自己的社会工作只放在周末来做,而工作日则用来进行全职股票交易。"我每天都买入几只股票,也卖出一些股票。"她说。她的目标是每年赚取15万美元的交易利润,用来构建一个金融储备,使自己和丈夫在退休的时候能够衣食无忧。

在投资过程中,她总结出了几条很有效的投资原则,如"顺势"投资已经深入人心——专注于"价值"股票的投资方

---

① 在北美媒体中,有时用"Main Street"来象征日常劳动阶层人民和小企业主的利益,与象征着企业资本主义利益的"华尔街"(Wall Street)相对。——译者注

式已经完全落伍了。"那些人都说'买入并持股不动',"她说,"如果某只股票持续下跌,我认为你最好趁早下船。"

至于经验,"你必须把赔钱的股票卖掉,并不因为我是专家,股票就上涨。如果我的股票和股票行情自动收录器所报的不一样,"她补充道,"我不会继续坚守。我把损失控制在10%的范围内。"

学学吧,沃伦·巴菲特。

"学学吧,沃伦·巴菲特"?人们过去肯定追随过这个倒霉的家伙,其原因主要是他长期以来成功运用了价值投资方法。顺便提一下,世界通信公司通过做假账设下骗局,几年以后,成为美国有史以来最大规模的企业破产案例。这个例子同样说明,当日交易者对科技股抱有无比的信心。他们基于顺势交易的选股方法,化繁为简之后,就是在涨价的时候买入,在价格下跌的时候卖出。换句话说,整个游戏的原则就是要顺应大众的潮流。这种对科技股始终不渝的信心给经验丰富的便宜股猎手发出了一个信号:用纸牌搭成的房子就要坍塌了。

科技泡沫期间出现的世界通信公司案例又一次强有力地说明,人类活动和股票狂热之间的关系与时间无关。资产泡沫令人感到可悲的特点之一是,一些人不道德地乘机利用毫无戒心的大众赚钱。世界通信公司是乘着科技股票价格上涨的浩荡东风,通过一次次的兼并而形成的一家规模极其庞大的电信公司。20世纪90年代末,在大名鼎鼎的(现已收监)首席执行官伯尼·埃伯斯的支持下,公司规模通过一系列的收购迅速膨胀。公司的计划很简单:用飞涨的股票价格代替流通货币去收购其他竞争者,以巩固其在电信行业的霸主地位。公司的最大手笔本来是计划用1 150亿美元收购斯普林特公司(Sprint),但这一交易未获反垄断监管机构批准。这次收购受挫之后不久，整个科技泡沫破裂，埃伯斯开始感受到了来自自己私人投资的巨大压力，因为支撑这项投资的是以自己世界通信公司股票为担保的4亿美元贷款。如果公司股票持续下跌，就会大事不妙，他用以获得巨额借款的担保就不复存在了。

在互联网企业不景气的压力下，世界通信公司的股票开始下跌，埃伯斯这时开始做假账，企图掩盖企业不断下滑的经营状况，并蒙蔽股票市场以使股票价格居高不下，他就是以这种方式操纵着自己所持股票的价格。在此之前，公司利用其所有的收购企业，对外声称其业绩和收益都在增长，然而在收购斯普林特公司失败后，公司的收购计划就难以为继了，再也没有可供公司轻松拉动的财务杠杆来对外宣布其虚构的盈利增长。毕马威会计师事务所接替安达信审计公司成为公司外部审计后，在审计查账过程中财务造假开始浮出水面，埃伯斯只能自食其果。最后，投资者的损失高达1 800亿美元。这种骗局在各个时代都会出现，而亚伯拉罕·怀特会对此引以为傲。

你会问：亚伯拉罕·怀特是谁？

在1904年的无线电报泡沫中，也有一个大众被引领着一路奔向子虚乌有的财富的例子。在20世纪初期的科技泡沫期间，用无线电报机进行通信的方式（无线电报）激起了大众的无限想象，当然也吸引着大众掏出钱包纷纷投资。这个泡沫开始于马可尼无线电报系统的发明，以某些人企图盲目效仿别人、利用大众的狂热情绪趁机赚钱而告终。

古列尔莫·马可尼是个有着爱尔兰血统的意大利人，出生于一个富有的酿酒商（詹姆森）家庭，家中还拥有不动产。他母亲请了一位博洛尼亚的教授教他学习物理，这位教授当时正好在做实验，在发射器和接收器之间用相同的频率传输信号。凭借认真的研究和不屈不挠的毅力，马可尼将先进的电话技术和电磁波研究相结合，实现了无线电信息传播。

尽管学术领域也有其他人在从事类似的实验，但马可尼在本质上还是一位资本家，因此他要寻求这一技术在商业上的运用。通过对这一技术的进一步研究，经历了有关专利权的起诉，并向意大利海军成功地演示了自己的无线电报系统之后，马可尼带着自己的研究加盟到一家公司，该公司由他一位表兄提供经济支持。不久之后，马可尼无线电报公司诞生了。以爱迪生为榜样，为了获得对这项新技术的更多经济支持，马可尼筹划向大众演示他的无线电技术。他发送的信号穿越了英吉利海峡到达法国，他还用无线电向美联社播发了美国杯快艇大赛的结果。借助新闻报道以及上述这些宣传推销手段，马可尼引起了很大的轰动。但是就像所有的新技术一样，这项技术也有其局限性，在这个例子里，信息的传送仅限于大约35英里（约56千米）的范围之内。

马可尼所进行的宣传推销没有白费，那些演示吸引了人们的注意，也引起了那些所谓未来竞争者的兴趣。这些人准备参加游戏，将这项技术商业化，以从中赚取财富。一个名叫李·德福雷斯特的人就是这样一名竞争者，此人在耶鲁大学读博士，在同学的支持下，成立了美国无线电报公司。与马可尼向美联社播发消息不同，这家公司计划向出版商新闻社播发1901年美国杯快艇比赛赛况（继马可尼的首次播发两年之后），从而来一次精彩亮相。两家公司使用的是相同的频率，因此无线电播报受到干扰。与此同时，当时的第三家无线电公司——美国无线电话电报公司，却因为找不到新闻社来转发该公司对大赛的播报而沮丧不已。在沮丧中，该公司在附近找到一个小岛，在大赛期间隐身于小岛之上，专门播发一些不知所云、淫秽下流的内容（针对的是马可尼和李·德福雷斯特），其唯一目的就是打击这两个竞争对手。这次大赛和这次播报的评论家说，本次无线电播报能让人听懂的内容少得可怜，即使听懂的部分也完全不宜刊登出来。

无论就无线电技术还是企业地位而论，马可尼无疑都是领军人物，因此李·德福雷斯特需要筹集更多的资金才能与之抗衡，他决定在短期内筹集到所需资本。尽管他起初成功地筹到了许多资金，但一年不到他的努力就没有进展了，这时一个叫亚伯拉罕·怀特的人盯上了他。怀特在华尔街可谓臭名昭著，1796年，他以"邮票价"购得一只报价为150万美元的债券的发行权，由此从一贫如洗摇身一变成为富豪。怀特从华盛顿购得了一只债券的发行权，在华尔街发行，这样一来，他接到了许多投资者的报价。之后他把一系列的债券报价寄到华盛顿特区，在保证金不足的情况下成功中标。怀特迅速接受出价，为自己的债券寻找经济支持，然后在华尔街高价卖出了他获得的价值150万美元的债券。对一个精于推销股票的人来说，这不过是在华尔街的一个精彩开始。怀特与李·德福雷斯特合作，出任美国无线电报公司的董事长，而李·德福雷斯特则屈居为副董事长。

怀特担任董事长所采取的策略是把推销股票当作灵丹妙药，从大众那里筹集尽可能多的资金。他们用了一些宣传噱头，如给汽车安装一个天线塔，然后将其停放在华尔街，在亚特兰大建起一座毫无用处的天线塔来吸引大众的注意力。不久之后，怀特就筹集到总计500万美元的资金，大约相当于现在的1.16亿美元。其后不久，他合并了国际无线通信公司，其前身就是美国无线电话电报公司，该公司成员和怀特是一丘之貉，他们曾蓄意破坏美国杯快艇大赛的无线电播报。据报道，国际无线通信公司经过一系列的收购已经被改造了，其收购对象主要是一些从事证券投机买卖的可疑公司。合并后的公司被认为价值1 500万美元（相当于2006年的3.5亿美元）。

当怀特大权独揽并将李·德福雷斯特一脚踢出去之后，公司的主要目标就变成把一文不值的废纸卖给大众。李·德福雷斯特在这个骗局中也算不上有多清白，有他的日记为证："我们相信那些笨蛋很快就要上钩了。"被怀特赶出之后，他因为向美国海军出售专利侵权设备而被迫逃亡国外。怀特又加大力度，接二连三地实施了一系列策略，旨在抬高公司股票的价格，如对新闻媒体发布伪造的财务报告、给投资者发送前途一片光明的招股说明书，以及许多哗众取宠的宣传噱头。在一次公众演讲中，怀特向大众做出空口承诺：

现在只要花几百美元购买德福雷斯特股票，你就会一辈子过上养尊处优的生活。公司现在发展势头惊人。公司只要一产生红利，股票立刻就会无限上涨。如果持股两年，股票的价格一定会涨到目前价格的1 000%甚至更高，那些买股票的人会获得超乎想象的收益回报。现在只要为你的孩子投入100美元购买这只股票，他们长大成人以后就会安享富贵。

通过向大众售卖股票而筹来的钱，被当作公司收益计入了财务报告，因此，增加收益的唯一办法就是卖出更多的股票。一旦股票销售停滞，整个骗局就会被揭穿。因此，为了防止股票销售停滞，怀特的大肆吹捧也变本加厉了：

供大家购买的股票已经不多了。仔细考虑一下吧，机会就在你们手中！你会在正当高潮的最佳时刻抓住这个机会吗？

乘着涨潮抵达又高又富饶的海岸陆地，摆脱让老年人无法安享晚年的经济窘境，到达梦想中的乐园，那里有无穷无尽的财富，你们的每个愿望都会得到满足；在那里，舒适安逸的生活让你可以纵情享乐，惊人的财富会让你和你深爱的人有更多的机会尽情享受。你会抓住这个机会呢，还是会犹疑不定，让机会就这样从身边溜走，在年老体衰的时候靠着别人的施舍而凄凉度日？好好想想吧！一切由你来决定！聪明地想想吧！快买吧！现在就买吧！

怀特不仅在其宣传中花言巧语、大肆吹嘘，而且还对公司的技术做出种种许诺，从而使这一骗局上升至另外一个层次。他向白宫拍了一份电报，向罗斯福总统许诺说无线电报18个月后就能通至马尼拉；他许诺建成一条从旧金山到纽约的通信线路；他许诺电报从太平洋沿岸可以瞬间到达中国。此后不久，怀特在一篇新闻稿中对公司进行了重组，宣称已经成立了美国无线电话电报公司，其目的是将无线电通信企业中所有受国际关注的重要公司，包括马可尼公司在内，合并为一个公司。马可尼公司当然气愤难当，事实上它早已向怀特提出了专利侵权的起诉。

到1910年，亚伯拉罕·怀特的骗局彻底结束了。美国联邦政府工作人员对他设在纽约的办公室进行了突然搜查，证据显示怀特对外发放了大量宣传推销资料，吹嘘其公司业绩正在增长，经济状况坚不可摧。根据大量内容天花乱坠的邮件和充满诱惑的宣传资料都出自无线电通信联合公司办公室这一线索，联邦政府工作人员在努力寻找欺诈邮件。他们找到的证据也许连他们自己都忍不住大吃一惊。他们发现，人们信以为真的价值1400万美元的公司资产根本是子虚乌有，该公司的实际资产价值大约只有40万美元。公司董事给一些股票打上印记，规定这些股票在1911年以前不能转让，这种给大众持股人设定禁售期的方式使董事们牢牢地控制了股票。在此期间，只要有新签订的合同（事实上是赔钱的合同），董事们就按照5美元的增幅不断调高股票价格。初始售价为1.5美元的股票，过一段时间就被调高到50美元。与此同时，董事们把自己手头的股票抛售给大众，而这些大众受害者却再也不可能以更高的价格卖掉这些股票。这一骗局让多达28 000名持股者上当受骗，这些持股人当初对无线电通信公司股票的追捧可是极为狂热。联邦政府工作人员查抄了亚伯拉罕·怀特1 500万美元的股票，这些搜查前价格为50美元的股票使怀特的私人股本在1910年增加到7.5亿美元，相当于现在的162亿美元。

伯尼·埃伯斯和亚伯拉罕·怀特的故事揭示了股票狂热背后丑陋的一面。从这两个事件中可以看到，无耻的骗子是如何利用投机者的天真和贪婪，卖给他们大把大把的谎言的。然而，即使股票狂热的市场环境在法律和道德上都无可指摘，投资者也会接连不断地买入一系列价格过高的新发行股票，我们只能把他们这么做的原因归为头脑简单、观念错误。

在绝大多数股票狂热现象中，都能看到一些新公司会通过首次公开募股的方式向大众出售股票。无论何时，无论市场状况如何，如果看到首次公开募股出现，便宜股猎手的本能都应该是心生戒备。不要轻易相信那些激动人心的花言巧语，那些伎俩只是为了把股票价格推到最高，从而让公司从大众筹集到更多的钱。很多公司在筹集资金智穷技竭的时候，就经常利用首次公开募股或二次发行股票的方式继续筹集更多的资金。所以，只要他们认为股票价格高，就会发行股票。如果股票价格高，那么你就不是在买便宜股。道理很简单，对吧？

1999年12月，股票市场上的科技股频道又上演了一出贪得无厌的精彩好戏。价值投资者对此显得过于亢奋。他们察看了市盈率，注意了现金流量，测算了资金的回报，倾向于稳定的资产负债表以及也许以前还从未在任何媒体中听说过的"现金消耗率"，反而不关注投资分析。价值投资者关注的是企业的经营策略以及经营者的经验资历。长江后浪推前浪，这些昨日的投资勇士也不由屈膝臣服了。

也许是对那一刻发生在股票市场的情况感到滑稽可笑，另一位"老手"——就像他经常所做的那样——开始对这些事件进行仔细研究，准备把此作为股市历史上令人熟悉的又一个故事，让大家对这个投资新时代有个清楚的认识。市场已经变成了一个可笑的杂耍场，该给它指明道路、带领它走出迷阵了。

1999年的一天，我和父母在家中正准备一起过圣诞节，这时，父亲走进房间告诉我，他刚刚收到邓普顿发来的一份传真。传真上有很长一串名单，列的是邓普顿推荐我们卖空的纳斯达克科技股。

卖空是很流行的做法，投资者赌的是某只股票价格会下跌，而不会上涨。卖空的目的是从股票价格下跌中获利，这与通过股票价格上涨而获利的买入正好相反。要想卖空，就告诉你的经纪人你想卖空哪家公司的股票，经纪人会以你的名义（你自己并没有股票）从其他持股者那里"借"股票，之后就立刻把借到的股票在市场上卖掉。当股票价格如你预期那样下跌之后，身为投资者的你要做的就是趁机购买股票。

如果股票价格下跌，你用更低的价格把它们重新买回来，就会从中获得利润，这个利润是你最初卖股票时的价格（比方说每股50美元）和你买回股票时的价格（比方说40美元）之间的差额。你的经纪人以40美元的价格把股票还给出借人，你就会有10美元的利润，这就是初始50美元的价格和之后40美元的价格之间的差价。这其中的要点是，趁股票价格上涨的时候先把股票卖掉，等到股票价格下跌的时候把股票还给出借人，从中为自己赚取利润。但是，如果股票价格不跌反涨，你肯定会赔钱，因为你不得不以比如说60美元的价格重新购买股票，这意味着当你向出借者还股票的时候，你还欠他10美元的差价。

卖空并不适合胆小的投资者，因为这种操作最多能获得100%的利润。当你以50美元价格卖出的股票跌到0美元，你就能获得100%的利润。如果是那样，你还给出借者的股票就一文不值，卖出股票时的50美元利润也就全归你了。

让我们先把卖空的基本原理放到一边，看看其中的实际内容。正如你所看到的，股票的价格没有上限，这意味着你赔钱的可能性也无限大。券商为此也采取了一些预防措施，比如，让你在损失加大的时候往账户里打入更多现金，但是我们并不能将这种方法视为保护伞——这更像是让一个酒吧来劝阻一个已经喝得大醉的人。如果你仔细想一想，就会觉得这是个不好的迹象，因为所有的酒吧都希望你喝酒。总而言之，在卖空交易中，风险和回报之间的关系可以在转瞬之间变得很危险。给雄心勃勃的卖空者的告诫是，要牢记约翰·梅纳德·凯恩斯说过的一句话，"与你有偿付债务能力的时间相比，市场保持非理性状态所持续的时间更长"。凯恩斯是一位著名的经济学家，同时也是一位靠自身能力获得成功的劲头十足的投资者。

在股市崩盘的前几年，许多其他便宜股猎手试图在纳斯达克交易所卖空科技股，但实际上，这更像是与公共汽车相撞。在前几章我们讨论过要避开"故事股"的重要性，故事股就是那些价格和公司经济价值差距巨大，以至价格被过分高估，随时会大跌的股票。

20世纪90年代末期在纳斯达克交易所交易的科技股应该被归到故事股的展览厅中。科技故事股主要靠投资者所青睐的某一产品来支撑，有些科技股甚至连支撑的产品都没有。在很多情况下，这些科技股代表的公司并非传统意义上的真正公司，仅仅只是"商业构想"而已。在市场泡沫的后期阶段，投机者购买的那些科技股的价格直接随着支撑企业的疯狂构想而疯狂涨跌。企业经营方案已经过时了。1999年，一位正在起步阶段的企业家所能听到的最好建议是，在企业的名字前面加上一个字母"e"。在投资于新兴企业的投机者眼中，企业要想确保一鸣惊人，这么做是绝对必要的。这是新经济，新经济正在改变世界。公平地说，一些优秀的、长期屹立不倒的企业就是在那个年代成立的，但是那个时期也有大量推动股票价格变化的种种假设，包括那些久经考验的老企业的股票价格，这些假设如果说不上异想天开，起码也是荒唐可笑的。想正确明白这一点，看看这个情况，到1999年12月，纳斯达克交易所的市盈率已经攀升至151.7倍（见图6-1）。便宜股猎手看到的不仅仅是故事股，还有很重要的一点，即这些故事股的价格纯粹建立在幻想的基础之上。

正如飞涨的市盈率所显示的那样，在1999年这一年当中，纳斯达克已经变成了一辆失控的火车，停不下来了。这给那些心里可能想着要卖空纳斯达克股票的便宜股猎手造成了一个重大麻烦，那就是你正一头冲向迎面而来的车辆。这辆车满载而来，速度飞快，会不顾一切地突然转变方向。这是一条由新经济推动的失去法律约束的州际高速公路。如果便宜股猎手在错误的时候或错误的地点卖空股票，那他只能倒霉地被车撞死。1999年年末，纳斯达克交易所的股票价格刷新了周纪录——如果不是日纪录——又创新高。股票价格涨得更高是因为大众就希望通过更多的买入使价格涨得更高。股价涨得更高，不

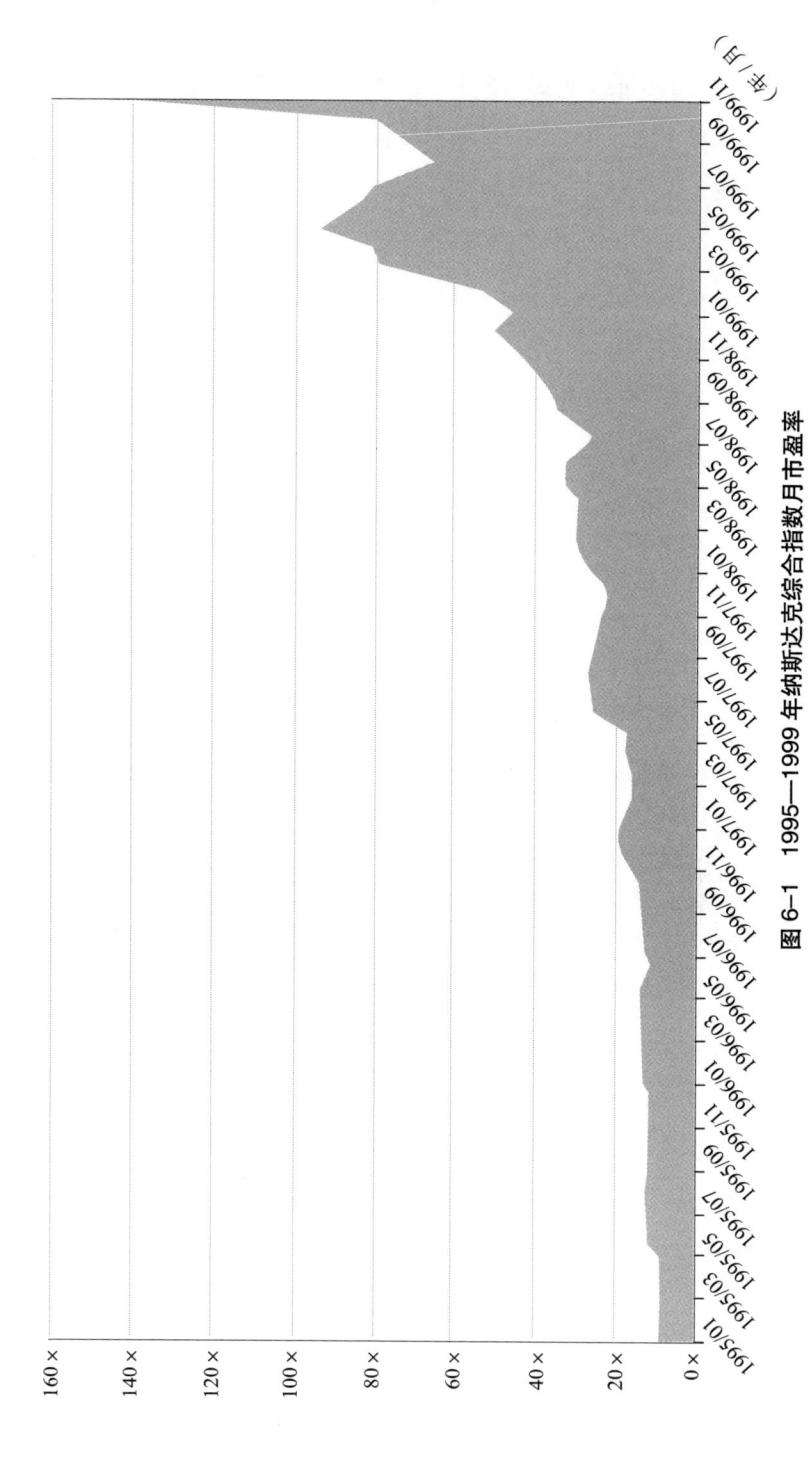

图 6-1　1995—1999 年纳斯达克综合指数月市盈率

第六章　面对泡沫：拿出卖空的勇气

过是因为它们在前一天也涨高了。投资新手在一次买卖交易之后就成了股票市场上的天才。当日交易者控制着股市大局，其主要特点就是顺势而为。这是唯一的一套程序，如果你不喜欢，那就再也没有什么可用的方法了。给股票估价的概念，或股票的价格应该由公司价值决定的观点被装有酷爱（Kool-Aid）饮料[①]的冰桶掩盖了，太多的人都在喝冰桶里的饮料。

我们前面曾经谈论过便宜股猎取过程中的种种陷阱，其中之一是很多人都经历过的，那就是先于大众找到便宜股，然后眼睁睁地看着大众继续卖出这只便宜股，把价格压得甚至更低。有时，投资稍微早了那么一点点，就只能心疼地眼睁睁看着这只股票继续被人们卖掉，价格直线下跌，这种情况并不少见。

让我们把这一关系倒过来看。有着正确投资观点和投资方法的便宜股猎手如果打算卖空股票，很可能会卖得为时过早，就是说还没等到股票买入势头减弱，或还没等到买家反应过来转而变为卖家就急忙把股票卖空了。因此，便宜股猎手用惯用方法进行卖空交易可能带来的结果即使不是致命的，至少也是令人失望的。绝大多数时候，在股价下跌的态势中，便宜股猎手会在痛苦的持股者对损失不堪忍受、只能眼看着该股票惨跌之前及时补仓。让人感到郁闷的是，就算你补了空头仓位，买入了股票，但是面对依然下跌的股价，你也没有什么可值得安慰的。损失毕竟是无法挽回的。

卖空过早，不得不遭受快速而来的重大损失，这是每个卖空者都会面临的一个基本风险。带着这种想法，让我们想象一下邓普顿在

[①] Kool-Aid 原本是一种饮品的名字，但因一起邪教组织发动信徒喝下掺毒的 Kool-Aid 饮料导致集体死亡的事件，所以这里借指因盲目信任就追随而误入歧途。——编者注

1999年年末面对的是怎样一种挑战，他那时正打算在一个股票市场上卖空股票，这个市场是有记录以来变化最快的股市之一。

如果有一个方法能找出引发人们卖出那些股票的原因，并将20世纪股市历史上最大的骗局揭穿就好了。的确有这么一个方法。通过从另外一个角度分析这一现象，邓普顿发现了隐藏在市场中的一个好方法，并找到了一个可以通过卖空获得利润而不是损失的极为可行的方法。如果说股市泡沫中存在一个心理因素，那就是贪婪，这是人类由来已久的一个弱点，这一弱点在股票市场上会时常暴露出来。

这足以说明为什么市场上有些买家要急于把赚到的收益变现，然后拿钱走人。这些人都是谁？是那些科技公司的老少高级主管。那些科技公司天天都在利用首次公开募股的方式进入股票市场，而公司这么做时，一般会分给经理大量公司新股作为报酬。这一点很重要，因为在公司通过股票市场被卖给大众之前，这些人通常是公司的所有者。

在1999年和2000年的首次公开募股市场上，在市场崩盘之前，年轻的高级主管正通过向大众出售自己公司的股票，大把大把地捞钱。这种方法可以让人在瞬间成为百万富翁（至少在名义上），因为股市对股票的需求欲壑难填。所以，经营那些科技公司的人们受到巨大激励，他们给投资银行家打电话，打算把公司（有时候这些公司仅仅是一个关于公司的构想而已）卖给大众，目的就是要让自己的公司出人头地，继续发展下去。

如果你对首次公开募股市场不熟悉，可能会觉得我们的说法有些苛刻刺耳。让我们暂时离开话题一会儿。在正常情况下，让公司上市是资本市场的一个重要职能，因为这不仅可以转移所有权以维护市场健康，而且通常也是满足人们对公司进行投资的迫切需要的必要条件。寻求资金支持可以有无数理由，但通常还会有一个催化剂，比如扩大经营。作为对大众投资的交换，企业所有者会将一定比例的所有权出让给一部分大众持股者，这些持股者都是在首次公开募股时期或之后购买股票的。当然，在首次公开募股之后，钱只在买家和卖家之间转手，并不流回公司，除非公司决定提供更多股票。

便宜股猎手还可以注意到有关一般首次公开募股很有用的两个情况。第一个情况是，当人们对股票表现出了绝对意义上的极大热情时，一般情况下，经理们就会向大众提供股票。没有人能预测出股市走高或走低的时间，这一点大部分人都同意，但同时人们也普遍接受的一点是，首次公开发行的股票突然增加表明了市场正在上涨，因为当经理和投资银行家让公司上市的时候，总是会尽可能为公司筹集最多的钱。他们的这番努力恰巧与更高的市场价格水平并行不悖，或者说和牛市的后期阶段相一致。第二个情况是，当首次公开募股开始时，人们对股票的热情通常会推动股票报价上涨，并超过股票内在价值，因为人们对股票的需求量大大超过了正常水平。当首次公开发行的股票开始在公开市场自由交易的时候，人们对股票的热情和需求就会逐渐减弱并正常化，因此在首次公开募股开始数月之后，看到股票价格下跌也就不足为奇了。

由于上述原因，邓普顿很少购买首次公开发行的股票，甚至管理自己的共同基金时也是如此，因为他发现，在那些股票首次发行数月甚至数年之后，他能用更便宜的价格把它们买到手。换句话说，他认为，如果你正在寻找便宜股，首次公开发行的股票可不是个理想的选择。大多数投资者的一条经验是，如果你能买到一部分首次公开发行的股票，也许你就不想要了，因为最热门的首次公开发行的股票都被那些最大的客户包揽了。

在1999年和2000年的首次公开募股市场上，新股发行市场为企业经理提供了一条途径，帮助他们以大众股本为代价，将自己飞速增长的股本迅速变现——很多情况下，在这一过程中会伴有欺诈行为。邓普顿意识到，在科技股市场泡沫的参与者当中，那些持股者卖出股票的动机是最大的。那些公司经理或"内部人士"对自己手中持有的股票（一只疲弱的股票）心中有数，因此迫不及待地要变现，拿钱走人。坦率地说，那些公司的内部人士只要一逮住机会就把自己从新经济中捞得的一文不值的股票卖给大众，并为此扬扬得意。

然而在正常情况下，当首次公开募股开始，有机会在其中买到首次公开发行股的个人开始购买之后，内部人士的活动在一段时间内会受到市场管理法规的限制。换句话说，那些内部人士必须老老实实地坐满一般6个月之后，才被允许出售持有股份，这段时间就是通常所说的首次公开募股禁售期。邓普顿研究了所有即将进入市场的首次公开发行的科技股后发现，这些股票的禁售期期满之日，也就是内部人士开始把自己的私人股份卖入市场之时。他对于内部人士会卖掉自己的股份深信不疑。他还认为，内部人士在卖出股份时一定会制造一个催化剂，用以向股票销售施加大范围的压力。这一点很有必要，因为在那一时刻，科技股买家和卖家做出决定的依据仅仅是股票价格的每日波动情况。换句话说，如果当日交易者看到股票价格上涨，就会买入一些，也想从中分一杯羹。

与此同时，科技股由于人们的买入每天都在上涨。然而，如果股价开始下跌，那么先前的买家就没有理由再持有股票了，除非价格在此之前曾经上涨过。一旦股价开始下跌，持股者几乎没有理由再紧握股票不放。总而言之，内部人士并不是驱使价格下跌的最主要力量，但是通过大量出售股票，他们点燃了会引起股票销售连锁反应的导火线，这个连锁反应又会导致科技股的暴跌。

邓普顿设计了一个策略，要在禁售期终止之前，用大约 11 天卖空科技股，然后就等待着伴随内部人士获准向大众倾销自己的股份而出现的抛售局面。他集中关注的是那些价值比其首次公开发行价增长了三倍的科技股。他判断，股票价值增长幅度如此之大会进一步促使内部人士迅速变现并卖出自己所持有的股份。总之，他找到了 84 只满足这一条件的股票，并决定为每一次卖空投入 220 万美元。

合起来，他总共用自己的 1.85 亿美元作为赌注，断定科技股会在泡沫的高峰时期直线下跌。2000 年 3 月的第二个星期，科技股真的直线跳水，暴跌不止（见图 6–2）。

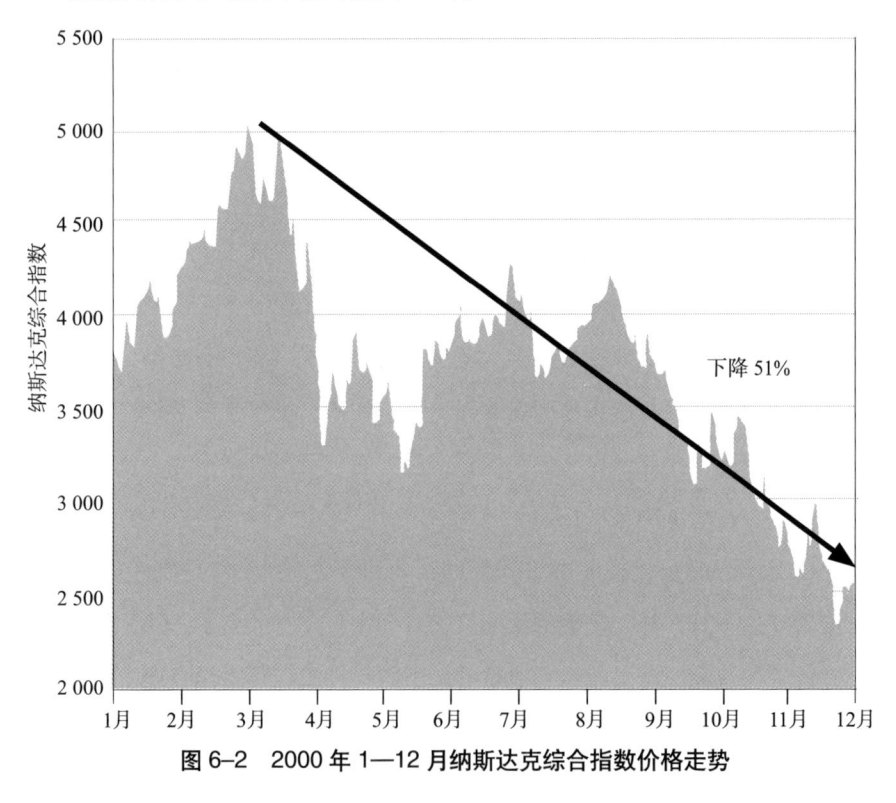

图 6–2　2000 年 1—12 月纳斯达克综合指数价格走势

前面我们曾提到过，在一次谈话中邓普顿被问及怎样才能识别极度悲观点，他的回答是，当最后一位持股者决定放弃并卖出股票的时候，当所有的卖家都消失，只剩下买家的时候就是极度悲观点。记住这个道理，把它倒过来用在2000年的科技泡沫中，当市场上再也没有买家，卖家就要大行其道的时候，极度悲观点就出现了。这个极度悲观点出现在2000年3月10日，那时纳斯达克综合指数刚刚创下5 132点的历史新高。当纳斯达克综合指数达到峰值，当天《华尔街日报》上的一篇文章打出了这样一个标题——《保守的投资者跃跃欲试，科技股并非昙花一现》。这篇文章说已经对保守投资死心塌地的投资者不料竟在最后一刻跳下了轮船，参加了科技股的俱乐部，最苛刻的便宜股猎手会把这种说法称为"极其理想的结局"。

他在去年夏天一下子脑筋开窍了。这名41岁的项目经理自20世纪80年代中期遭受打击以来，一直在谨小慎微地建立一个保守的股票投资组合，只投资于一些既可靠又保险的蓝筹股，如杜邦、强生和宝洁。高价科技股或任何交易价格是其收益30倍的股票，似乎都"令人难以接受"，他回忆说。然后他突然醒悟了。

他看到一家叫红帽子的新成立的软件公司在其首个交易日涨幅就达到3倍，许多其他公司也在以同样的速度增长，红帽子只是其中之一。因此他开始进行深刻反思。

"我一直到那时才意识到人们的思维方式已经发生了改变。"他忽然发现经济模式已经发生了转变，那些生产尿布、化工品和急救绷带的公司已经不再居于经济发展的中心位置了。

那好吧，去他的吧，就像他儿子的口头禅说的那样。这一盛会他虽然来晚了，但现在他就要进入舞池大展身手了。

"我认为思科、朗讯科技、甲骨文、世界通信以及沃达丰公司的股票是未来值得持有的核心股票。"这位曾经的保守投资者现在如是说，"这就好像铁路突然出现，使整个国家的面貌为之一变。我给自己孩子举的例子是，一年前，我们连一部手机都没有，现在我们有3部——是4部，如果算上我那刚刚去上大学的女儿的手机。1994年我获得工商管理学硕士的时候还没有电脑，现在我有4台。"

他并未莽撞行事，而是对那些新股票进行了仔细的研究。当秋天过去的时候，他开始采取行动了。利用互联网进行搜索，核对网络聊天室和网络留言板上的信息，这些可都是他在4月还嗤之以鼻的行为。他开始买入科技股，在他现在高达7位数的投资组合中，这些科技股占了绝大部分。

无数美国最普通的投资者在最近几个月发生了转变，他只是其中之一。很长一段时间以来，这些投资者对"新范式"的说法不屑一顾，视之为疯话连篇，强烈指责那些购买科技股的投资新手是哗众取宠的投机者，注定会受到应有的惩罚。现在，这些保守的投资者感到自己愚不可及，而且更糟的是，他们因为保守而变得更加穷困。他们已经开始买入科技股。这一结构性的变化推动了那些热门科技股的大本营——纳斯达克综合指数自8月以来飙升了100%——从11月的3 000点、12月的4 000点，到星期四首次收于5 000点以上。与此同时，宝洁、杜邦和伊士曼柯达这些公司股票的大本营——道琼斯工业平均指数显得疲弱无力，标普500指数表现得相对中规中矩。

数月之内，许多人已经改变了对蓝筹股的定义。几代人沿用的投资组合中的那些股票被剔除出局，如可口可乐、菲利普·莫里斯，还有美国电话电报公司等。新的蓝筹股公司是思科、英特尔，甚至包括一些此前默默无闻的公司，如光缆公司、海弗莱—捷迪讯光电公司等。

尽管还留有一些旧经济时代的股票，那位项目经理的投资组合自9月1日以来增幅还是超过了40%——虽然不如纯粹的科技股指数增幅那么高，但是与道琼斯工业平均指数自那之后下滑8.5%相比，这个结果要远远好得多。

其他人正打算更进一步。保守的人们，有些甚至已经80岁高龄了，此刻都正在走进理财顾问的办公室，要求他们的共同基金或投资组合能够沾一沾正在腾飞的新经济之光。发生这种转变的人越多，随这股潮流而来的利润雪球也就越滚越大。

这篇文章发表于纳斯达克指数创下历史新高的当天。文章暗示，最后一批买家终于进入了市场，剩下的那些顽固分子最后也纷纷认输，投身于这股狂热激流当中。当你用于寻找便宜股的方法已经过时，就像将来偶尔也会过时一样，当催促你跳入激流的强烈冲动像水蟒一样紧紧缠住你的时候，你就会感受到文章中描述的那种压力了。通过前面的许多例子我们知道，这种做法是完全错误的。当然，写于纳斯达克指数创下历史新高当天的这篇文章怎么可能少得了对巴菲特和罗伯逊的抨击言论。

他的那套经济理论已经彻底过时了，他的投资组合正在证明这一点。巴菲特先生的伯克希尔—哈撒韦公司透露，在其最大的上市控股公司的股票中，有5只从最高点下跌了至少15%。吉列公司下跌51%，《华盛顿邮报》下跌19%，可口可乐公司下跌47%，美国运通公司已经损失27%，弗雷德马克公司下跌

42%。就连伯克希尔—哈撒韦公司，这个被很多人视为股票市场的完美典范，也下跌了48%。

或者仔细想想对冲基金经理朱利安·罗伯逊吧，长期以来，他可一直被看作华尔街最精明的人。他拿着数百万美元的高薪替这个国家的某些最富有的投资者理财，但是到现在脑筋还没有开窍。他的老虎基金去年下跌了19%，1月又下跌了超过6%。他在旧经济中的全美航空公司上下了一个大赌注，目前看来这个赌注是下错了。

一年不到，纳斯达克指数就已经跌落悬崖，较3月的峰值下挫了51%。正如你所猜到的那样，股指的戏剧化崩溃并没有完全反映出综合指数中那些个股所面临的血腥杀戮。在邓普顿卖空的科技股中，很

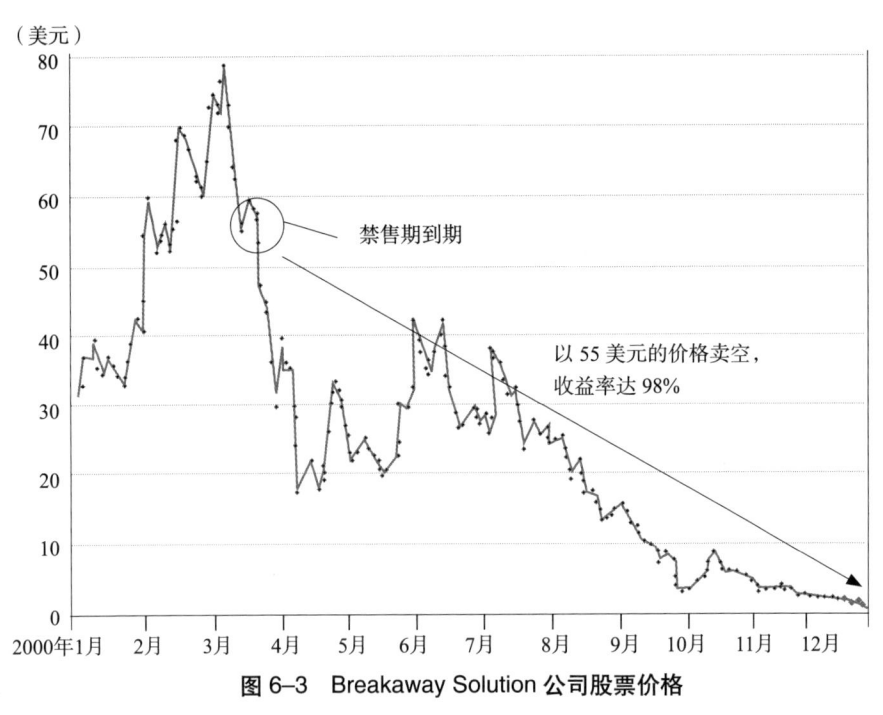

图 6-3 Breakaway Solution 公司股票价格

图 6-4　网捷网络公司股票价格

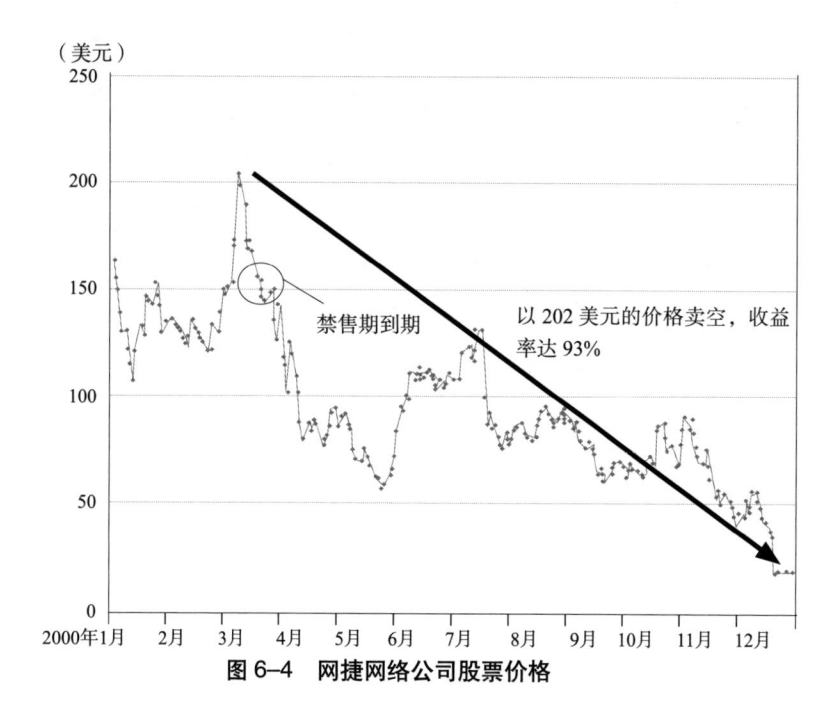

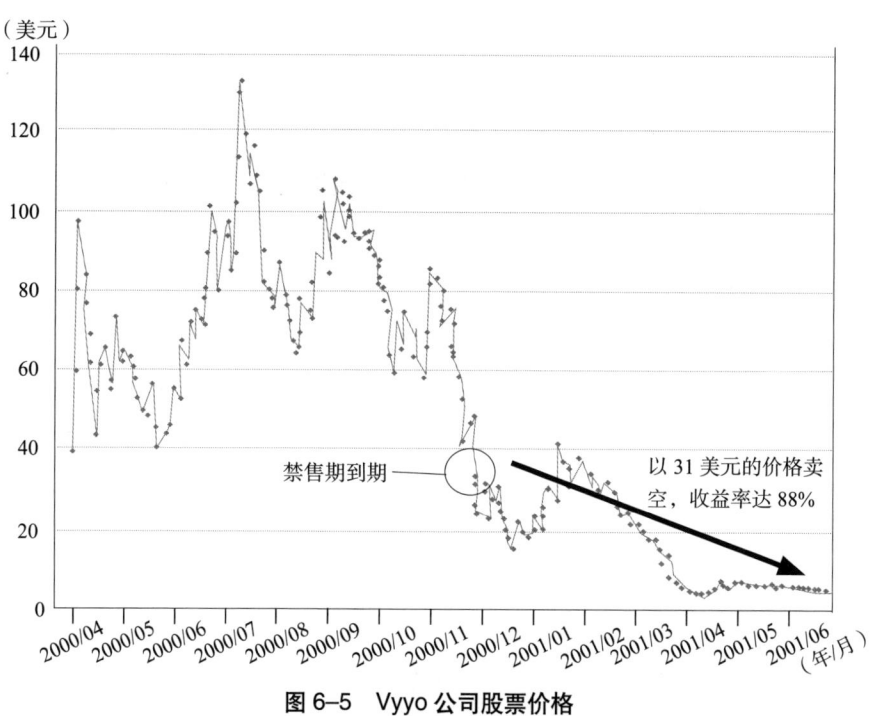

（注释：禁售期到期；以 202 美元的价格卖空，收益率达 93%）

图 6-5　Vyyo 公司股票价格

（注释：禁售期到期；以 31 美元的价格卖空，收益率达 88%）

第六章　面对泡沫：拿出卖空的勇气

多股票的价格较之他卖空时的点位暴跌了95%。提供几个关于这些点位的图示，图6-3至图6-5显示了禁售期的终止日期、建仓的成本，以及建仓之后所获利润。

你也许已经注意到，在有些情况下，邓普顿选择的股票卖空时机，如网捷网络公司股票，恰好与纳斯达克泡沫的最高点相一致；不过有一些并不是这样，如Vyyo①公司的股票就是在2000年11月被卖空的。这一点很有启发意义，因为这告诉我们，市场从狂热走向悲观需要一段时间，这段时间至少是数月，更多时候长达数年，就像从悲观走向狂热一样，如果不是数年，至少也要经历数月的时间。

在这个讨论中，我们极为详细地讲述了有关在纳斯达克泡沫最高点卖空股票时的各种情况，但是没有谈具体的操作方法。便宜股猎手要是打算在未来把价格奇高的证券卖空，那么邓普顿在他自己的卖空交易中运用的方法技巧也许会让他们受益匪浅。

第一条原则是：控制你的损失；第二条原则是：记住第一条原则。要想控制损失，在卖空股票之后，制定原则并严格遵守不失为明智之举。例如，邓普顿在卖空了纳斯达克指数之后，就制定了几条原则用以引导他做出决策。

最重要的原则是：预先设定一个水平线，根据这个水平线就可以决定在何时进行补仓以减少损失。在卖空纳斯达克指数的例子中，邓普顿十分警觉，一旦注意到卖空股由于禁售期结束而价格飙涨，就会迅速补仓。你也可以选择制定这么一条原则：建立头寸之后，股价上涨达到一定的百分比，就开始补仓。这条价格水平线具有主观性，取决于便宜股猎手所能承受的风险大小。卖空者如果不设定一条价格水

---

① Vyyo是宽频无线存取系统的全球供应商，其产品为电信服务业所采用，将无线高速的资料连接与语音传送给企业与住家用户。——译者注

平线用以帮助他们减少损失，那么就相当于在玩一个危险的心理游戏。就在你认为股票不可能涨得更高的时候，它就涨得更高了。记住凯恩斯的话："与你有偿付债务能力的时间相比，市场保持非理性状态所持续的时间更长。"

同样的道理，便宜股猎手应该根据预先设定的水平线选择平仓时机以获取利润。邓普顿卖空纳斯达克指数之后，他也制定了几条获利的指导原则。例如，在卖空之后，股票价格暴跌95%的时候，或以长达一年的每股收益为根据，当股票价格跌到市盈率30倍以下的时候，就选择平仓以获取利润。和让人蒙受损失的原则相比，这些帮助获得利润的原则几乎一样重要，因为它们会让便宜股猎手避免走向极端或变得贪婪。关键是要保持清醒客观的头脑对贪婪加以利用，而不是失去客观判断能力。

不难看出，贪婪是引发2000年纳斯达克指数彻底崩溃的关键因素之一。2000年仅第一季度，就有价值高达780亿美元的首次公开发行股被买入，而随之由于禁售期解禁而卖出的首次公开发行股的价值则高达1 100亿美元。在某种意义上，科技泡沫的破裂是其自身的贪婪以及内部人士企图向大众倾销股票的阴谋双重原因造成的。

回到我们对扑克牌玩家的讨论。现在很明显，科技泡沫就是有史以来扑克牌玩家所玩的最虚张声势的骗人把戏。聪明的玩家当时就看穿了这个把戏，但这是个高风险的游戏，从某种程度上说，他们也许认为与坐在桌旁拆穿把戏相比，继续游戏以便再来一局要更为聪明。对有经验的老手来说，这不过是个叫牌迟早的问题而已。先观察玩家的弱点，也就是他们的贪婪，然后在夜晚结束的时候满载而去。

邓普顿就这样将总共9000万美元收入囊中。学学吧，当日交易者们。

第七章

在危机中寻找时机

中文里的"危机"一词由两个字组成——一个代表危险,另一个代表机会。

——约翰·肯尼迪

金融市场上有句俗话，这句话邓普顿在其职业生涯中反复提到——"街头溅血是买入的最佳时机"。这并非是说真的出了人命，而是指危机造成恐慌，导致股市抛售的情况。从股市的观点来说，2001年9月11日发生在纽约的恐怖袭击事件和几个世纪以来金融市场发生的其他许多次危机没有什么区别，结果也相似：恐慌的人们纷纷抛售股票。2001年9月17日，股票市场恢复交易，重新弹奏出便宜股猎手那训练有素的耳朵等着倾听的熟悉曲调。

在邓普顿投资生涯的那个阶段，他很清楚地知道应该如何将市场的恐慌转化为未来的收益，也明白和战争有关的危机会带来绝好的投资机会。这一经验要追溯到他投资事业的早期阶段，包括在1939年欧洲爆发第二次世界大战时购买证券的经历。当投资者不再考虑股票的价值而拼命卖出股票的时候，便宜股猎手很容易理解这样的投资机会是多么难得。危机发生之后，卖家心惊胆战，被恐惧所左右，这恰是最佳的投资时机；如果危机造成的经济后果不为人们所了解或被高估，这个机会甚至会更好。

要探讨危机之后旋即购买股票的策略，一个办法是把当前危机和便宜股猎手每天在正常的市场状况中所运用的相同策略联系起来。首先，便宜股猎手要搜寻那些价格下跌而且下跌后的价格远远低于其内在价值的股票。一般而言，在股票价格发生剧烈波动的时期，找到这种股票的机会最大。其次，便宜股猎手要寻找由于很大的误解而使股票价格下跌的情况，比如某家企业在近期遇到困难，而这种困难只是暂时性的，会有云开雾散的一天。换句话说，便宜股猎手要找的是由于卖家近期观点发生暂时改变而导致价格被低估的股票。最后，便宜股猎手要时常对市场上前景最糟的股票，而不是前景最好的股票进行调查研究。

危机会使上述所有情况变本加厉。换句话说，当市场在恐慌或危机中抛售股票的时候，便宜股猎手期待的所有市场现象就会浓缩到一个短暂而密集的时期：也许是一天、几个星期、几个月或者更长的时间，但是一般而言，各种事件以及人们对此的各种反应不会持续很长时间。恐慌和危机会给卖家造成强大压力，却为发现便宜股创造了良机，如果你能在其他人都夺门而逃的时候岿然不动，好股票就会轻松落入你的手中。

总之，便宜股猎手要从股票价格的剧烈波动中寻找机会，而恐慌性的大抛售恰好能制造出最剧烈的波动，波幅之大往往处于历史较高水平。便宜股猎手要寻找人们的错误观念，而恐慌性的大抛售恰好是错误观念最盛行的时期，因为人们已经恐惧到了无以复加的地步。危机期间，人们的恐惧超出了常理，反应也超出了常理；投资者典型的反应是抛售股票，而且其抛售的影响力之大也超出了常理。因为卖家只关注近期情况而使暂时性的问题被夸大，便宜股猎手就是要寻找机会对这些问题加以利用。历史表明，危机一开始的时候，情况看上去仿佛特别糟，但是随着时间的流逝，所有的恐慌都会渐渐趋于缓和。

恐慌消失之后，股票价格就会回升。

便宜股猎手必须有正确的观点才能从这些事件中获益。趁市场疯狂抛售的时候买入可以让你的投资账户有上佳的表现。对投资者来说，经验老到也好，毫无经验也好，这一点都千真万确。如果你用长远的眼光来看你的投资，就会发现像1987年10月19日股市崩盘这样的个别事件，以及你对该事件的反应方式会在随后的若干年里被放大。如果你抱着适宜的眼光来看待这些事件，就会将它们视为天上掉下来的礼物。

举个简单的例子。假设有两位投资者——稳健先生和聪明夫人，两个人都有10万美元的积蓄，在1987年10月的第二个星期都打算将积蓄投资于股票经纪账户。这个星期一开始，两人分别去找经纪人，填完必要的手续文件，将钱存入账户，准备投资。两人都缺乏经验，对自己的钱财格外小心谨慎，因此分别决定买入那些久负盛名的企业股票，如通用电气公司。稳健先生在1987年10月16日星期五打电话给其经纪人，下单买入价值10万美元的通用电气公司股票，而聪明夫人却决定周末再仔细考虑一下要买哪只股票，下星期一早上再给经纪人打电话。下个星期一早上，也就是1987年10月19日，两位投资者震惊地发现股票市场出现了有史以来的单日最大跌幅。这一天被称为"黑色星期一"，令人永远难忘，道琼斯工业平均指数在短短一个交易时段就下跌了22.6%。稳健先生看到道琼斯指数暴跌，自己的通用电气股票立时亏损逾17%，当然是坐立不安，不过他认为只有傻瓜才会在恐慌的中期阶段卖出股票，所以他坚持持有。干得不错，稳健先生。

相比之下，聪明夫人对于股市的暴跌倒有些幸灾乐祸，决定此时下单买入通用电气公司股票，因为她相信随着股市的暴跌，这只股票的交易价格一定会跌至极低,这样她买入的价格就会更便宜。她抓起电话,打给自己的经纪人。无人接听。再次拨打,还是联系不上经纪人。因为觉得当天能否买到股票十分重要,她于是钻进自己的汽车,径直开往经纪人事务所,准备立时下单。在事务所,她信心百倍地走向经纪人的办公桌,却没有看到人。人哪去了?她转到办公桌后,发现他正躲在桌子下面。她揪住他的耳朵把他拉出来,让他打电话,帮自己买入那只股票。他面如死灰,有气无力地回应着,不过终于下好了订单。干得实在是太漂亮了,聪明夫人!

接下来的19年里,稳健先生和聪明夫人一直坚持持有通用电气公司的股票,看着它的价值与日俱增。两位投资者决定在2006年10月19日"黑色星期一"满19周年的那天一起卖出持有的股票。稳健先生查看了股票价格,算出这19年来的年复合收益率是11.8%,不含股息。同样,聪明夫人也很好奇,想知道过去的19年里自己的收益回报到底是多少。自从那次"黑色星期一"以来,她一直研究投资,已经成为一名相当成功的投资者了。她算了一下,由于自己买入的共同基金是由经验丰富的便宜股猎手经营,而且自己还试探性地买入了一些自己觉得价格严重错位的股票,因此她的账户年回报率达到了14%。了解到这一点之后,她又算出自己通用电气公司股票——19年前首次买入的股票——的年投资回报率是13.0%。这个结果一点儿也不差,事实上,首次市场买入交易能取得这么好的成绩,已经让人羡慕不已了。

稳健先生的回报率是11.8%,聪明夫人的回报率是13.0%,两个人都应该对自己在1987年的应对方式感到满意才对。然而,两个人投资回报率1.2个百分点的小小差距,却使得两个人同为10万美元的原始投资的收益呈现出天壤之别。稳健先生的10万美元投资到他卖出股票之时增长到了 832 519 美元。聪明夫人靠着"黑色星期一"的恐慌性大抛售，有幸以较低的价格买到股票，因此回报收益就要多很多。尽管其复合收益率只比稳健先生高出 1.2 个百分点，但是其 10 万美元的原始投资却增长到了 1 011 203 美元。

此处的重点在于，年收益率中的小小差距一旦随着时间开始利滚利之后，就会使收益天差地别。这就是复利的魔力，尽管大多数投资者认为这种小小的差距算不了什么，但世界上最优秀的投资者往往就是靠着 3~4 个百分点的微小差距从投资大众中脱颖而出的。要使自己的投资方法和投资结果都高人一等，一个重要的方法就是利用市场的恐慌。如果其他人都在卖出，而只有你在买入，那你就没有随大溜，你的投资回报自然也就有别于大众（回报更高）。关于市场恐慌，要知道的最重要的一点是，所有的便宜股猎手都应该有本事利用其中的事件积累资本。即使你不知道如何估计一只股票的价值，也没有理由不使自己的共同基金变得更强大。如果你认为自己有勇气在未来的恐慌当中继续追加投资，那么你已经成了一名出色的投资高手。在形势最为暗淡的时候，如果你有决心买入，就会在股市上占得上风。

股市爆发恐慌之后紧跟买入，这在历史上不乏先例可循。引发恐慌的原因来自多方面，可能是政治事件（例如威胁、暗杀）、经济事件（例如石油禁运、亚洲金融危机）或战争（例如朝鲜战争、海湾战争、"9·11"事件）。无论引发危机的事件性质如何，当市场在猝不及防之下受到事件的负面影响而铆足了劲儿狂抛股票的时候，便宜股猎手应该留意买入其他人想要卖出的股票。用邓普顿的话来说，"投卖方之所好"。

表 7–1　最近几十年的危机史

危　　机	发生日期	跌至最低点所用天数	最大跌幅	危机前 10 万美元的增长结果（美元）	危机后 10 万美元的增长结果（美元）
珍珠港事件	1941年7月12日	12	−8.2%	146 633	166 767
朝鲜战争	1950年6月25日	13	−12.0%	200 262	231 698
艾森豪威尔总统心脏病发作	1955年9月26日	12	−10.0%	120 036	134 239
蓝色星期一（1962 年恐慌）	1962年5月28日	21	−12.4%	149 929	162 778
古巴导弹危机	1962年10月14日	8	−4.8%	146 593	160 313
肯尼迪总统遇刺	1963年11月22日	1	−2.9%	131 733	135 918
1987 年股市崩盘	1987年10月19日	1	−22.6%	141 287	183 380
美国联合航空公司融资并购失败	1989年10月13日	1	−6.9%	140 451	151 421
海湾战争	1990年8月2日	50	−18.4%	162 122	200 219
亚洲金融危机	1997年10月27日	1	−7.2%	107 781	117 910
"9·11" 事件	2001年9月11日	5	−14.3%	118 596	140 039

表 7–1 列出了过去几十年中引发股市抛售狂潮的许多重大事件。除了列出各个事件及其发生的日期，该表还给出了市场跌至谷底所用的天数，这有助于你估算出每一次事件结束之后大抛售需要多长时间才能消退。由危机引发的抛售有时可能会持续 50 天，有时只有 1 天。在"危机前 10 万美元的增长结果"一列，我们提供的是在事件发生之前，将 10 万美元投资于道琼斯工业平均指数股并持股 5 年的增长结果；在"危机后 10 万美元的增长结果"一列，则是将 10 万美元在抛售的最低点投资，并持股 5 年的增长结果。

从这些数据资料中，我们可以看出两件事。从最左边的一列可以看到，许多不同的事件和情况会扰乱股票市场，引发集体性的大抛售。对头脑冷静的便宜股猎手来说，战争爆发和国家领导人受到威胁等政治事件往往会带来一些更为容易把握的机会。尽管股市的反应会让人面临心理上的挑战，但是作为最坚定不移的便宜股猎手，如果想要做到在那种环境下大胆买入，就应该有无视股市行为、只专注于自己投资回报增长的魄力。

这么做的好处是看得见、摸得着的，每一次大抛售出现的时候，如果长线投资者追加投资，应该都会从中获利。想要证据的话，不妨看一下表7-1中最右边的一列，该列显示出当危机从人们的记忆中渐渐远去以后，10万美元投资所产生的回报金额。到那时候，人们对股市抛售的情形也许只剩下了模糊的回忆，但当时大胆买入所带来的回报却真切地摆在眼前。我们还观察到两个现象：在某个时期，危机事件似乎源源不断地发生，不时引发股市大范围的抛售。为了简洁起见，发生在更早以前的许多有名的恐慌事件并没有被我们收录于此。因此，投资者可以相信，未来还会出现由危机和恐慌所导致的股市抛售情况。不过，你也要注意到，这些事件并非每天都发生——事实上，每10年能遇上那么一两次就不错了。

如此看来，作为长线投资者的你必须意识到这种事件都是十分宝贵的机会。换句话说，如果将来发生这种事件，你必须慧眼独具，迎面而上，因为你不能奢望这种事件每隔几年就会出现一次。事实上，经验最丰富的便宜股猎手对此可是垂涎不已，一直都在期待着这种事件的发生，因为这可以带来绝好的投资良机。每当你看到股市上人们争相卖出的时候，就应该产生买入的紧迫感才对。

尽管常识告诉我们，当市场出于恐慌开始抛售的时候，要放手买入，可是真正做起来却很难。问题依然在于，当股市所施加的强大心理压力扑面而来的时候，你很难抵抗得住。

先来看看第一个可能要考虑的因素，那就是，除非你很幸运地完全用现金交易，或除非有魔法水晶球在手，否则你很可能也会在投资中赔钱。这时，你很可能会一门心思只想着怎样使自己免受损失，如何解决那个最初的问题。显然，如果你把这么宝贵的时间用于担心眼前的投资损失，就不会花时间去考虑自己在此时真正应该做的事情：买入而不是卖出。如果你正在卖出，或一心想着卖出，你就是在随大溜。别忘了此处的基本前提：街头溅血是买入的最佳时机，甚至包括你自己的血在内。不要浪费时间，眼睁睁看着自己的利润缩水或损失扩大。不要和市场大众一样采取被动防守策略，要采取主动进攻策略，积极寻找那些渐渐显露端倪的便宜股。你的投资目标是增加长期回报，而不是仓促冒失地卖出股票。要牢牢地盯住这一目标。

也许你的投资赔钱了，但你还得忍受或应付媒体对危机事件铺天盖地的负面报道。事实上，媒体的报道一贯是：负面消息备受关注，正面消息备受冷落。就好像你总是会幻想着出现大抛售一样，记者肯定也在幻想着出现引发抛售的灾难性事件。可以肯定，一旦坏消息被公开，无数杞人忧天的"小鸡"[①]就会钻出来叫嚷着天要塌下来了。这些"小鸡"不时出现在电视上、报纸上以及互联网上，引起人们的热切关注。但是聪明的便宜股猎手在处理这些信息的时候，会保持怀疑而开放的心态。天会塌下来吗？历史反复证明，天是不会塌的。

便宜股猎手更像是一群狐狸，能够察觉并利用市场的歇斯底里，从中谋取利益。但一只狐狸想要吃掉小鸡以及小鸡那些歇斯底里的朋友们，可是相当不容易，因为报道事件的记者都精于聚焦并放大眼前的问题。在报道与危机有关的股市抛售时，为了激起人们的恐惧心理，

---

① 《四眼天鸡》(*Chicken Little*)是2005年的迪士尼动画电影，故事主角是一只总是杞人忧天的小鸡，它十分担心天会塌下来，因为过度的神经质，它对周围事物的一点点风吹草动就反应过度强烈。——译者注

他们经常拿当前发生的情况和过去闻之色变的灾难事件相比较，并指出其相似之处。有时，通过这种比较，当前的危机会让人们的脑海中浮现出发生在过去股市上的可怕景象，如1929年股市大崩盘、1987年股市崩盘或与经济大萧条有关的任何情况。在有些情况下，这些影射很有煽动性，虽然我们应该了解历史，把现在的事件放到那个背景下处理，但这些记者所做的比较旨在将我们的思路引向可能的最坏结果。例如，在1962年被称为"蓝色星期一"的市场大抛售期间，《纽约时报》的记者以受利润驱动的抛售为参照，指出其与1929年股市大崩盘期间发生的事件具有相似之处。他们采访了一位当时身在交易所的观察家，此人"1929年股市大崩盘前夕就待在交易所，想看看情况在这一天究竟会发展到什么地步"。

也许你还没听说过"蓝色星期一"，这很好；如果你没有听说过"蓝色星期一"是因为它与1929年股市大崩盘毫无相似之处，那就更好了。人们认为，"蓝色星期一"的大抛售是由投资者和商人越来越强烈的担忧情绪所引起的，他们担心肯尼迪政府工作议程对金融业持反对态度。尽管在接下来的几周，市场跌幅达12.4%，但这与发生于大萧条之前的股市大崩盘并不相同，而且这次也没有出现经济萧条的情况。与此相似的是，1989年10月13日美国联合航空母公司由于经费支持不足致使其原定收购计划中途夭折，消息传开，股票市场顿时下挫6.9%。消息宣布之后，股票市场紧接着出现了恐慌性大抛售，人们害怕的是，这一计划的破产意味着市场上更多早先宣布的交易也将得不到资金支持。一天之后，也就是10月14日，《纽约时报》的一篇文章被冠以这样的标题——《又是一个1987年吗？》，暗指1987年的股市崩盘。坦率地说，不，这不是。

事实上，记者所指出的1989年股票大抛售和1987年股市崩盘之间的相似之处不过是巧合而已。最后，也许你已经猜到了，1987年10月当股市崩溃的时候，媒体立刻大做文章，认为这完全又是一个1929年。1929年的事件就像一扇敞开的大门，媒体任意取用，并借此推断出威胁巨大的经济大萧条又一次出现了。媒体用的都是这样的标题：《股指暴跌508点》《跌幅高达22.6%》《成交量高达6.04亿，几乎两倍于纪录》《1987年等于1929年吗？》。对记者来说幸运的是，来自华尔街的被采访者很快否定了这次崩盘会导致另一次经济萧条的观点。

媒体在股市上散布恐慌情绪，并让投资者以更低的价格将自己的股票脱手，这对便宜股猎手来说是一个福音。报纸畅销全靠坏消息，这个简单的事实对便宜股猎手来说也是个好消息。大众将眼睛盯在坏消息上，媒体又乐于向大众提供坏消息，这使得股票市场会周期性地受到人们过度的负面关注。受这种负面关注的影响，股票总是面临着价格下跌的威胁。从这个角度来理解这种情况的时候，我们不妨把媒体看作便宜股猎手的拥护者，他们正在让持股者趁早撤离市场。在某种意义上，他们起着代理人的作用，代表着那些寻找便宜股的投资者的利益：卖掉你的股票吧，快跑吧，天就要塌下来了！

尽管我们能轻易地指出趁全世界都在卖出时买入的各种好处，以及那种环境会产生什么结果，但真正做起来并不容易。在市场上，这是为数不多、需要极大勇气才能做到的事情之一。起初，这样做看上去也许有些滑稽可笑，但是当大多数人毅然决然地采取与你相反的行动之时，没有极大的勇气就无法面对这一切。当投资面临着赔钱的危险时，人更容易缩回到人群里去。人们常常更容易顺势而为。然而，在股票市场，顺势而为会加快你变成一名平庸投资者的步伐。

在描述伟大领袖的时候，无论是从其个人的角度，还是从史书当中，那些领袖在巨大压力之下是如何作为的事迹往往最能说明问题。

领袖之所以是领袖，靠的是他在危急关头的表现，而不是在天下太平时的表现。乔治·华盛顿出其不意地发动了反攻，成功地扭转了美国独立战争在失去纽约城之后不利的战局；迈克尔·乔丹在比赛千钧一发之际设法抢到篮球得分。

同样，最成功的投资者之所以最成功主要看他在熊市中的表现，而不是在牛市中的表现。整个股票市场处于上升态势的时候，赚钱相对要容易。从股票市场直线下跌的艰难逆境中积极主动地寻找机会，这不仅仅是需要分析公司这么简单，这还需要有独特的思维方式去寻找会在今后熠熠发光的机会，需要信心和勇气。在这种压力之下能做到这点的唯一方法是，从内心深处对自己的能力充满信心，坚信自己的行动是正确的。

无论投资者是多么想在这种艰难逆境中脱颖而出，都要面临心理上的挑战：在股市大抛售期间，是否能保持头脑清醒。邓普顿过去对付这一点的办法是，在大抛售就要出现之前做出买入决定。在管理邓普顿成长基金的漫长岁月里，他总是拿着一份证券"愿望清单"，单子上的证券代表着那些他认为运作良好，但市场价格过高的公司。进一步说，如果由于某种原因出现的市场大抛售导致他愿望清单上的股票价格下跌至他认为便宜的水平，他就会给自己的经纪人下长期订单购买那些股票。

例如，邓普顿发现某公司前景良好或经理们个个优秀，但他认为100美元的股票价格过高或接近其内在价值，如果该股票价格跌到60美元，他就可能会下开仓①订单购买这些股票。这一行为看起来似乎有点儿极端，但他只有在认为价格极为便宜的时候才会购买股票。而且，对那些不敢购买跌幅达40%的股票的人来说，去做那些看上去

---

① 在期货交易中通常有两种操作方式，一种是看涨行情做多头（买方），另一种是看跌行情做空头（卖方）。无论是做多或做空，下单买卖都被称为"开仓"。——译者注

不合情理或不可能的事在股市历史上不乏先例可循。远的不说，就说1987年的股市崩盘，仅仅一天之内跌幅就达 22.6%。从统计数据来看，似乎这样的事不可能发生，然而它确实发生了，而且还经常发生。便宜股猎手要是错过了这些"可能性低"的事件，是承担不起后果的。

当人人都在卖出，唯独你一人买入的时候，你会面临巨大的压力。下开仓订单以预先设定好的价格购买股票可以帮你避开大量压力。

首先最重要的是，趁你头脑清楚，判断力还没有受到眼前事件影响的时候下决心买入。通常，在危机导致市场出现大抛售的情况下，你可能会怀疑原本正确的判断。市场上那么多的人都在卖出，股票价格迅速下跌，这一情况证明，当股票市场的抛售之风引发价格暴跌的时候，人们已经丧失了理性的判断力。其次，要坚持原则，只购买你认为便宜的股票。如果你按照自己的步调进行操作，认真分析股票的价值及其所代表的公司，就更有可能做出准确的评估。例如，如果市场上突然出现抛售的情况，仅仅因为你青睐的股票价格下跌了，你就立刻跳起来买入，那么这并不意味着你已经找到了好的便宜股。你往往会发现，当公司价值被高估，其股票价格跌得只比其高估价值低了那么一点的时候，你购买这些股票赚不了多少钱，除非这些股票价格跌得更低。

要想以远低于市场价格的价格下单买入，最起码要有能力对市场的波动加以利用。要利用市场波动，使之成为一股积极的力量。如果人们原本普遍一致的看法由于怀疑不安而不再一致，或发生了意料之外的恶性事件，那么股票市场就会出现波动，而这种波动对我们最为有利。就算你并不想利用这些充满巨大压力的波动时机，也没有这样做的打算，你也会觉得自己好像是套着一只轮胎在惊涛骇浪中起伏漂游。

在具体运用上述策略的时候，还有一点需要认真考虑，即你选择的公司的特点。考虑到足以吓得市场发生恐慌性抛售的情况广泛而众多，其中包括经济衰退、经济下滑，你应该十分谨慎地挑选那些有着低负债资产负债表的公司，其中还应该包括一类公司，这类公司就算形势恶化或在形势已经恶化的情况下，也不会受债务所累。换句话说，有些公司此刻似乎负债不多，但这并不意味着当经济环境恶化，其负债额也不会多。对公司的两种处境都要加以认真考虑，这一点很重要。如果你投资了一家公司，而该公司在销售收入开始下滑或利润率开始降低的时候却无力偿还债务，那么你的投资也许就有些轻率了。

有两个基本方法可以发现当经济环境恶化的时候，公司会如何运作。第一个方法是，测算出该公司资产负债表中的当前负债额，及其文件脚注里列出的所有待付款数额。要想做到这一点，你必须计算一些基本比率，比如公司的资产负债率，以及相对公司偿债能力其负债所占的比率。很多比率都可运用于这一分析过程中，下面我们介绍几个很有用的比率。

权益负债率 =（短期债务 + 长期债务）÷ 股东权益

这是分析师所熟知的一个比率，是用以判断某公司债务是否超过其价值的一个基本工具。本杰明·格雷厄姆把它作为一个基本原则，用以避开那些债务超过公司价值的公司。所以，按照他的观点，与"投不投资我说了算"的主观理由相比，负债与股东权益比率要更有说服力。

净权益负债率 =（短期债务 + 长期债务 - 现金）÷ 股东权益

这个比率假定用债务数额减去公司当前现金数额所得就是公司的真正欠款数额，除此之外，这个比率和前面那个比率几乎一模一样。

利息覆盖率＝息税折旧摊销前利润÷利息

这个比率经常被贷款人（出借者）用以快速估算某公司的利息偿付能力。通过计算 EBITDA，就能简要测算出公司在支付利息和税款之前，以及扣除折旧费用等非现金支出费用之前的利润（或减去与非现金折旧开支有关的款项之前的收益）。关键是要算出公司在具备利息偿付能力之时，其收益中的费用差额或起缓冲作用的资金额。例如，EBITDA 利息覆盖率为 6（被视为一个保守的基准点）意味着公司的收益可以支付其利息 6 次。

总负债与连续 12 个月的 EBITDA 比率
＝（短期债务＋长期债务）÷息税折旧摊销前利润（最近 12 个月）

用同样的方式来看 EBITDA 利息覆盖率，这个比率显示出公司相对收益的负债额。根据这个比率，比率为 3 或小于 3 可能代表着较为保守的基准点。

当你浏览这些比率的时候，要注意，我们提供的这些用作基准点的数字会随着企业经营的难易程度而发生变化。例如，某个公司销售额和利润率都很稳定，比如杂货店，而另一个属于周期性很强的公司，在企业环境恶化的时候很容易暂时性地赔钱，比如矿业公司。相比起来，第一个公司可能就比第二个公司具有更强的偿债能力。

选定公司后，计算出它的这些比率，并同时计算出同一行业中其他公司的比率，把结果进行比较，这样做很重要。通过这种比较，你应该能根据公司的债务情况，快速找出哪些公司在经营中存在的风险最大。同样，通过算出该行业的平均比率，你就能借此判断出你选的公司在该行业中哪些地方落后了。

最后，除了计算这些负债比率，考察一段时间内公司利润表的表现也很重要。考察的时候，你会想要测算出一段时间内公司收益结果的变化情况，因为收益结果要受到该行业不同的经营条件或整个经济环境的制约。如果公司在之前的每一年都赔钱，那么在购买该公司股票的时候就应该将这一情况考虑进去，以防经营状况恶化。当然，不管公司未来经营状况如何，在投资于任何股票之前，这样的考虑都是值得的。

至此，我们已经谈了许许多多的理由，对发生过的许多危机的类型做了说明，并讨论了在危急时刻投资的各种好处。现在让我们把注意力转到一次真正的危机，去看看一位真正的便宜股猎手是怎样抓住并利用这次机会的。

2001年9月12日（恐怖分子袭击世贸大厦和五角大楼的第二天），一位记者打电话给身在巴哈马的邓普顿，征求他对事件的看法。邓普顿对这位记者是这么说的：

> 我是在自己办公室准备第二天的工作时听到的这一消息。从人道主义的立场来说，我感到十分难过。
>
> 但是从经济角度来说，这次袭击的意义并不大。无数人可能会因此陷入迷乱，也肯定会涌现出大量新闻，但其影响是极其短暂的。
>
> 这次恐怖行动不可能再出现一次，所以，这不会对消费者

和世界经济造成长远影响。就任何真正的经济影响或心理影响来说，这次袭击事件造成的各种影响都将很快结束。

邓普顿对这次袭击事件的看法，和我们从表7-1列出的绝大多数历史危机事件中所观察到的情况不谋而合。我们所观察到的和邓普顿评论中所反映出来的情况是，在那些有关一次性政治或战争事件的例子中，大多数时候，股票市场面对打击都是首当其冲，过后不久就又恢复如初。大多数时候，这些事件对消费者或经济的影响微不足道，人们大可不必大惊小怪。尽管历史上有先例可循，但市场观察家仍然对这一事件感到恐惧并不惜大肆渲染。

虽然有邓普顿的看法和历史上许多有关事件的先例在眼前，但大多数观察家还是坚持认为这次的袭击事件对经济造成了极为严重的威胁，就连美联储主席艾伦·格林斯潘也持这一看法，这从他的著作《动荡的世界》中可以反映出来。人们害怕这次袭击事件会使经济受挫，从2001年9月11日到美国股票市场恢复交易这些天里，这种恐慌情绪不断高涨。新闻报纸抓住人们的这种担忧心态连篇累牍地加以报道，大造声势。下面，我们从袭击事件之后几天的各种媒体报道中重点摘录了一些片段并进行了解释。

摘自《纽约时报》：

《对经济的一次沉重打击》

摧毁世贸中心大厦并重创五角大楼的这次袭击事件使美国经济陷入了史无前例的停滞状态，美国极有可能出现前所未有的经济衰退。

摘自《华尔街日报》：
《恐怖事件引发人们对可能出现经济衰退的恐惧》
　　华盛顿消息——星期二的恐怖爆炸事件极有可能使本已脆弱不堪的全球经济陷入大范围的衰退，摧毁消费者的信心，破坏航空、金融市场等基础性商业职能领域。

《恐怖袭击使美国遭受致命打击，亚洲经济复苏希望渺茫》
　　就在恐怖分子对美国发动袭击的第二天早上，世界经济已经开始遭受到这次袭击带来的连带性打击。尽管无法与笼罩在曼哈顿和华盛顿上空的恐怖气氛相提并论，但恐怖事件之后的这一天无疑成了全世界商业领域的人们无法忘记的一天。

《恐怖袭击使美国遭受致命打击，欧洲经济复苏希望受挫》
　　世界金融体系在星期三这一天发生剧烈震动，各行各业及其决策者开始深刻意识到一个冷酷的现实：对美国大规模的恐怖袭击极有可能使全球经济陷入衰退。

摘自《经济学人》：
《当经济屏住呼吸拭目以待的时候》
　　对世贸中心的袭击被轻描淡写地说成是毁坏了美国资本主义最著名的象征之一。但是，对一个原本已经脆弱不堪的世界经济来说，这次袭击是否也增加了其崩溃的风险？美国股票市场这星期停止了交易，但是全球其他市场立刻做出反应，它们给出的答案似乎是试探性的"是的"。

所有这些文章标题和开头段落都出现在2001年9月11日袭击之后的短短数日之内。袭击发生之后的那些天，几乎所有出版发行的大众刊物上都充斥着这类文章。正如我们所见，媒体已经达成了广泛共识，它们期待着发生最糟糕的情况，即范围广泛的全球性经济衰退。

随冲击或危机而来的一个问题是，尽管某次危机的具体情况看起来可能有所不同，但总体上说来，它与从前的危机事件仍有相似之处，尤其是当我们把注意力放在其造成的后果上的时候。例如，如果有一个事件可以与"9·11"恐怖袭击事件相提并论，那就是1941年的珍珠港事件。尽管如此，许多观察家在采访中就2001年9月11日的恐怖袭击事件和珍珠港事件或古巴导弹危机的相似之处发表看法的时候，仍然认为"9·11"恐怖袭击事件有很大区别，而且对未来的意义可能也不相同。便宜股猎手必须对两种差别做到心中有数：未来危机的具体情况和从前危机的具体情况之间的表面差别和显著差别。2001年9月16日《纽约时报》上刊载了一篇文章，题目是《投资，危机的见证人，紧急警告》，记者采访了许多经验丰富、深受信赖、成功而知名的华尔街资深人士，征求他们对"9·11"恐怖袭击事件的看法。被采访者描述了他们在过去危机中的亲身经历，以下摘录的是一位先生的观点：

> 他一次又一次地看到，令人震惊的事件发生之后，股票市场就由跌势开始反弹。珍珠港遇袭事件之后的股市反弹比较平缓，但是道琼斯工业平均指数在遇袭一个月之后比遇袭的第二天，即1941年12月8日，稍微高了一些。从1942年

的低点——最低点出现在美国瓜达尔卡纳尔岛战役[①]大捷的时候——到1946年中期的最高点，市场增长了一倍。

上周恐怖袭击之后，华尔街资深人士在接受采访时，对历史上的这种模式是否也适用于这次袭击事件表示怀疑。他们也怀疑美国是否已经真的进入了一个新时代，这个新时代不像一些多头投资者在18个月以前发生的纳斯达克崩盘之前所宣称的那样，是个计算机驱动的经济时代，而是一个政敌们进行殊死争斗的永远动荡不安的时代。

这段摘录重点描述了在危机之后投资的惯有特点之一：也许每次危机看起来至少都和以前的危机有不同之处，但通常它们都有着共同的特点。例如，如果我们想象着回到珍珠港遭到日本袭击的那一天，就知道这种突然轰炸其实并没有先例。这次轰炸是第一次发生，当然会让观察家猝不及防，不知所措。同样的道理，苏联企图在古巴安装核弹头，类似事件在这之前发生过吗？问题的关键在于每次危机似乎都表现各异，具体情况也迥然不同，所以当人们站在历史背景下来理解当前事件的时候，难免会产生困惑。然而，当我们把这些事件概括简化成一些最具共性的要素之后，很可能就会得出一个结论：每次危机都是让人感到无比震惊的战争或侵略行动。从创世之初开始，或至少在有史书记载以来，这一类型的事件就一直在发生。事件当中人们的反应也一样，不外乎震惊、迷惑、恐慌而已。这是人类的本性使然。

[①] 瓜达尔卡纳尔岛战役（简称瓜岛战役）是太平洋战争中的一场重要战役。围绕着瓜岛的争夺，日美双方在6个月的时间里进行过大小海战30余次，最后日本惨败。而美国则通过瓜岛战役，为太平洋战场上即将开始的战略进攻创造了有利条件。——译者注

在恐怖袭击事件之后至 2001 年 9 月 17 日股票市场恢复交易之前，各种负面猜测预言满天飞，显然，大多数人——但并不是所有人——都预计最糟糕的情况将会出现。然而，事态很明显，一场恐慌性大抛售即将在美国股市恢复交易的时候爆发。因为邓普顿一贯都十分留意利用市场上出现的机会，所以当所有其他人都迫不及待地打算卖出的时候，他已经做好了买入的准备。然而，问题是：买入什么股票呢？当紧接着这个问题而来的另一个重要问题——"前景最糟糕的地方在哪里？"——出现的时候，答案就变得简单了。要想回答这个问题，我们先看一下 2001 年 9 月 15 日《纽约时报》上一篇文章的一段摘录：

《袭击事件之后：苦苦挣扎的经济》
航空公司，寻求解决之道，破产的警告

昨天，航空公司的执行主管和分析师表达了对航空业的深切担忧。他们警告说，由本周恐怖袭击事件造成的经济损失正在不断上升，足以迫使全国各大主要的航空运输公司破产。

"我们的耐心马上就要丧失殆尽了。"美国第五大航空运输公司——大陆航空公司董事会主席兼董事长戈登·M.贝休恩在一个电话采访中如是说，他指的是航空业。"到年底以前，我们全部都会破产。据我所知，没有任何一家航空公司还有多余的现金来解决这一棘手的问题。"

即使没有这段摘录的提示，很多人可能也已经猜到，在市场的所有股票当中，航空公司的股票一直最不可靠。即使是在经营条件相对有利的情况下，航空公司还是会陷入困境，为此，它一向是臭名远扬。很多便宜股猎手曾经涉足过航空公司的股票，结果事后只能懊悔不已。

即使天空艳阳高照，投资者也会对航空公司横加怀疑，这是可以理解的，因为航空公司面临着各种竞争性压力：不断上涨的燃油费、无休无止的工会纷争以及各式各样的监管问题等。尤其是在2001年9月，风暴阴云依然聚集未散，随着飞行业务的恢复，航空公司一天当中一次性损失估计都在1亿~2.75亿美元，因为在没有收入的情况下，高昂的固定成本在不断增加。在某种程度上，如果人们不相信政府会插手帮助它们摆脱困境，那么畏航空公司如虎的心理是完全可以理解的。如果你相信政府不会让航空公司倒下去，那么面对如此极端的悲观情绪，你也许会愿意买入它的股票。邓普顿就不相信政府会让航空公司在这次袭击事件之后倒下。抱着这种想法，他站在了和卖家阵线完全相反的方向——当股市恢复交易的时候，那些卖家排着长队，争相以最快的速度倾销航空公司的股票。

为了实施购买航空公司股票的计划，邓普顿查看了那些公司，将重点放在了那些市盈率最低的股票上。他找到了8只满足自己低市盈率标准的航空公司股票，然后给自己的经纪人发指令，告诉他在9月17日股市恢复交易的时候，只要8只股票中任何一只在这一天价格下跌50%，就立即买入。我们在前面讨论恐慌期间购买股票的种种好处的时候，曾经用图表说明过购买之后持股5年所获得的巨大收益。

我们在大多数情况下对长线投资给予了相当充分的建议，然而在这个例子里，邓普顿的目的是要利用最初的恐慌给那些航空公司股票造成的影响，而不是长期持有那些股票。邓普顿在投资中总是运用比较方法，根据比较分析他发现，要利用这次恐慌，最好的办法是借助航空公司。不过，运用相同的比较方法他也感到，从长期持股的角度来说，他自己的国库券和韩国股票当时也许会获得更好的表现。他从一开始购买国库券和韩国股票的时候，就打算做短期交易。他的计划是，无论交易中买到什么股票，持有时间都仅限6个月。

9月17日，当股票市场恢复交易的时候，正如那些等待世界末日的人所预料的那样，所有的主要指数飞速下跌，一天之内的跌幅范围在5%~9%。道琼斯工业平均指数下跌7.1%，标普500下跌4.9%，纳斯达克下跌6.8%。在航空公司股票中，这种暴跌的惨烈景象就更为触目惊心。

邓普顿下限价指令购买的8只股票中，有3只成交，也就是说，这3只股票在股市恢复交易那一天的某个时刻至少下跌了50%。邓普顿买入的这3只股票分别是AMR公司（美洲航空公司的母公司）、美国大陆航空公司以及全美航空公司。图7-1至图7-3显示出3只股票在2001年9月的价格，以及在2001年9月17日之后6个月内的价格，从中可以看到邓普顿计划的持股期给他带来的回报情况。

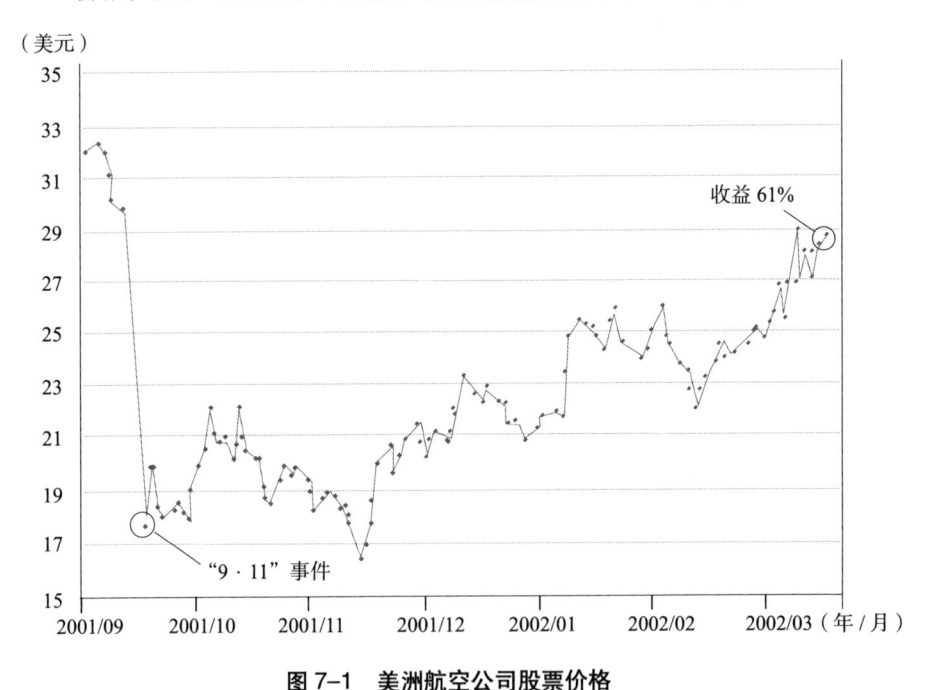

图7-1 美洲航空公司股票价格

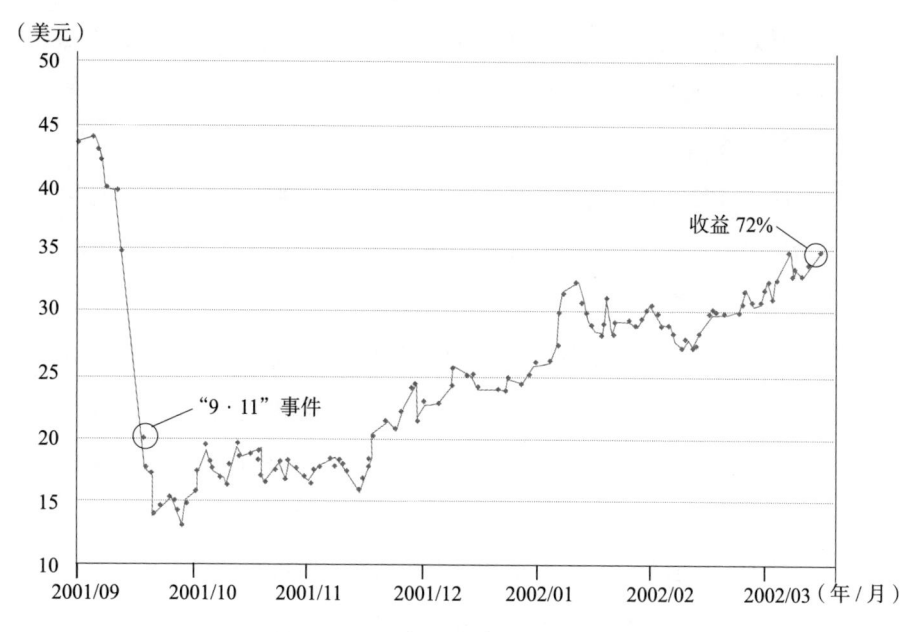

图 7-2 美国大陆航空公司股票价格

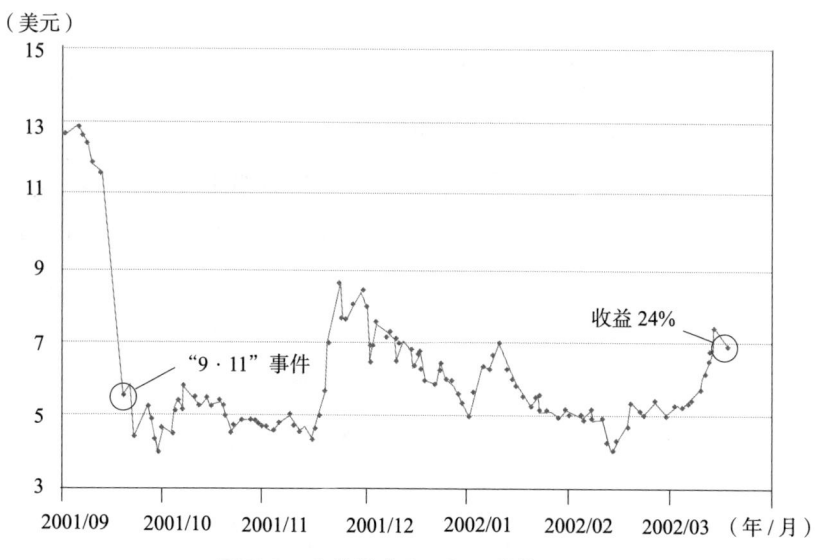

图 7-3 全美航空公司股票价格

从这些曲线图中可以看到，股票在之后 6 个月所产生的回报极为可观。美洲航空公司的回报率是 61%，美国大陆航空公司的回报率是 72%，全美航空公司的回报率是 24%——所有这些回报都是在这 6 个月之内实现的。从这些回报中可以比较清楚地看到，邓普顿对联邦政府紧急救市方案的预测变成了现实：2001 年 9 月 22 日，美国国会以 96∶1 投票表决通过了这一紧急救市方案。还没有哪次全球经济衰退是由袭击事件造成的。不过，隔了相当长一段时间后，美国经济研究局却指出，美国其实自 2001 年 3 月开始就出现了经济衰退，于 2001 年 11 月结束。这次衰退在 9 月 11 日之后结束得如此之快也表明它影响不大。

所有这些良性经济结果从历史上无数有关股市和经济如何应对危机的先例中就可以看出征兆。尽管有先例可循，投资者依然害怕出现最糟糕的局面，他们声称这次和过去的悲剧性事件有所不同，全世界对这一新情况万万不可掉以轻心。有些人在股票狂热达到顶点的时候依然口口声声说这次情况有所不同，与这些人相比，那些对危机事件理解错误的人也许更容易让人原谅。然而，事实总是不言自明：和大众背道而驰的做法会让你获得回报，在这些危机的例子里，无论具体情况是多么千差万别，结果通常都一样——当市场走出恐惧的时候，你的买入已经让你美美地大赚了一笔。最后，送给那些有意在危机期间投资的人一个最好的礼物：每一个例子看起来都有些与众不同，将其与历史上的危机进行十分精确的比较并不容易。这对投资者来说应该是警钟长鸣。如果很容易进行这种精确比较，可能就不会出现抛售现象了。无论如何，聪明的投资者应该不断从历史当中学习。

便宜股猎手要牢记这一永不过时的历史经验之谈：危机就是生机。

第八章

关注长期前景，发现历史规律

历史不会重演，但常常前后呼应。
——马克·吐温

1997年，亚洲金融危机的连锁反应使全世界的投资者都为之震惊。历史上曾有过数次危机波及了许多货币和世界股票市场。受到危机重大影响的亚洲国家的经济陷入了混乱。局势异常严峻，因为多国政府都巨额债务缠身而无力偿还，急需援助。在受危机影响的亚洲国家中，许多银行倒闭，当地货币贬值逾50%。这些事件刚刚发生之后，股票市场的投资者看到的是一个已经完全见底的空杯子，而邓普顿看到的则是一个等待注水的杯子。

由于年龄和经验有别，有些人可能会对亚洲金融危机记忆犹新，还有些人则只剩下模糊的印象。我们将提供一些背景信息就这次危机发生的环境进行一番描述，技术性的说明则留给那些至今仍对危机起因争执不下的学者和经济学家。关于亚洲金融危机爆发的原因，出现了两个派别——"基础薄弱派"和"金融恐慌派"。基础薄弱派的基本观点是，亚洲各国经济在宏观经济和金融基础方面存在缺陷；而金融恐慌派则指出，投资者情绪的突然变化（恐慌性的资本逃离）才是导致这一大范围危机的罪魁祸首。两种观点支持和反对的呼声都很高。我们不对上述两种观点做出评价，而是把焦点集中于这次危机给便宜股猎手提供的机会上。

人们一致认为亚洲金融危机开始于1997年7月泰国货币（泰铢）的贬值。泰国货币贬值是因为泰铢与美元挂钩，这意味着投资者可按规定的汇率兑换两种货币。为了协调货币兑换，泰国（以及其他所有与美元挂钩的国家）不得不控制其货币供应量的增长水平，以和美国保持均衡。从本质上说，这意味着借贷要保持合理速度和水平，这样国家的欠债才不会过分超过其美元储备。

如果两种货币价值相差太远，向政府借贷的贷款方可能会发现自己无力兑换对方货币。这一情况会导致本国货币的大量流失，因为当贷方和越来越多的投资者预测该货币会崩溃的时候，就会争相卖掉泰铢兑换美元。如果政府无力实现这种货币转移，其典型的应对方式就是将货币贬值或制定新的联系汇率①。例如，假设你有10个单位的当地货币，这可以兑换1美元，但是因为政府眼下没有足够的美元来调节市场，因此会回应说，现在20个单位的货币才能兑换1美元。

当地货币现在兑换的美元更少了，或者说需要更多的当地货币才能兑换1美元。无论是哪种说法，对那些希望政府奉行先前的政策、将当地货币兑换成美元的人来说，这都是笔极为糟糕的交易。如果市场感觉到政府极有可能无力履行货币兑换的义务，还没等到政府调整联系汇率，人们就会马上疯狂地将资金抽出，最后导致的结果就是对政府货币的恐慌性大抛售，不仅货币价格因此下跌，就连以该货币计价的资产价格也会跟着下跌，比如股票。

这种动态关系会给像泰国这样的国家的银行带来灾难性的影响。泰国通过低息借贷换取美元的方式保证其国内放贷资本。底线是，如

---

① 通过将货币汇率固定于与另一个国家相同的汇率而稳定货币。——译者注

果当地货币贬值，以美元形式放出的贷款就会迅速膨胀，如果膨胀过快，就会导致银行破产。因此，当泰国政府正式承认其经济已经失控，并取消对本国货币的联系汇率时，随之而来的货币大抛售不仅使泰铢极大地贬值，也使以泰铢计价的一切东西极大地贬值。那次事件之后不久，投资者将怀疑的眼光转到了许多其他的亚洲国家，这些国家的货币也与美元挂钩。美元此前一直是投资热点所在，也是高借贷的对象。泰国的表现使人们越来越谨慎，考察其余"亚洲奇迹"国家的时候更加细致，导致了其他亚洲国家货币的抛售狂潮。一开始你也许会感到奇怪，一个政府的财政状况怎么会差到如此地步，事实上这种情况并不少见。

然而在亚洲的例子里，问题的一部分在于，被誉为"亚洲奇迹"的多个国家多年来经济一直呈现出快速增长的势头，这对投资者有着极大的吸引力。在一个时期内，大量的投资致使过多资金进入这些国家，有些经济部门因此发展过度，但这种过度发展所带来的回报并不足以偿付债权人或投资者。从某些方面来说，这些国家是自己成功的牺牲品。投资者争先恐后以最快速度把自己的资金抽出来，最终引发了这些国家的货币抛售连锁反应。这个连锁反应从泰国跳到马来西亚、印度尼西亚、菲律宾、新加坡以及韩国。在随后几年，类似的基本动态关系最终又导致俄罗斯、巴西和阿根廷这几个国家的货币极大地贬值。

危机过后，在遭受打击而一蹶不振的所有国家中，韩国引起了便宜股猎手邓普顿的注意。说实话，他几十年来一直都在关注韩国的经济基本面。1983年出版了一本有关邓普顿的名为《邓普顿点金术》(*The Templeton Touch*)的书，书中有一个关于20世纪60年代他在日本进行的颇有先见之明的投资的采访和讨论。在讨论过程中，自然而然引出一个问题：从投资的角度来看，邓普顿认为哪一个国家会是"下一个日本"？他的答案是韩国。然而，与他最初反对自己的客户在日本投资的理由极为相似，韩国也实行资本管制政策，禁止投资者撤出资金，因此他没有把邓普顿成长基金的钱投到韩国。尽管如此，他还是相信韩国就像之前的日本，最后会放松对国外资金撤离的管制。

邓普顿认为韩国之所以对投资者来说会是下一个日本，是因为这两个国家在经济方面具有极为明显的相似之处。实际上，韩国正在实行的经济计划与推动日本从二战后的废墟之上实现经济崛起的经济计划毫无二致。朝鲜战争之后，韩国国内的基本状况和日本一样，经济陷入困境，百废待兴。尽管步入经济正轨所花的时间较日本稍长，但韩国经常被当作一个从贫弱之国一跃成为工业强国的最好经济实例。

让我们回顾一下韩国和日本都采取了哪些基本行动以提升其经济面貌。首先，两个国家的国内储蓄率都很高，可以为自己的经济投资提供充足资金。其次，两个国家都是出口国，而且也许更重要的是，都野心勃勃。换句话说，日本在二战之后开始经济重建的时候，曾被不屑地看作一个落后的廉价小商品制造商。韩国在踏上其经济之旅，准备实现工业强国理想的时候，名声比日本也好不到哪里。人们注意到，韩国在发展重工业之前，以出口纺织品而闻名，在其发展的初期阶段，出口额最大的都是一些基础"廉价货"，例如，1963 年韩国出口额排名第三的是假发。韩国一直在努力朝工业化道路迈进，从其国内生产总值增长水平来看，现已成为世界上增长速度最快的国家之一。在亚洲金融危机爆发之前长达 27 年的时间里，韩国经济的平均增长速度位居世界第一。

在同一时期，韩国政府在资源和资本配给方面向出口拉动型企业倾斜，因此其出口商品结构也从纺织品和假发转变成了电子产品和汽车。除了更高的总体增长率，韩国也具备了抵御增长过程中出现重大停滞的能力，其长期高增长态势一直未受到干扰，唯一一次例外是1980年的石油危机（见图8-1和图8-2）。

韩国向更先进的经济模式过渡的特点之一是，在20世纪80年代逐渐降低对国外借贷的依赖性，同时不断增加国内储蓄水平。与二战之后重新崛起的日本很相似，韩国也是靠着高储蓄而不是大举借债成为经济强国。尽管两个国家都是在外国援助项目（日本在二战之后，韩国在朝鲜战争之后）的支持之下开始其经济增长的，但是它们实行的那些经济制度很快就使自己获得了财政上的独立以满足本国的资本需求（见图8-3和图8-4）。

与之前的日本很相似，韩国的储蓄率比国际标准要高出许多。事实上，直到21世纪初期，韩国的储蓄率一直超过30%。

尽管韩国和日本有这么多乐观、明显的相似之处，邓普顿却从未在那段时间对韩国进行过投资，因为韩国当时实行的资本管制出了名的严格，而且对进入其金融市场也有诸多限制。例如，直到1992年，国外投资者才被允许将钱注入韩国。至少在1992年之前，韩国对所有类型的金钱交易（不论国籍）设置的限制可谓名目繁多。

韩国人不能自由从国外借钱，不能自由携带美元出境，任何公司或个人如果携带外币入境，必须立即将之兑换成韩元。这些严格的限制给韩国经济留下了一些后遗症，为后来韩国股市对外资开放设置了障碍。后遗症之一是，以往的外汇短缺使得企业对外汇的需求量很大，而受政府青睐的大型工业集团出口公司（集团公司在韩国通常被称为财团）则从中受益。那些大财团更容易获得外汇储备来开展业务。把如外汇储备之类的资源优先分配给大财团的这种做法使得大财团的实力变得异常强大。

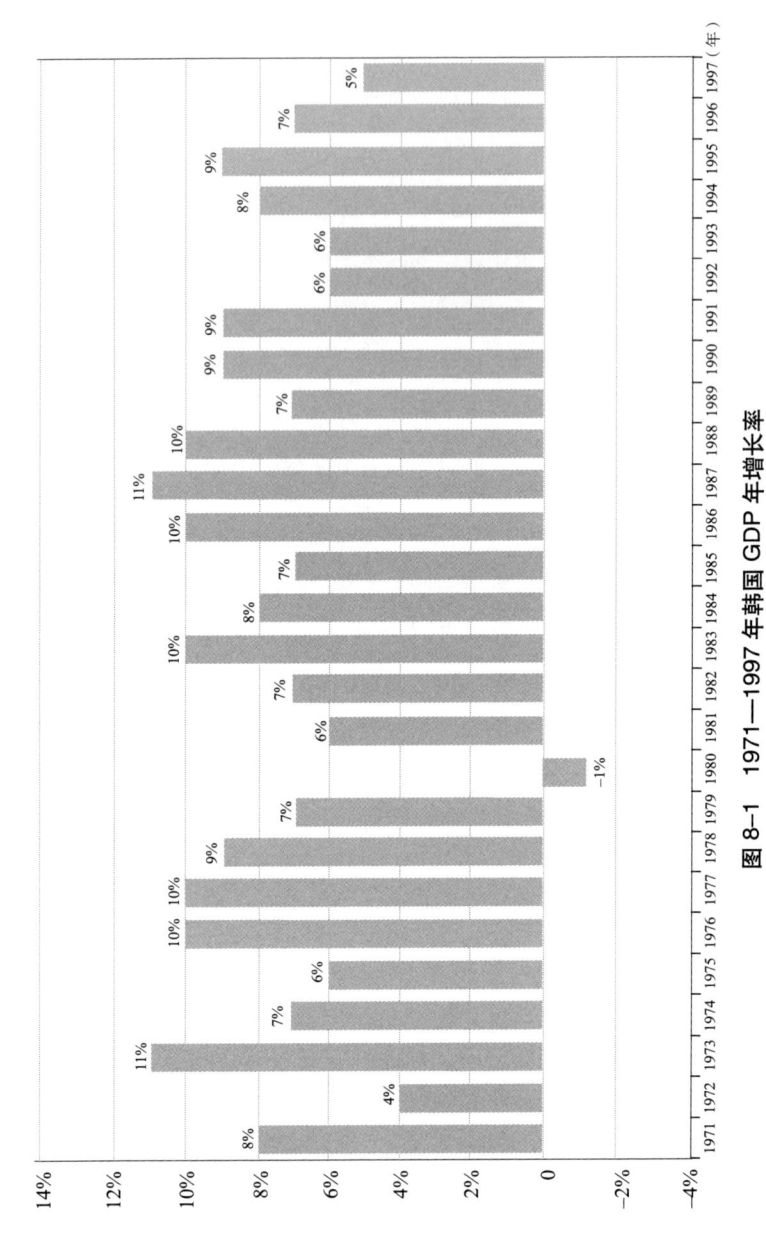

图 8-1　1971—1997 年韩国 GDP 年增长率

资料来源：经济合作与发展组织

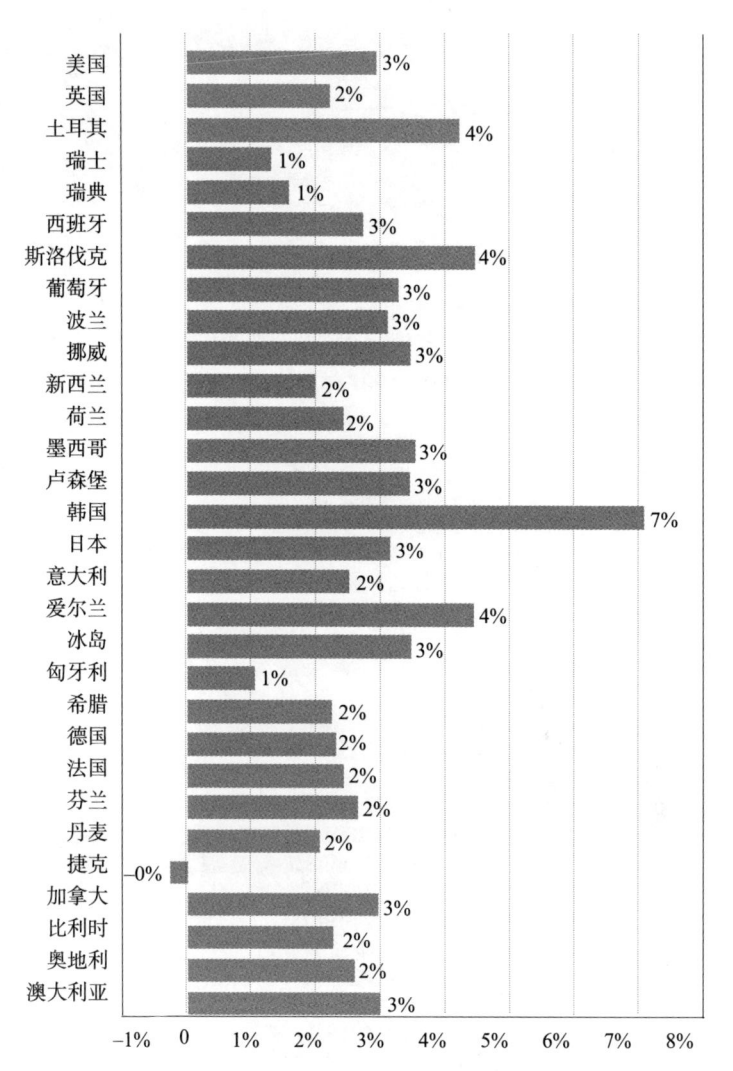

国家	GDP年均增长率
美国	3%
英国	2%
土耳其	4%
瑞士	1%
瑞典	1%
西班牙	3%
斯洛伐克	4%
葡萄牙	3%
波兰	3%
挪威	3%
新西兰	2%
荷兰	2%
墨西哥	3%
卢森堡	3%
韩国	7%
日本	3%
意大利	2%
爱尔兰	4%
冰岛	3%
匈牙利	1%
希腊	2%
德国	2%
法国	2%
芬兰	2%
丹麦	2%
捷克	−0%
加拿大	3%
比利时	2%
奥地利	2%
澳大利亚	3%

图 8-2　1970—1997 年韩国与其他国家 GDP 年均增长率比较

资料来源：经济合作与发展组织

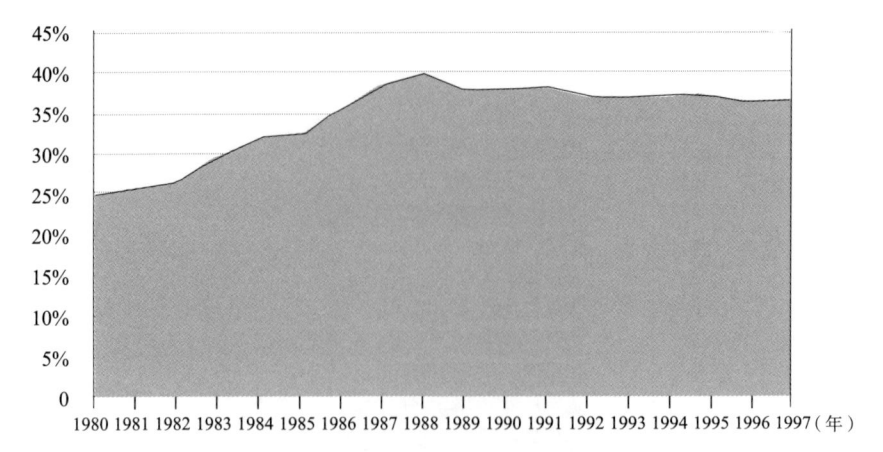

图 8-3　1980—1997 年韩国国民储蓄率

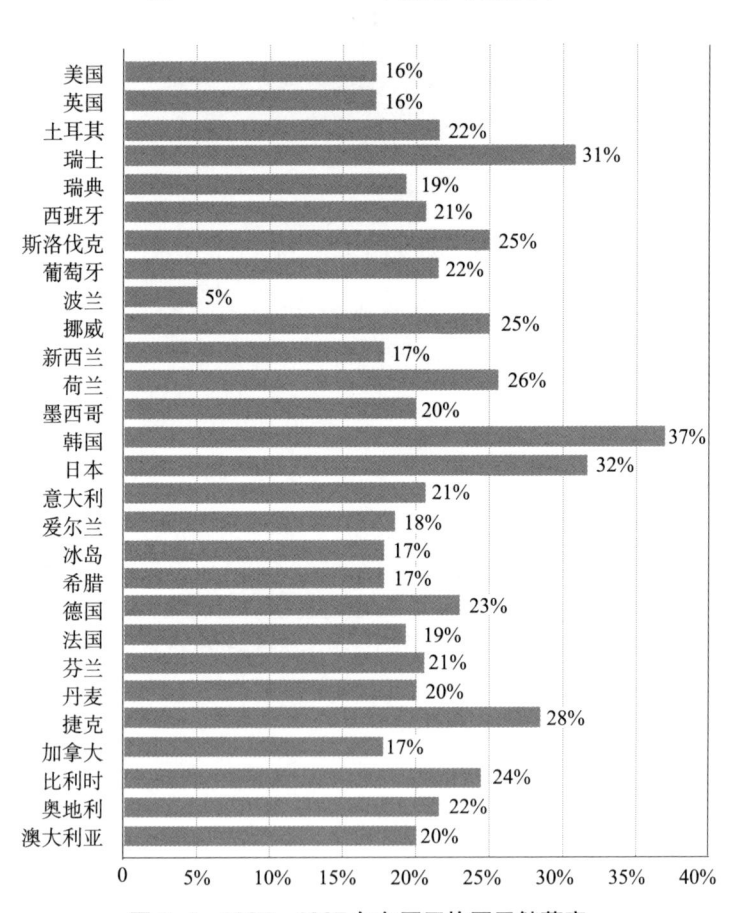

图 8-4　1987—1997 年各国平均国民储蓄率

这些大财团利用自己获得的资金不断发展壮大并随意举债。政府对它们的这种优待意味着它们可以自由投资和发展，完全不受债权人的制约，而债权人一般受利润驱使，最后往往会让负债过多的公司破产。在导致危机的负面看法中，很大一部分是由财团的巨额债务负担所引起的。几年以后，一些任用亲信和贪污腐败的丑闻被曝光，人们据此认为所有的大出口公司都腐败不堪。这种夸大的看法致使一些国外投资者不敢靠近韩国，并导致韩国股票价格普遍下跌。

尽管韩国通过效仿日本，在经济方面取得了出色的成绩，但是在1997年后期，即亚洲金融危机爆发之后，韩国发现自己奇怪地处于一个弱势地位。作为接受国外资金援助的条件，韩国同意将本国市场开放至前所未有的水平。从饱受战争摧残到现在的工业强国，韩国在这一过程中所展现出来的最快经济增长速度曾让世人惊叹不已，但是到了1997年后期却显得有些疲软。这个国家也陷入了危机，因为其青睐的大多数财团都借贷过度、债务缠身。

1997年夏，当著名的财团（如起亚汽车、真露、海泰）由于经营失败而寻求破产保护以偿付其利息的时候，投资者看待韩国及其财政状况的眼光变得越来越挑剔了，人们害怕这些破产以及随后可能出现的其他破产会通过银行体系反映出来。同样的道理，由于以外币计价的债务所占比例巨大，所以风险性也很高。从认知角度来看，因为披露的信息有限，而且银行又受到政府的控制，所以外界观察家无法衡量出问题的潜在严重性。由于不清楚问题的严重性，投资者假设的都是最糟糕的情形。

其实，在危机之前，韩国政府的全部借贷相对适中，不到其国内生产总值的20%。韩国面临的真正难题是：其贷款当中极大一部分会在短期内到期，因此不得不推迟或定期延长还贷时间，这意味着韩国必须在一个区域性金融危机当中重新偿还债务。由于泰国和马来西亚同时陷入财政困境，韩国财团拖欠贷款的问题更加恶化了。

韩国和这些国家共同的问题是，它们的主要债主似乎都是日本。当日本人意识到借贷方由于日益严重的债款拖欠问题，破产的可能性越来越大，自己承担的风险也越来越大的时候，就毫不犹豫地终止了与韩国的合作关系。所以，尽管韩国的实际情况并不像其他国家那么糟糕，日本还是几乎不再向韩国提供贷款了。货币投机者看到韩国的财政状况日益恶化，就不顾一切地卖空韩元。与此同时，韩国通过动用其宝贵的外汇储备对韩元进行收购，企图保证韩元在开放市场上价格不致下跌。然而，这已是徒劳之举，因为当一个国家开始这么做时，很明显，它已经陷入了困境。当韩国无力继续捍卫其货币在开放市场上的价格时，韩元在1997年年末崩溃了，与韩元有关的所有资产市场都因此遭池鱼之殃，包括股票市场在内。

直到1997年最后的几个月，韩国才被迫为其陷入困境的经济向"最后贷款人"①——国际货币基金组织（IMF）求助。国际货币基金组织是一个经济联盟，其成员国需要定期向"基金"缴费，条件是如果这些国家陷入金融危机，这些缴付的款项将被当作贷款提供给它们以化解危机。一般情况下，国际货币基金组织会向接受贷款的国家强加一些条件，如改变该国的经济政策等。因此，1997年11月底，当请求国际货币基金组织帮助其渡过危机的时候，韩国也一定会面临这个问题。

国际货币基金组织计划向韩国提供585亿美元的贷款以帮助其渡过危机，但这项贷款计划附带很多条件，主要的条件是要求韩国对外

---

① 最后贷款人（lender of last resort）是指在危急时刻中央银行应尽的融通责任，它应满足对高能货币的需求，以防止由恐慌引起的货币存量的收缩。——译者注

资开放其金融市场，并将效率低下的公司从市场上清除。尽管起初十分不情愿，韩国还是于1998年年初开始了改革。这两项改革使韩国人的思想受到了极大震动。这个国家本来为自己先前的经济成就自豪不已，认为这次危机不过是一次暂时的挫折，所以当持这种观点的人们被告知要关停那些效率低下的企业时，他们不免气愤难当。由于就业机会较少，韩国人习惯于埋头工作，而不问企业表现如何。

关停企业，解雇员工，这一消息让他们感到震惊。同样，因为韩国过去在政治上一直受到殖民统治，对外资拥有或介入本国企业保持高度的戒备心理，因此，进一步对外资开放其本国市场实在是令人难以接受。不久之后，韩国工人开始把国际货币基金组织戏称为"炒鱿鱼"组织。尽管会出现看上去异常剧烈的变革并在近期带来剧痛，但是正如人们预计的那样，那些举措对韩国以外的投资者来说却非常有利。然而，还存在一个很大的问题：韩国的经济正处于低迷状态，而且有一部分人渴望重走贸易保护主义和严格的资本管制的老路。在国际货币基金组织援助计划实施过程中，韩国大幅度提高了本国利率，以阻止其货币进一步贬值（增加拥有其货币的吸引力或抬高其货币买入或卖空的价格）。利率提高以后，韩国经济增长速度受到抑制，一场经济衰退已无可避免。由于韩国所采取的政策和经济衰退所引起的后果都难以预料，所以投资者对这个国家的前景持高度怀疑的态度——也许只有一个人例外。1998年1月，邓普顿准备在韩国猎取便宜股，《华尔街日报》注意到了他的举动：

《约翰·邓普顿将赌注押在了萎靡不振的韩国市场》
卡伦·达马托，1998年1月2日

萎靡不振的韩国市场已经引起了大名鼎鼎的便宜股猎手约翰·邓普顿爵士的极大兴趣。这位身居巴哈马的投资者说，在过去的几个月里，他已经把钱注入韩国股市中的多辆大车上，其中包括马修斯韩国基金，这是一只总部位于旧金山的共同基金，该基金在星期二单日跌幅高达64%，是1997年表现最差的总部位于美国的基金之一。

"我认为韩国市场正接近谷底。"85岁高龄的约翰爵士在星期三的一次电话采访中如是说，"在我一生的投资生涯中，我总是尽量在极度悲观点时刻买入……韩国国内的悲观情绪在最近几个月已经极为强烈了。"

约翰爵士，这位曾创立邓普顿成长基金，后来又将之出售给富兰克林资源公司的全球投资先锋，拒绝透露他在韩国的投资金额。他说与其全部投资组合相比，这个数额"很小"，但是他最近对马修斯韩国基金的投资金额至少达数百万美元。对这个小基金来说，这个数额绝对是一笔大买卖。该基金声称自己是专门针对韩国市场的唯一开放式美国共同基金。

尽管韩国严重经济衰退的迹象已经越来越明显，韩国政府也极有可能会取消其开放市场的新政策，转而采取保护主义措施，但是邓普顿眼中看到的却是一个已经彻底陷入低谷的股票市场，用他的表述方式就是，一个已经达到极度悲观的股市。从政治角度来说，他相信韩国会继续接受资本流动的观点，不会压制资金在本国的流入和流出。

因此，就在所有投资者拼命冲向出口、逃离韩国市场的时候，出现了两个对便宜股猎手极为有利的信号。首先，只要你相信韩国会公平行事，不会重新实行严格的资本管制，那么市场就会变得对国外投资者更加有利。其次，在两个月的时间内，股票价格较之收益跌幅巨大，市盈率已经降至市场最低水平。如果你相信在未来两年，这个国家会恢复其过去的经济良性增长水平和繁荣局面，那么这些股票就是极为理想的便宜股。综上所述，如果你能抛开近期混乱的局面，就会发现这个国家的长期前景仍然具有吸引力，而且现在的股票极其便宜。对那些有足够勇气步入韩国股市的便宜股猎手来说，这可是金玉良言。如图8-5所示，韩国股票市场代表性市盈率已经从20倍下跌到10倍以下的水平。因为韩国这段时间前景不容乐观，市盈率的崩溃意味着股票被以超低价格贱卖了。

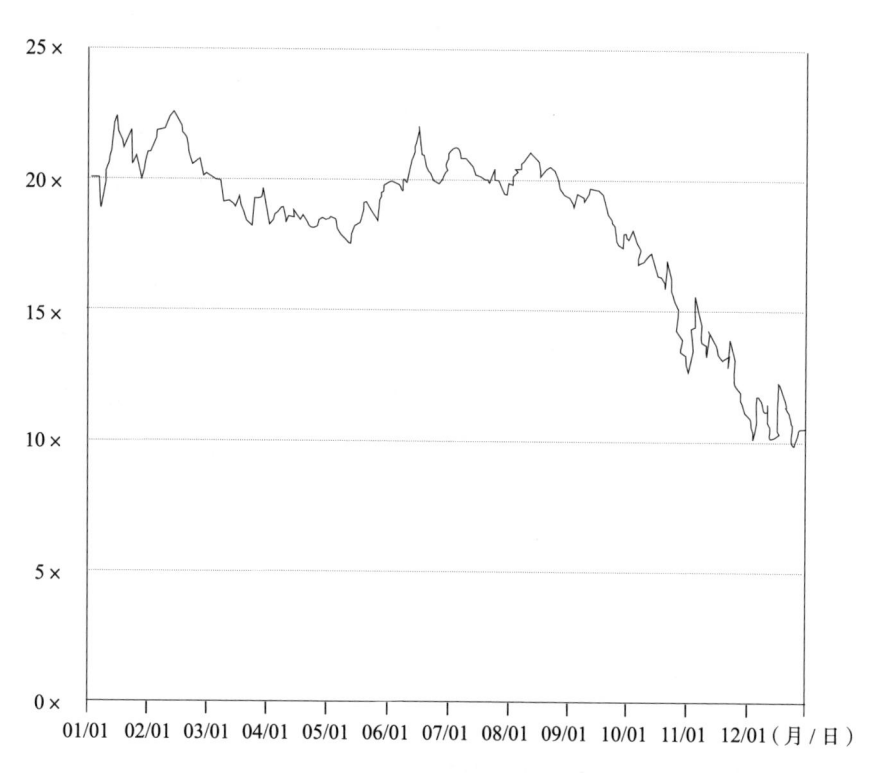

图8-5 1997年韩国股票市盈率

从《华尔街日报》的那篇报道中，你也许已经注意到，邓普顿选择了一只共同基金，把它作为自己在不景气的韩国股市投资的主要工具之一。这一策略对所有的便宜股猎手——无论他来自哪个行业，有什么样的背景——都极具启发意义。邓普顿在韩国挑选股票买入的时候，极其乐观自信，他还在韩国买入了一些个股。然而，对真正的便宜股猎手来说，没有必要在每种情况下都深入挖掘买入个股，当所有人都对某个市场避之唯恐不及，而你却在这个极度悲观点进行投资的时候，尤其如此。事实上，大多数时候，普通投资者和伟大投资者之间的区别不在于他是不是个选股高手，而在于他是否愿意买下其他人不要的股票。如果你能训练自己以这种方式进行思考，抵制住还没经过更深入的详细考察就贸然避开看上去糟糕的情形这种内心冲动，你就已经打了一场大胜仗——这场仗对大多数投资者来说，无论他多么聪明，都很少能打赢。

即使你已经将选股的任务交给别人，比如一只共同基金，也并不意味着你可以完全置身事外。对那些被雇用的便宜股猎手以及他们运用的方法进行调查对你来说十分重要。研究共同基金的一个方法是寻找一位基金经理，让他当你的代理人。这看上去似乎很简单，但如果你对投资有自己的观点，那么你的目标就是要找到与你有相似观点的基金经理。你是一名将军，这些基金经理则是你战场上的中尉。例如，亚洲金融危机刚刚发生之后，邓普顿向马修斯韩国基金投资的时候，就把自己的钱交给了一个思维方式和操作方式与自己极为相似的基金经理。这是共同基金投资的基础，或者说应该是共同基金投资的基础。然而，大多数共同基金投资者都热衷于考察近期回报，偏好投资于那些近期表现最好的基金。

如果投资者以这种方式分配资金，可能就会忽略这样一个事实：他们可能正在市场处于最高潮的时候投资或投资的是热门的故事股。

追逐表现良好的共同基金通常无异于追逐表现良好的个股。对便宜股猎手来说，仅仅因为价格升高就购买股票的做法是荒唐可笑的，仅仅因为共同基金的价值升高就对其进行投资同样很危险。同时，如果因为投资基金表现良好而将其拒之门外，这也不免过于冒失了，毕竟我们的核心思想是通过投资赚钱。要想做出明智的决定，唯一的方法是：仔细调查基金经理运用的投资方法和程序。在我们的例子里，我们要找的经理会猎取便宜股，在评估公司价值方面专注于长期前景，对市场中的下跌情况会积极加以利用。

1997年后期，邓普顿向马修斯韩国基金投资的时候，将自己所有的个人想法都放进了这个投资工具。首先，邓普顿对投资韩国的兴趣极其浓厚，因为几乎所有其他投资者都已经迫不及待地逃离了韩国市场，较之收益及收益的未来增长潜力而言，股票价格已经跌至极低水平。其次，马修斯韩国基金当时是设在美国的针对韩国市场的唯一一只共同基金。最后，通过会见该基金的经理保罗·马修斯，邓普顿发现此人多年以来一直在研究他的投资生涯，马修斯韩国基金的很多投资方法和模式都是仿效邓普顿而来的。从该基金的公开说明书可以看出，在选股和对亚洲股市的看法上，保罗·马修斯和他的同伴与邓普顿在很多方面所持观点相同。例如，许多投资者倾向于把注意力放在亚洲各国政府过去或当前行为中的缺点上，而马修斯和邓普顿却相信很多市场会继续开放。邓普顿首次在日本投资的时候就是本着这个基本思想，1998年初期，他对韩国也持同样的观点。马修斯韩国基金的经理们与邓普顿观点相同，这也许并不奇怪。

最重要的是要找到一位能够将你的投资方式贯彻下去的共同基金经理。换句话说，你已经形成了自己的投资观念，现在打算将选股的具体事宜外包给他人来做。如果你仅仅专注于基金的近期表现，那你就会和那些共同基金的投资大众犯同一个毛病：买入太迟而卖出太早。如果你觉得这种投资模式听上去类似于买入热门股太迟、卖出冷门股太早，那就说明你已经做好了为共同基金猎取便宜股的准备。事实上，如果基金经理是个精明能干的投资者，他会在共同基金表现糟糕而不是良好的时候猎取并买入便宜的共同基金。

在1998年初期，假如所有的投资者都只把注意力放在马修斯韩国基金的业绩上，那他们早就对它退避三舍了。1997年，当亚洲金融危机将韩国卷入其中的时候，管理投资于韩国的基金不可避免地会赔钱。事实上，马修斯韩国基金作为1997年在美国表现最差的基金之一就常被引以为例。尽管马修斯韩国基金表现奇差，但这不是基金经理的错，其他人急不可耐地抛售韩国股票才是基金表现下滑的真正原因（见图8-6）。

图8-6　1997年马修斯韩国基金每日资产净值

在这个例子里，我们观察的是一位优秀的基金经理在市场处于萎靡状态下的表现。明白这种关系并找到未来的基金经理很关键，因为这是一个能让你的投资策略获得实施的能动性因素。说得更简单一点，这能够让你在情形最糟糕的时候买入基金，就像你会在同样情况下买入个股一样。进行共同基金投资与购买股票一样，都需要有这种能动性思维方式，至少，这两种投资方式都需要仔细的研究、深入的调查以及不懈的努力。一旦你通过调查研究获得了信心，就应该立场坚定地买入，而不必在意其他人都在卖出的事实——无论是共同基金还是个股，都是如此。

要对某只共同基金进行调查，最重要的考虑因素是该基金的投资方式，其投资方式应该与你的投资方式保持一致。如果你的想法是以低于资产价值的价格买下资产，那你就需要确定操作着你的钱的经理人和你有着一样的想法。他们怎样计算股票的合理价值？他们计算股票的合理价值吗？他们如何判断股票是否有价值？如果你认为根据某公司下一季度的收益报告来做投资决策是徒劳无益或毫无意义的，那你就需要确定你的基金经理也持同样的观点。调查基金经理的持有期。如果你认为投资者应该以尽可能低的价格买入股票，并耐心等待未来长达数年的收益，那你就需要看看你的基金经理在其投资组合中股票的平均持有期。如果某位经理自称购买的都是市盈率低的股票，那就把该共同基金的持股单拿来，计算一下该基金的平均市盈率是多少。

要想知道一位经理的真正投资观念，有很多方法，首先可以问一些常识性的问题，做好自己的功课。有许多第三方服务机构专门从事共同基金及其经理的分析研究工作。利用这些资源，你可以轻轻松松地研究他们的分析结果并深入了解你自己给经理人准备的问题。提供这类分析研究的晨星公司就是一个不错的选择。

1997年后期，邓普顿向马修斯韩国基金投资的时候，他自我定位正确，时机选择得当。尽管韩国用了10~11个月才从1997年后期的危机当中走出来，不过股票市场终于恢复了生气。图8-7显示了一个奇迹：邓普顿对马修斯韩国基金的原始投资在短短两年就增长了267%。该基金1997年还是表现最差的基金之一，到了1999年就已经一跃成为市场上表现最出色的基金，这种前后天壤之别的表现实在让人刮目相看。

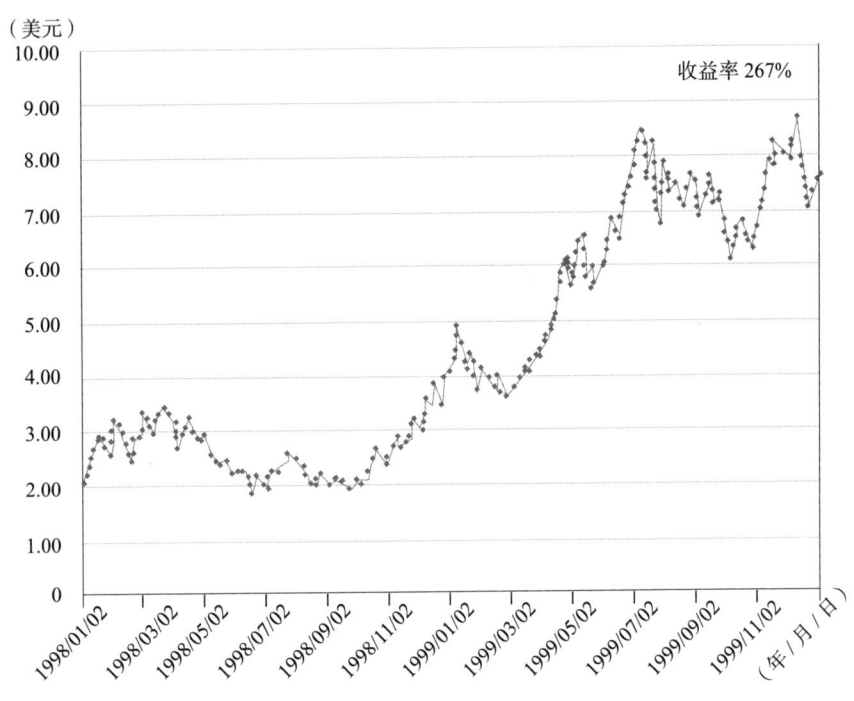

图8-7　1998—1999年马修斯韩国基金每日资产净值

1999年7月，《华尔街日报》公布各基金的年度最佳表现时，自然少不了要介绍马修斯韩国基金的这一出色表现。当你读下面这篇文章的时候，要记住这个时间段，还要记住价值经理人绝不可能摘得最高殊荣的桂冠——这是全球投资的基本思想。

《获奖者：一个亚洲国家、一种价值以及一只成长基金》
丹妮尔·塞萨，1999年7月6日

马修斯韩国基金通过专攻亚洲国家韩国，以278.5%的惊人回报将上一季的年度赢家——互联网基金从宝座上踢了下来。

年度赢家

要找一只热气腾腾、有着高达三位数回报率的基金吗？忘掉那些昙花一现的互联网基金，把目光投向韩国吧！保罗·马修斯管理的马修斯韩国基金通过向韩国投资，在一年的时间里获得了巨额的回报。

不过作为五只亚洲股票基金组成的马修斯国际阵线中的一员，该基金也并非总是一帆风顺。1995年初期，就在该基金刚刚设立不久之后，韩国经济就步入了歧途。接着，两年以后，整个亚洲地区由于大范围的经济衰退而陷入巨大危机。

马修斯韩国基金最初三年的回报率一直为负，其中1997年的回报率更是下跌了65%，让人崩溃不已。马修斯先生说："显然，我们并未预料到在基金发起之后这么快的时间内，金融市场会如此暴跌。"马修斯从旧金山遥控经营自己的公司，80年代住在中国香港。

当大名鼎鼎的投资家约翰·邓普顿爵士将自己的一部分钱投入马修斯韩国基金，决意一闯韩国市场的时候，这只基金成了1997年后期媒体关注的焦点。该基金的一位发言人说，据他所知，约翰爵士现在仍然在向该基金投资。

当美国的大多数价值投资者因为互联网狂热而晕头转向的时候，邓普顿正在收获着市场所能提供的最高回报，这就是在全球猎取便宜股的优点。要做一个真正的便宜股猎手，就不能仅仅把目光放在美国，因为这会让你在1999年只能当一名旁观者。相比之下，全球便宜股猎手的表现会更好，即使在现代规模最大的股票狂热中赌赢，其所获得的回报也未必比得上全球投资者。猎取便宜股的思想又一次击败了博傻理论。

尽管亚洲金融危机之后，邓普顿对韩国的投资取得了令世人震惊的初步成功，但多年以后，他依然在韩国寻找便宜股。2004年8月，一个好机会出现了，邓普顿对韩国汽车制造商起亚汽车公司的股票产生了兴趣。在起亚的例子里，我们又一次见到了邓普顿用以猎取便宜股的久经考验的比较购买法。激发起邓普顿兴趣的是起亚股票和起亚公司的许多特点。起亚股票的市盈率极低，他将其与公司每股收益的长期增长率相比较之后，认为这只股票是理想的便宜股。起亚2004年8月的市盈率是4.8倍，与美国通用汽车公司5.9倍的市盈率相比，这个比率很有利。起亚每股收益的长期增长率与美国通用汽车相比甚至更为引人瞩目，其每股收益一年增长了将近28%；与此形成对照的是，美国通用汽车每股收益增长率在过去5年一直处于持续下滑状态。起亚公司给邓普顿留下了深刻印象，他相信这个制造商已经为其顾客创造了巨大的价值，因为它销售的汽车质优价廉，同时还保持着超过通用汽车公司两倍的纯利润率。邓普顿发现这只股票如此便宜，以至他一下子就投进去了5 000万美元。

到2005年年底，邓普顿的投资回报令人咋舌——这只股票增长了174%。更有趣的也许是，这只股票在2005年增长了一倍多不久之后，邓普顿决定买一辆新车。巴哈马的天气状况对汽车损耗极为严重，他的那辆老林肯城市汽车需要更新换代了。邓普顿以前对起亚汽车的价值印象深刻，所以觉得自己应该买一辆来换掉旧车。他去了起亚经销商那里，起亚汽车同样给他留下了良好的印象，但是他最后却没有买就离开了。当他回到办公室，他的长期助手玛丽·沃克问他为什么没有买车，他只是简单地回答说："我觉得太贵了。"后来，玛丽终于说服邓普顿回去买下了汽车，她说："我知道他想买车，但这个人就是不舍得花钱。"邓普顿一贯如此，他从不因为自己的巨大成功而改变节俭的行为。一旦成为便宜股猎手，终身就难改猎取便宜股的习惯。

如果说这个小插曲和邓普顿40年前在日本投资的情形有某些相似之处，这可不是巧合。日本和韩国的经济机构和实现工业强国的过程都很相似，其过程中运用的策略也相同：高比例的储蓄、早期的资本管制以及转变成为高级工业产品出口商的不屈不挠的强大动力。在这两个国家遭遇暂时的危机期间，大多数投资者都对其股票市场退避三舍，结果当这两个国家的长期经济增长势头再次趋于明朗的时候，他们又回到了这两个市场。

了解历史、把注意力放在长线上、在极度悲观点寻找机会买入，只有这样的便宜股猎手才能真正理解这样一个事实：这些模式会随着时间一遍又一遍地重复。不同的地方，不同的时期，相同的情节，相同的结果。也许你在未来找不到像遭遇了暂时困难的新兴工业强国这样一模一样的情况，但是你一定会找到与之相呼应的一些情况。

第九章

债券：长期投资的首选

向知识投资，收益最佳。

——**本杰明·富兰克林**

2000年3月，纳斯达克达到峰值并随即崩溃，这标志着网络投资热潮的结束。就在这之前的一两个星期，邓普顿接受了《股票》杂志的采访，该杂志编辑和邓普顿就互联网泡沫的风险问题进行了详细讨论。在谈论这次互联网泡沫时，邓普顿还进一步谈到了以前的一些投资狂潮，如19世纪的美国铁路建设狂潮，以及20世纪在电子、汽车、飞机、无线电通信以及电视等多个领域出现的泡沫。他总结说，当前的互联网泡沫是目前为止所有泡沫中最大的一个。他说，据他所知，与这次泡沫最为相似的是20世纪80年代发生在日本的股市泡沫，不过论规模，日本的股市泡沫更小，而且是用了20年才形成的。

这次对话中，话题难免转到让邓普顿为杂志读者提供投资建议上来，这些读者正面临着股市日益升高的风险。从第六章关于互联网泡沫的论述中，我们知道，在这次访谈之前，邓普顿已经建立了规模极大的科技股卖空仓位，这些科技股即将产生巨额回报。然而，这种做法对杂志读者来说风险太大，无论是直接还是通过提供投资建议的方式对他人钱财进行操作，邓普顿都一贯持极为谨慎的态度。为了了解邓普顿提供的建议，我们从这次访谈中摘录了一段对话：

《股票》编辑：作为《股票》杂志的编辑，我却不知道要给我的读者提供什么建议。

约翰·邓普顿：其实也不是太难。让你的读者去买债券吧。纵观人类历史，有一个传统，那就是债券一直以来都是长期投资者的一般选择。由于在20世纪很大一部分时期，股票市场都跌得超出常理，因此买股票比买债券划算。但是，现在还是买债券最划算。

如果有人寄希望于阅读这篇访谈来找到一只新股，听到"债券"一词肯定会大失所望。大多数投资者听到这个词，就会立刻抑制不住昏昏欲睡的感觉。也许这个词会让他们打哈欠，会枯燥乏味得让他们眼神模糊、无精打采。债券单调无聊，让人兴奋不起来，只有老年人才买债券为其退休生活获取稳定收入。2000年3月，债券成了热门投资产品。

尽管我们尽可能不让读者感到枯燥乏味，但一些有关债券的基本背景介绍将会有助于我们理解邓普顿在债券市场所运用的策略。

债券是一种有价证券，其持有人有权从另一个债务实体获得一定数额的回报。履行付款义务的借款人可以是公司、政府、政府机构或一些普通借款人，如偿付抵押借款的私房屋主，甚至信用卡账单还款人等。关键是，几乎所有类型的借债都能被转换成债券，并在债券市场进行交易。

最常见的是按照账面价值发行的债券，如1 000美元。作为一名投资者，这意味着发行债券的时候，一只债券你要付1 000美元。你的1 000美元以及借款人同期卖掉所有其他债券所得到的钱，都归借款人使用。作为交换，借款人同意给你这个投资者回报，即你出借的本金加上一定的利息。假设你的债券利率是 7%，那么在债券期限内，你每年就会获得 7% 的利息券，即每只 1 000 美元的债券每年的利息是 70 美元。借款人经常每半年支付一次利息，如果是这样，你一年就会收取两次利息，即每半年 35 美元。如果你在期限内一直持有债券，一旦这只债券到期，那么你不仅会拿到利息，而且还能拿回自己的本金。

这就是债券的基本内容。借款人借到钱并定期给予回报，回报情况要取决于债券的结构。债券就像股票一样，在市场公开交易，也可以像股票那样转手。换句话说，债券投资者不一定非要等到债券到期才收取回报，他们可以像便宜股猎手那样操作，寻找价格错误、好的交易等。下面我们要简单介绍并解释一下决定债券价格的因素。

关于债券，如果你只记得一件事，那就应该是：债券的价格和利率走势相反。如果利率升高，债券价格就下降；如果利率下降，债券价格就升高。要想进一步搞清楚为什么会存在这种关系，了解一下利率的组成会很有帮助。

利率被表述为一个数字（例如 5%），但事实上，它却是三个不同数字的集合体。首先，是人们所知道的无风险利率。这是第一个需要考虑的数字。无风险利率指的是向那些几乎没有违约风险的借款人收取的利息。政府是唯一能说自己永不违约的借款人，因此无风险利率通常就是政府（比如美国政府）为其债券支付的利息的同义词。我们使用这个术语仅仅是为了说明术语本身，因为从上一章以及本书没有讨论到的其他无数例子中，我们看到，政府也会违约，不履行自己的义务。投资者认为美国国库券不存在违约风险，这真是大错特错。总而言之，一只 5 年期或 10 年期美国国库券的利息通常被拿来当作无风险利率的例子，因为人们普遍认为，像美国政府这样的政府是不会违约的（它总会印更多的钞票）。

组成利率的第二个数字被称作预期通货膨胀率，这个数字之所以包含在利率当中是因为上涨的通货膨胀率是债券持有人所面临的较大风险之一。这很有道理，因为如果你收取的固定利率是5~30年期，就很容易看出涨幅很大的通货膨胀会削弱美元的购买力。这样想一下：假设你一年获得的固定利息是500美元，在今后30年每年如此，如果通货膨胀率大幅上升，那么你的500美元就会随着时间而贬值，因为物价上涨了，而且与上涨的物价相比，货币的购买力降低了。所以，固定利息的收取者会将通货膨胀因素包含在利率当中，尽量保护自己免受损失。

利率当中的第三个数字与借款人的信用有关。债券持有人希望获得风险补偿，或者说对他们有可能无法获得回报进行补偿。有鉴于此，如果某公司过去的财务状况不稳定，与美国政府这样的借款人相比，该公司需要支付的利率中就要更多地包含违约风险因素，而美国政府的违约风险为零。这种信用价差是判断债券发行风险的基础，至少从市场角度看是如此。例如，如果5年期美国国库券的利率是5%，那我们公司发行的5年期债券利率必须达到8%才能有买主，3个百分点的差距代表着债券违约风险的增加；如果与我们相似的某个公司以9%的利率发行债券，那我们就认为该债券所含风险性更高。

让我们把了解到的这些信息运用一下。我们已经知道有关债券的第一条是，债券的价格与其利率走势相反。如果我们是债券持有人，经济学家预计通货膨胀率会从每年的2%涨到每年3%，那你认为会发生什么状况？这会使利率提高，同时（利率中的另外两个组成成分也一样）我们所持债券的价格会下跌。第二，如果我们持有某公司的债券，该公司陷入了困境，分析师认为该公司可能无力偿还其债权持有人，那么其信用价差或违约风险就会升高，我们所持债券的价格就会下跌。第三，如果美国联邦储备银行采取措施提高了利率，那么无风险利率就会升高，我们所持债券的价格就会下跌。正如你所看到的，有三个基本因素会驱动利率发生变化。进一步来说，这意味着有三个基本因素会驱动市场上的债券价格发生变化。

讲完了这些基本要素，我们还需要再介绍一个情况。邓普顿购买债券来实施自己的投资策略时，买过一种特殊类型的长期国库券，在这里需要解释一下。邓普顿没有买有着固定利息的债券，他买了一只零息债券。换句话说，不同于定期向他支付分散利息的债券，这只债券以低于账面价值的价格发行，其价格会随着时间上涨，从而反映出期望中的累计利息。这类债券从过去几十年至今十分流行，如果是政府债券，往往指的是本息拆离国库券。"本息拆离"一词最初是指将零息支付与债券分离，并把债券分成两部分：偿还本金和支付利息。零息债券或本息拆离债券背后的观点是，假设某债券的账面价值是1 000美元，你会以远低于1 000美元的极大折扣价格买下债券，该债券在期限以内，价格会不断上涨，等到债券到期的时候就会涨到1 000美元。

因此，如果一只30年期的零息债券每年利率是5%，每半年支付一次，那么投资者买债券只要支付227美元，在该债券到期的那一天就可以收取1 000美元。其间累积起来的这773美元（1 000美元–227美元）被称为应计利息，或债券期限内应该收取的利息数额。如果债券持有人持有这只零息债券满30年，直到收取1 000美元的那一天，那么该债券持有人的年回报率肯定是5%。

如果利率环境发生变化，债券的价格在公开市场上也会发生变化，投资者这时就可以对债券价格的变化加以利用。要理解这一点，不妨这么想：假如你买了一只回报率为5%的债券，你持有该债券一直到收取1 000美元的那一天，那么这5%的回报率就获得了保证；但是如果在你持有债券期间利率下降，债券价格上涨，那你就可以利用价格上涨，在市场上把债券卖掉。因此，你的零息债券在公开市场上就会出现更多价格波动，就像股票持有者利用其股票价格上涨获利一样，这可以让你以一模一样的方式获得"资本收益"。在一个利率下降、债券价格上升变化的利率环境中，可以产生资本收益。

让我们回到2000年3月邓普顿关于购买债券的建议上来，他的建议基于两条充条的理由。第一个理由以猎取便宜股时所使用的、久经考验的比较方法为基础。邓普顿的基本原则是：如果你已经找到了价值高出50%的更理想的东西，那你就应该把当前持有的东西卖掉。如果你是2000年早期一名身在美国的投资者，没有从为数极少的、有大量便宜股的市场（如韩国）中挑选几个市场进行投资，那你的选择就十分有限。邓普顿认为，大多数股票市场，包括全球许多股票市场在内，都价格过高，这是与股票收益、增长率以及其他用以判断股票价值的大多数方法相比较而言所得出的结论。

所以，从常识的角度来看，如果股票的市盈率能很容易恢复到比较正常的水平——这个水平比2000年3月的水平更低——那么购买这种股票可不是什么好主意。换句话说，许多股票市场价格似乎最终都会下跌，从而导致股票失去价值。2000年初期，邓普顿认为，在未来3年的某个时候，纳斯达克会从顶点下跌50%。通过估计纳斯达克可能蒙受的损失，并知道这一下跌同样会导致其他股票市场暴跌，我们就能很容易地看出，一只收益率为6.3%的零息债券符合价值高出50%这一标准。债券之所以具有这种相对优势不过是因为一个保障，即只要持有债券直至期满，就不会赔钱，因为购买债券依然更为划算。

记住，成功猎取便宜股的关键是要始终锲而不舍地在金融市场上搜寻最佳价值。这种搜寻应该做到范围广泛，能涵盖全球所有的股票市场以及各式各样的债券市场。遇到一些特殊情况，如互联网泡沫高潮，这种搜寻会让债券的回报相对更有保障并更稳定。这是一个常识。在2000年，你可以选择继续投资美国股票，这可能会让你赔50%，你也可以选择购买政府债券，这会带来6.3%的收益——究竟该选哪个应该很容易。

在此做出购买债券的决定有可能仅仅是因为一个简单的愿望——不赔钱。然而，作为真正的便宜股猎手，我们还必须时刻把眼睛盯在赚钱上。从这个方面来说，购买长期政府债券的建议就不应该仅仅被看成是简单的被动防守措施，这还是一个机会，它能让你赚到的利润远远超过30年期零息美国国库券6.3%的收益（这也是邓普顿建议购买债券的第二个理由）。

要想了解债券之所以越来越吸引人的原因，就要看一下长期以来美联储对美国经济面临的各种危机所采取的应对措施。到2000年3月，互联网泡沫所达到的高点已经如此之多，持续时间已经如此之长，以至美国消费者的消费习惯开始受到影响，这和我们在第六章讨论过的关系是一样的。问题是，当互联网泡沫最后破裂的时候，一直在股票市场从事投机交易的大量美国消费者会突然觉得自己比以前穷多了，因此他们就会削减支出，而这可能会导致经济衰退。如果发生这种情况，邓普顿推断，美联储就会介入，并采取措施降低利率，从而以让货币贬值的方式来缓解经济衰退。

为了更好地了解美联储在这一投资策略中所扮演的角色，让我们花片刻时间重点看一下美联储可能会采取的行动。根据美联储在控制利率方面所起的作用，想一想它能够采取的两个举措以及这两个举措所产生的后果。一方面，美联储可以降低利率——这是一项扩张性政策，因为它会导致货币价格相对降低，从而刺激人们对货币的需求。美联储实施扩张性政策时，会宣布降低联邦基准利率，即联邦公开市场委员会赎回市场国库券时的目标利率。各存款机构将根据这个利率彼此发放隔夜贷款。这样一来，现金贷款就会增加，而债务就会减少。这样想一下：如果你正在开车，美联储的这些举措就相当于踩油门。

另一方面，美联储可以实行紧缩政策，这可以通过发售国库券来实现。发售国库券能有效收回现金。因此，美联储会采取行动把利率提高至既定水平，如此一来，货币的价格就升高了。如果你正在开车，这些举措就相当于踩刹车。一般情况下，当经济出现衰退苗头或已经陷入衰退，美联储就会实施扩张性政策；当经济过热、通货膨胀加速，就会实施紧缩政策。

美联储由一位主席和一个联邦储备理事会组成，这些人都是精明的经济学家，同时本人也都是富豪。他们向国会提交报告，避免以煽动或被动的方式让经济陷入衰退。尽管所有的经济都会时不时陷入衰退，这是经济的一个普遍特点，但美联储的职责就是要尽力阻止衰退的发生。所以，他们一般会尽可能采取措施使经济避免陷入衰退，同时又不会冒通货膨胀率升高的风险。明白了这一点后，就股市泡沫一旦破裂会发生怎样的情况，邓普顿做了一个简单的预测：

> 一旦股市泡沫破裂，美联储和其他国家的财长们就会同意降低利率而不是提高利率。如果利率降低，长期债券的价格就会上升。

邓普顿对接下来的几个月以及几年会发生怎样的情况所做的这种预测在历史上是有先例可循的。和股票市场中的大多数事件一样，谨慎的便宜股猎手通常能从历史上找到与此相似的情形。有鉴于此，就美联储针对经济衰退降低利率、实施扩张性政策的情况，我们很容易从股市和经济事件的历史中找出先例。说得更具体些，艾伦·格林斯潘领导下的美联储在应对金融市场冲击时，主要采取的措施就是下调利率并实行货币宽松政策。事实上，金融市场早已对格林斯潘下调利率以应对冲击的做法习以为常了，金融市场一些权威人士甚至还因此杜撰了一个词——"格林斯潘看跌期权"，这个词表示美联储的扩张性政策总是会帮助市场摆脱困境。看跌期权是投资者用以保护自己免遭损失而购买的股票期权。因为这种事件在很大程度上是由股票市场过剩而造成的，考虑到消费者的支出情况，我们有理由认为，美联储会在纳斯达克泡沫突然破裂的时候插手干预。

有些人认为美联储应该只对某些经济现象做出应对举措，如削减消费者支出、降低失业率以及通货膨胀率。而其他人则认为美联储的职责是保护整个金融体系，使之免受冲击和各种问题的困扰，其中也包括股市和债券市场出现的问题。格林斯潘以自己的经验向我们明确显示出他对该问题的倾向：只要金融市场面临威胁，比如股票市场崩溃，他就会运用美联储的各种策略加以应对。

希望从历史中寻找先例的便宜股猎手应该特别看一看两个事件，这两个事件与当时近在眼前的纳斯达克崩溃有着相似之处。第一个事件是发生于1987年10月的股市崩溃，第二个事件是俄罗斯债务拖欠以及1998年对冲基金长期资本管理公司的垮台，该公司现在已声名狼藉。在这两个例子里，美联储针对金融市场面临的危机都采取了降低利率、放宽货币政策的策略。所以，在纳斯达克泡沫形成并有可能带来可怕后果的时候，邓普顿相信美联储会再次采取行动降低利率。

现在我们可以清楚地看到，债券不仅可以很好地保护我们宝贵的财富，而且还极有可能使我们赚到更多的钱，当然前提是美联储降低利率。美联储保护经济、使之免于陷入衰退的积极态度会给债券提供保障，使债券的投资回报在互联网泡沫破裂之后用不了几年就超过其他大多数投资回报。简单地说，只要美联储一开始降低利率，30年期的零息国库券价格就会大幅上涨。

与邓普顿的预测相比，更有趣的也许是他对这些事件预测的精确程度。他预测，到纳斯达克下跌40%的时候，长期债券的价格就会上涨。请记住，他做出这些预测的时候，纳斯达克或互联网泡沫可还没有出现任何崩溃或疲软的迹象呢。"人们开始感到害怕、长期债券开始上涨的时候是当市场主要股指下跌40%的时候。这一暴跌会让所有人感到惶恐不安，许多股票还会继续下跌。大量股票会跌至接近零值。"

到2000年12月的中期至后期，纳斯达克已经从2000年3月15日的最高点下跌超过40%。在这之后的一个星期内，美联储开始降低利率。从2001年1月3日起，美联储开始降低利率，之后整整一年一降再降。

图9-1显示出这一稳定的降息过程，看完该图之后，便宜股猎手应该会本能地想到：零息美国国库券的价格会随着降息相应上涨。价格的上涨意味着这只零息美国国库券的持有者正在赚钱。事实上，看到利率在短短一年间降幅如此之大，你的脑海中应该出现这样的画面：在零息债券中做多头的投资者面前的现金出纳机都在"哒哒哒"地响个不停。不过，在讨论邓普顿用他的投资策略所获得的回报之前，我们还需要把当前的讨论再深入一步，就以一个问题开始：你认为邓

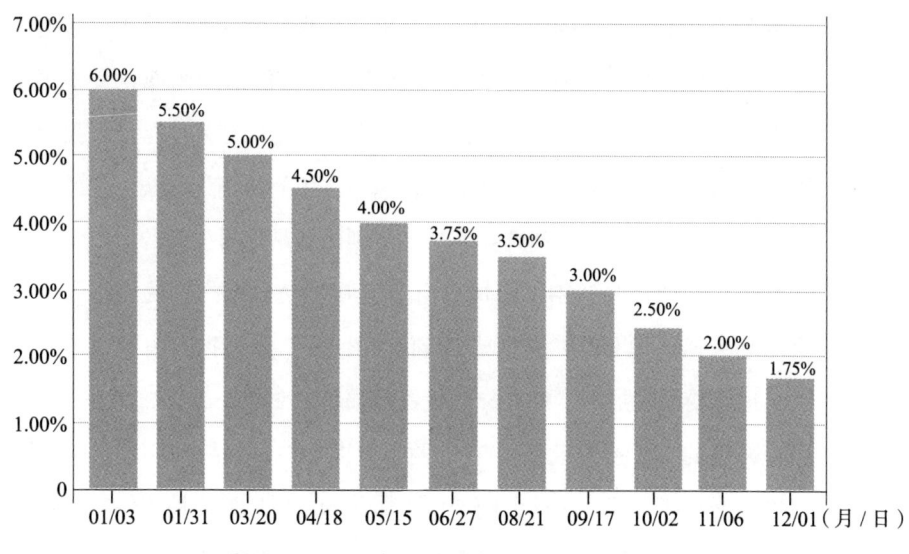

图 9-1　2001 年美国基金利率的历史变化

资料来源：美联储

普顿会把自己的现金钉死在这些无风险债券上吗？

答案是不会。因为邓普顿用的只是一种普通投资策略而已，这种策略有些读者可能用过、听说过或从新闻报道中见过，那就是"套息交易"策略。简单来说，套息交易是指以低利率（比如 1%）借款，然后以更高的利率（比如 5%）把借到的基金再借出去的做法。作为借款人，你需要支付 1% 的利息，但是作为投资者，你能获得 5% 的利息。偿还借款成本之后，你的利润就是 1% 和 5% 之间的差价，即 4%。以实际货币为例，假设你借了 1 000 美元，每年需要支付 1% 的利息，即每年 10 美元。然后你把到手的 1 000 美元出借给另一位借款人，该借款人每年将向你支付 5% 的利息，即每年 50 美元。你从收取的这 50 美元中拿出 10 美元支付完自己所欠的利息之后，剩下的 40 美元就全部归你所有了。此处的基本思想是：低价借款，高价放款。这个概念与银行从其存款人和借款人身上赚钱的方式十分接近。

邓普顿在进行这种投资的时候认为，把所能借到的低息资本再用于投资是很明智的做法。而且有一点需要注意：如果你是借钱投资，那你赚到（或赔掉）的钱就会更多，因为你用的是别人的钱。你的投资回报被放大，这不难理解：如果你借到的钱是你所拥有的股票资本的两倍，你把这些钱用于回报率为10%的投资，那么你的回报率就会增加一倍，即20%。投资者遇到的问题是：如果投资失败，这一关系也会使损失加倍。如果你的投资亏损率是10%，根据杠杆作用[①]原理，你的实际损失就是10%的两倍，即20%。杠杆作用就像一把双刃剑，有利有弊。在这个例子里，邓普顿之所以放心地用借来的资本投资，是因为他借钱的成本极低，而且向他借钱的人不存在拖欠利息的风险。在这种情况下，邓普顿开始将目光转向日本，向世界上成本最低的基金借钱，来进行自己的套息交易。

借日元是当时最有吸引力的一个途径，因为邓普顿所借日元的实际利率仅为0.1%。日本当时利率极低，这是经济滑坡的长期效应所产生的结果，这次经济滑坡由日本股市和房地产泡沫所导致。自20世纪90年代经济崩溃开始，日本利率就一直保持在一个极低的水平，目的是刺激经济以使其恢复至高速增长水平。

综上所述，如果我们在日本按0.1%的利率借钱，按6.3%的利率出借，那么我们就能稳获6.2%的回报率。不过我们还面临一个重大风险，这个风险有可能让我们的回报大打折扣。当我们一步步从套息交易过程走过的时候，这个风险就越发清晰可见了。首先，我们按0.1%的利率借日元，把借到的日元兑换成美元，再用这些美元购买

---

① 杠杆作用（leverage）指以较少的资本买卖较多资本的股票，用于放大投资回报，同时放大投资风险的一种投资方式，其实质相当于将借款用于投资。——译者注

以美元计价的零息30年期本息拆离国库券。然而问题来了：我们卖掉这些本息拆离国库券后，还需要把我们的美元收益兑换回日元，以偿还最初的借款。这就产生了一个潜在危险：如果我们回过头来偿还以日元计价的借款，而日元兑美元已经升值了，这该怎么办呢？换句话说，如果美元贬值了怎么办？关键是，如果我们用借到的日元去买东西，而这个东西是以其他货币计价，那我们就会面临货币风险。在邓普顿眼里，这会带来极大的风险，因为他认为美元很容易大幅下跌，而且他还一直坚信，自那之后的未来数年，美元会多次下跌。

为了抵消这种风险，邓普顿将注意的焦点从美国本息拆离国库券转移到了其他政府发行的零息债券，因为其他政府的货币动态更有优势。我们在前几章讨论过货币风险，正如我们从中所了解到的，邓普顿青睐的货币总有以下特点：货币所在国有贸易顺差，财政赤字较小，或更理想，有财政盈余，较之国内生产总值其政府借贷总额很小。这份标准清单一下子使（而且会持续使）美元相对失去了吸引力，并增大了其下跌的可能性。这些标准没有一条适用于美国，主要原因是美国的债务负担不仅庞大而且还在继续增加。与美元相比，有一些其他货币的动态就要有优势得多。邓普顿认为，与美国相比，加拿大是个更好的选择，因此他购买了加拿大长期零息债券。他还推荐购买澳大利亚和新西兰的零息债券。他相信，这几个国家的货币与美元相比，在投资方面更有保障。

要想了解有关邓普顿这次投资回报的一些具体细节，我们转到加拿大市场看一下零息债券的情况。从2000年3月开始，也就是邓普顿推荐购买那几个国家的债券期间，加拿大30年期零息债券的收益率达到5.3%。在随后几年，由于经济普遍不景气，利率下降，投资回报率早已远远超过了这只债券名义上5.3%的收益率。

我们以三年持有期为例（这与美国股指在2003年初期从长期熊市中走出来所花时间差不多），2000年3月购买的债券，其参照收益率从5.3%跌到了4.9%。这听上去也许差别并不大，但当我们将具体回报相累加，很快就会发现差别十分可观。例如，根据这两个收益率和零息债券的市场价格计算回报，我们发现加拿大元的回报率是31.9%。这个31.9%是加拿大元的持有期回报率，折合成年回报率相当于9.7%，对无风险回报来说，这是个不错的结果。但是，如果考虑到邓普顿所说的美元的弱点，我们把回报从加拿大元转化为美元，那我们的回报率就会猛增到43.4%，折合成年回报率，达到了12.8%，这个结果也不错。顺带提一下，这个结果意味着，相对于更强有力的加拿大货币，美元在其持有期内价值损失了11.5%。

对无风险资产投资来说，尽管这种回报已经极为可观了，但这还只是我们没有用借来的钱买债券之前的结果。如果我们运用两倍杠杆作用原理，转换回美元的持有期回报率就会从43.4%上升到86.8%。换句话说，邓普顿把利率为0.1%的借款投资于加拿大政府发行的无风险零息债券，其收益率在一个熊市期间超过了86%，这个熊市正如邓普顿所预测的，出现在纳斯达克泡沫破裂之后。

对这个86%的回报率和纳斯达克指数的同期表现做一番比较，我们看到，从2000年3月1日起，债券的价值损失了66%，这时候邓普顿建议投资者开始购买债券。邓普顿那些债券的回报折合下来，相当于25.5%的三年年均复合收益率。

这个讨论的要点是，对便宜股猎手来说，进行相对比较总会让人有所收获。有时，诸如债券这样的证券也需要进行这种比较。尽管这种比较代表了一种极端情况，在这种极端情形中，没有足够多的便宜股让邓普顿进行投资，但他所采用的合理方法却足以让他获得可观的利润。他的方法总是有一个特点：根据常识做出决策，积极主动去做别人不愿做的事。回顾他在这次交易中的思路，可以归结为一些简单的问题：我是应该冒险在上涨的股市中赔一大笔钱呢，还是应该在各种长期债券市场中稳当赚取5%~6%的收益？任何人都能明白这一决定背后的逻辑。道理很简单，并不复杂。

邓普顿开始购买零息债券的时候，原本打算一直持有债券，直到从纳斯达克泡沫破裂之后的熊市上找到理想的便宜股为止。他曾说过："如果纳斯达克指数下跌50%，大多数投资者也许会明智地将自己的大部分资产从高等级债券中抽出，用于购买这个时候最便宜的股票。"

然而2003年后期，邓普顿改变了在美国投资的主意，主要原因是他看到美国经济依然极不平衡，这让他认为美元脆弱易跌。此外，他还看到一种令人担忧的情况。他认为美国极有可能正在吹起一个灾难性的泡沫，只不过这个泡沫并不在股票市场。他看到的这个正在膨胀的泡沫出现在美国的房地产市场。

评估房地产价值所使用的关键衡量标准当中，邓普顿重点使用的是资产的重置价值。比如，在"股票已死"时期（参见第五章）的美国股市，他曾用过这个方法，现在他又以同样的方法对一套住宅的市场价格和重置住宅所需成本进行了比较。他说，当他看到他巴哈马自家住宅附近的人们开始用四五倍于成本的价钱修建住宅的时候，他不由地感到震惊。他认为，价格一定会恢复到正常水平。他不仅观察过历史上住宅价格高于重置成本的各个时期，还观察过价格低于重置成本的各个循环周期。此外，他说，在他一生当中，住宅价格与其重置成本之间还从未相差如此悬殊。尽管他认为在经济大萧条期间，要想见到类似狂跌90%这样的价格纠正力度是不可能的，但他相信下跌

50%的确有可能。他在新闻媒体中所做的这些评论也许让一些观察家有这种感觉：没有什么好机会供便宜股猎手利用。别急，我们还有一个投资要讲，在讨论了邓普顿职业生涯中这么多的投资之后，这个投资会让我们感觉很熟悉。下一站，中国。

第十章
投资中国：
巨龙从沉睡中觉醒

人无远虑，必有近忧。

——孔子

1988年，邓普顿出现在路易斯·鲁凯泽主持的《华尔街一周》电视节目中，其中一位来宾问他世界上下一个巨大的投资机会是什么。他在回答中先简要总结了以前在不同国家所进行的一些大规模股票市场投资。他说起美国从"一战"之后开始崛起为一大强国，接着日本在二战之后紧随美国也成为一大强国。说到这里，他停顿了一下，然后对这位来宾说，中国将成为下一个强国，也许这是一个好的投资对象。在邓普顿心中，对香港恢复行使主权使中国有了过去一直没有的强大而发达的金融中心，中国进步的步伐会大大加快。在1990年3月《财富》杂志对他的一次采访中，就中国对香港恢复行使主权所产生的影响，他总结了自己的看法：

> 香港拥有众多擅长创办和经营企业的企业家，而中国内地却非常缺乏这样的人才。因此，香港很可能会成为超过10亿人口的商业金融中心，就像曼哈顿是2.5亿人口的商业金融中心一样。

现在，大多数读者和金融市场的观察家视中国经济的强势表现为理所当然。然而，当邓普顿在1988年——20多年前——说中国是世界上下一个经济强国的时候，这可是非常超前的想法。想法超前是成功的便宜股猎手的标志。

仔细想想20世纪60年代将邓普顿吸引到日本、20世纪90年代又将他吸引到韩国的关键原因，就会明白是什么将他吸引到了中国。为了说明这个问题，我们将对这三个国家——日本、韩国和中国进行重点比较。

三个国家都曾陷入低谷，但邓普顿相信它们一定会走出绝望、重新崛起。以日本为例，日本在二战中的灾难性命运使其经济一落千丈。战后的日本成为一片废墟，投资者认为日本今后只能是一个无足轻重、经济落后的国家。同样，当日本开始重建的时候，各主要工业国家都未对此引起重视，包括美国和欧洲。它们没有意识到来自日本的威胁正一步步逼近，50年代的日本不过是一个廉价小商品的生产者而已。

韩国经济因为朝鲜战争的破坏而遭受重创。与之前的日本极为相似，韩国在60年代进行经济重建的过程中，也严重依赖发达国家的经济援助。当韩国以工业强国作为自己的发展目标时，几乎没有人相信一个当时第三大出口产品为假发的国家会实现这一目标。

在中华人民共和国成立后的历史中，并没有发生使经济陷入混乱的重大战争事件，但是细看一下就会发现，从20世纪中期至后期，中国国内的政治事件使其经济遭到了严重破坏，整个国家陷入巨大混乱。说得更具体些，我们在此指的是"大跃进"和之后的"文化大革命"。这两个事件给这个国家造成的后果不亚于输掉一场重大战争所带来的后果。

1977年，中国开始了180度的转变。邓小平开始对西方开放中国市场，尽管速度缓慢、小心谨慎。他建立了一个成功的经济模式，中国就像其老邻居日本一样，经济获得了快速增长。

你也许能回忆起我们前面对日本和韩国的讨论中，这两个亚洲国家用以迅速重建其经济的一个基本秘诀。中国对这一秘诀极感兴趣，并开始以自己的方式对之加以运用。在这三个国家的例子里，高储蓄率都是经济获得成功的一个重要先决条件。高储蓄率也是邓普顿进行海外投资时所看重的一个特点。事实证明，中国非常善于在全国创建高储蓄率。实际上，邓普顿在1988年提到中国将成为下一个投资大国的时候，这个国家已经和韩国、日本一样，成为世界储蓄率最高的国家之一（见图10–1）。

高储蓄率是日本和韩国共同使用的策略，用以建立金融储备，为工业增长提供资金。工业增长带来了工业贸易的繁荣，随着时间的推

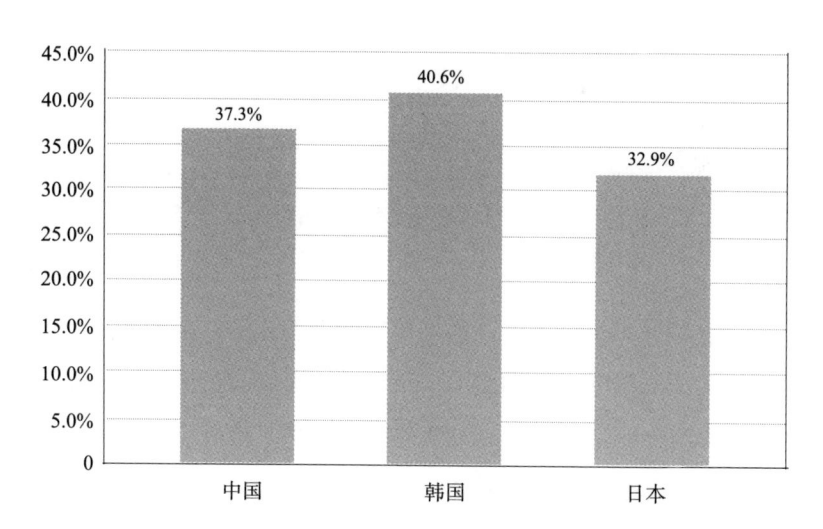

图10–1 中国、韩国、日本国民储蓄占GDP的比例

资料来源：经济合作与发展组织、亚洲开发银行

移，又进而推动了出口的增长。在经济重建过程中，中国决心像日本和韩国一样，也要在出口方面获得成功。和日本、韩国一样，中国也是从最低端市场做起，生产一些纺织品和"廉价货"供出口。大多数情况下，侧重出口会产生贸易顺差，而这正是邓普顿在投资国家积极寻找的又一个经济条件。图 10-2 给出了中国净出口额在国内生产总值中所占的百分比，显示了一个时期内中国出口额和进口额之间的关系。

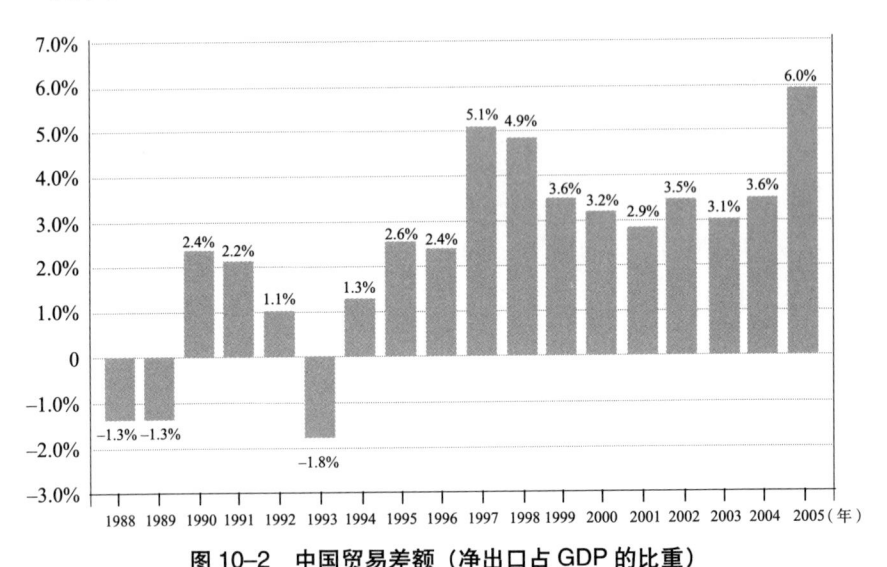

图 10-2 中国贸易差额（净出口占 GDP 的比重）

资料来源：亚洲开发银行

中国的出口额随着时间的推移迅速增长，但一开始（就像日本的廉价小商品和韩国的假发）所出口的毫无疑问都是低端产品。在 1993 年发行的一期《纽约时报》中，一位记者报道了中国南方一个以出口为主导的小镇——桥头镇，这里生产衬衫和外套的纽扣，以"纽扣之乡"而闻名于世。毫不奇怪，记者对小镇的描述有些轻视的意味，这一点很像 20 世纪 50 年代美国对日本出口商的描述。

《"桥头日报",中国人拿衬衫赌纽扣,而且,赢了!》

要想初步了解中国的经济改革,只要在这座落后小镇的主要街道上走走就知道了。在一个不知名的地方有一条散发着腐臭味的河流,小镇就坐落在这条河的两岸。

农民们慢腾腾地行走在满是尘土的小路上,肩上架着喔喔乱叫的鸡;街道两边货摊上的琐碎商品堆得像小山一样高,不断向街道中间挤占;一辆辆三轮车在被挤得窄窄的街道中间穿行。然而,这个位于中国南方的偏僻小地方却在过去12年使自己一跃成为世界纽扣之乡。

每年,桥头镇的私人工厂生产大约120亿粒纽扣,就是那种用在衬衣和外套上极其单调乏味的塑料玩意儿。这个产量相当于地球上每人每年两粒纽扣,这种繁荣的纽扣生产已经将大片的稻田变成了一座座厂区,将两腿裹泥的农民变成了财大气粗的企业家。

请仔细注意一下纽扣制造商的雄心大志。就像他们前面的日本人和韩国人一样,这些制造商并不满足于只是制造纽扣,他们准备架高梯子,生产价值更高的产品,哪怕只是网球鞋。以下是从同一篇报道中摘录的一段,记者采访了桥头镇的一位纽扣制造商,这位制造商代表了这些刚刚崛起的企业家的想法。

"我正打算再开几家工厂,也许开始搞出口。"詹先生一边说,一边摇着自己那根24K的黄金手链,这根手链粗得几乎抵得上一只胳膊的重量了。他坐在客厅里的一张皮沙发上,这里是他的新居,共有6层楼,他不知道怎么用这么大的空间,所以最上面的 3 层就空着。

"我可能会增加产品种类，生产网球鞋。"詹先生沉思着补充道。

"谁知道 10 年以后厂子会是什么样子？不过越大越好！"

这篇报道十分准确地描述了中国的具体情况。中国爱上了市场经济，当然还有随商业成功而来的生活享受。

与中国人的雄心壮志相比，更重要的也许是他们实施自己策略的非凡能力。只要看一下这个国家在一个时期内的出口情况以及出口结构，就会发现一个我们熟悉的前进过程：由过去出口低档纺织品，到现在出口工业机械和附加值更高的产品。对比 1992 年和 2005 年纺织品在出口中所占的比重，我们看到了一个戏剧性的转变，其中，机器、机械用具以及电气设备的出口获得了巨大的增长，所占百分比更高。到 2005 年，纺织品出口百分比缩减到了 1992 年的一半，而机械出口百分比则是 1992 年的 3 倍。从出口低附加值的产品到出口更高级的工业产品，这种转变反映出了早些时候日本和韩国的发展过程（见图 10–3）。

中国的高额储蓄、对基础工业的大力投资，再加上由此而来的大额出口，这一切使中国经济实现了飞速增长，增长速度之快令大多数国家都羡慕不已。与之前的日本和韩国一样，中国在其经济转型过程中，经济增长率在世界上居于领先地位（见图 10–4）。

中国的经济增长率十分引人注目，邓普顿相信，照这种增长速度，中国在未来 30 年会超过美国，成为世界上最大的经济体。在由计划经济向市场经济转变方面，中国到目前为止所取得的成功获得了广泛的认可。尽管有这么多积极乐观的方面，中国依然是一个发

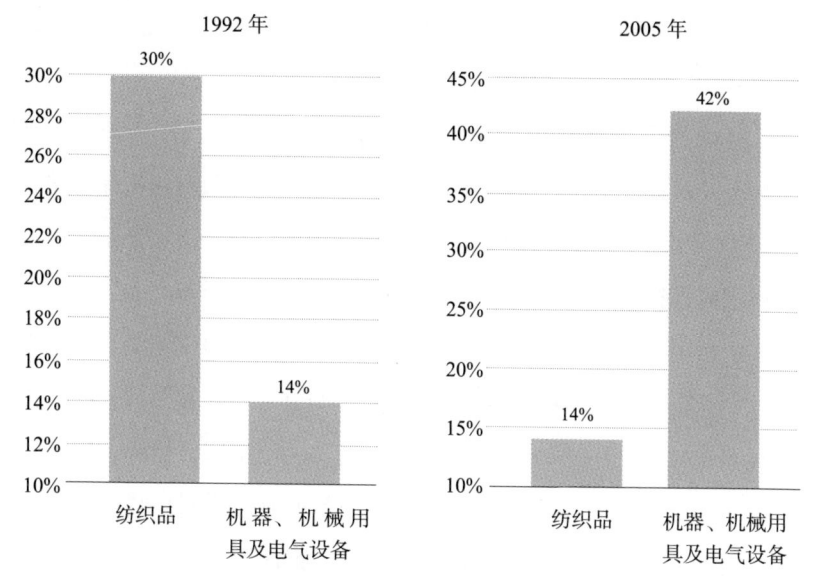

图 10-3　1992 年和 2005 年中国出口结构变化情况

资料来源：亚洲开发银行

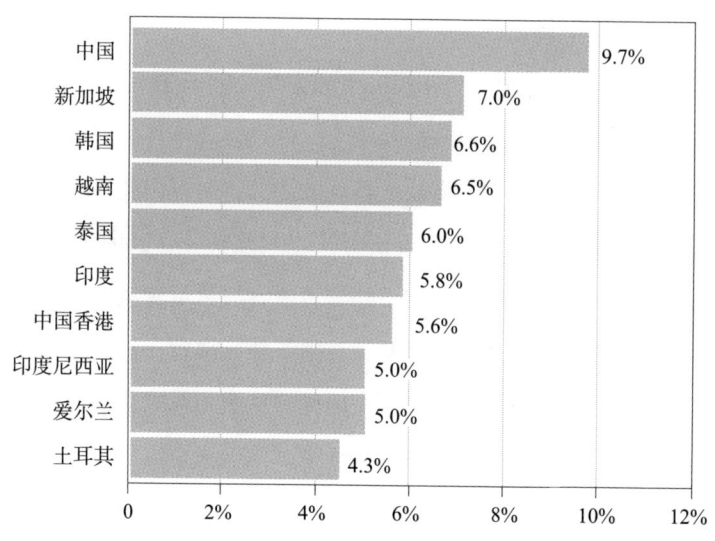

图 10-4　1980—2005 年 GDP 年均增长率前 10 名的国家和地区

资料来源：国际货币基金组织

第十章　投资中国：巨龙从沉睡中觉醒

展中国家，仍有众多领域正在发展之中，对外来投资的限制就是其中之一。

外国投资者仍然很难接触中国内地市场——上海和深圳交易所——的股票，但是在美国市场上却有中国人的美国存托凭证①交易。中国香港和新加坡交易所也有很多上市的中国内地公司，外国投资者可以很容易接触到。中国过去一直对外来投资存有戒备之心，部分原因在于，中国在历史上曾有过被外国占领并接受殖民统治的经历。而且，中国是一个民族自豪感和民族意识十分强烈的民族。有一次，我们和邓普顿讨论中国的时候，他评论说："关于中国，始终要牢记的一件事与这个国家的人民有关……你千万别考虑他们是共产主义者还是资本主义者……他们首先是中国人，而且他们也是这样看待自己的。"这种民族主义意识、国外投资者面对不透明市场的谨慎态度、偶尔关于腐败的报道、赔钱的风险……这一切都让外国投资者多年来不敢靠近中国市场。

邓普顿对中国进行投资所采用的方法一直具有投机性和选择性。在坚持自己便宜股猎取原则的基础上，他过去几年在中国进行了一些投资。然而，由于中国市场缺乏普遍的调节机制，因此他在购买的时候很注重选择。他在中国的投资方法也很多样化。2003年年初，由于前两年世界范围内股票价格下跌导致便宜股数量骤然增多，他投资了各种各样以中国为主的共同基金。他一般会推荐人们通过那些"脚踏实地"的投资经理向中国投资，因为在一个相对不透明的市场上投资，这样做有助于降低风险。换句话说，他认为审慎的做法是借助那

---

① 美国存托凭证（American Depositary Receipts，ADRs）是外国公司面向美国投资者发行并在美国证券市场交易的存托凭证。外国公司的股票在美国境内挂牌销售，以美元发放股息，而不是以该国家的货币发放股息。——译者注

些利用当地分析师的经理投资，因为当地分析师能够亲自考察公司并了解当地信息，这有利于规避腐败以及其他一些管理方面的风险。与此同时，邓普顿找到理想便宜股后，也投资了个股。2004年9月，他认为很有吸引力的两只中国股票是中国人寿保险和中国移动。

中国人寿保险是中国国内最大的人寿保险公司，2004年，该公司的股票由于以下几个原因吸引了邓普顿。首先，他把这只股票视为一个工具，用以获得强有力的中国货币而不用支付额外费用。因为该股票是作为美国存托凭证在纽约证券交易所进行交易的，因此他在购买流动性很强的证券时，可以不用支付购买人民币所必需的高额费用。与此同时，他还能参与中国人寿所做的相关投资。邓普顿推断，由于保险公司是用客户支付的保险费进行投资的，它总会想方设法保护自己避免受币值波动的影响，因此可能会对其所投资的货币与其进行业务交易的货币进行配比，这样一来，他们进行理赔的时候，货币波动对他们业务造成破坏性影响的风险就降低了。所以，通过购买保险公司股份，他也就接触到了当地的中国货币，他发现这些货币从长远来看极有吸引力。中国人寿的股票看起来似乎是理想的便宜股：邓普顿担心美元价值下跌，而中国经济具有几个有利特点，这些特点往往会使其货币保持强势；而且，中国人寿是一个正在不断增长的企业，对其进行价值评估的结果具有较大吸引力。

邓普顿投资中国人寿所运用的策略与他投资新兴市场所惯用的策略类似。在邓普顿的职业生涯中，他发现，外国股票市场价格极其便宜诱人，但他来说可能规模太小，无法进行大规模投资。在这种情形下，为了弥补流动性不足的问题，他的解决办法是购买在这些国家运作的大银行的股票。在很多情况下，这些银行就拥有邓普顿认为诱人的便宜股。当银行拥有的股票价值上涨，银行的价值也会跟着上涨。

在过去，这种根据流动性评估市场股票的方法一直很有效。

中国人寿有着类似的动态性，不过这一次，邓普顿在投资货币的时候，更关心的是该货币是否比美元拥有更好的内在基本要素。他惯用的技巧是，根据公司的资产负债表来考察资产的真正价值。他精于发掘并利用隐藏价值，如20世纪60年代日本上市公司未公布的下属子公司的价值，以及新兴市场上经常被忽略的银行持有证券的价值等。只要深入研究财务报告，积极寻找那些能使股票价格便宜的隐藏价值，就能有所收获。正是这种做法，再加上新兴市场上长期增长型企业的吸引力，让邓普顿在2004年购买了中国人寿保险公司的股票。

多年以来，我们从邓普顿身上学到了许多，其中最重要的经验之一是：相信他推荐股票的眼光。简单地说，如果他推荐了一只股票，那就赶快买入！正如你在图10–5中所见，我们在中国人寿3年之内的投资回报率高达1 000%左右，对此我们尤其心存感激。

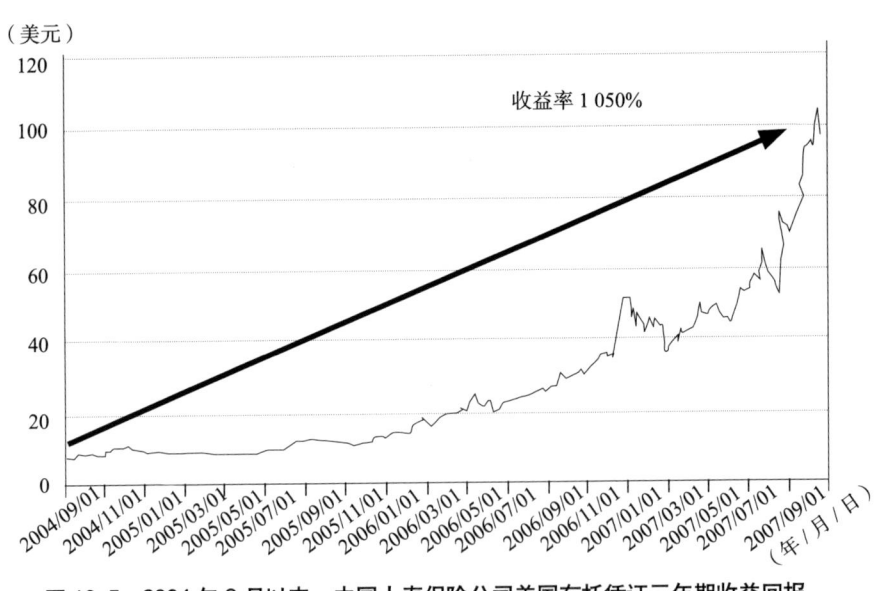

图10–5　2004年9月以来，中国人寿保险公司美国存托凭证三年期收益回报

资料来源：彭博资讯

现在，让我们看一下邓普顿的另一个投资和推荐——中国移动，这是一家移动通信公司。该公司当时在中国市场居于主导地位，拥有近68%的客户群。尽管与2004年相比，中国移动当时的成本要远远高出许多，但该公司的股票仍然拥有邓普顿所青睐的一些特点。这只股票也是作为美国存托凭证在纽约证券交易所进行交易的。首先，这只股票的市盈率为11倍，相对很低。更重要的是，这只股票每股收益的长期估计增长率为20%，这样一来，这个市盈率看起来甚至就更有优势了。进一步讲，用市盈率除以长期估计增长率，即PEG为0.55（用市盈率11除以长期估计增长率20），这一结果使这只股票成为世界电信行业中价格最低的股票。换句话说，与全球其余所有电信公司相比，中国移动是最便宜的一只股票：

中国移动2004年PEG = 0.55

全球电信2004年平均PEG = 0.84

对邓普顿来说，最重要的也许是中国移动公司相比较而言强劲的增长速度和较高的盈利能力。邓普顿在对中国移动投资的时候说，在未来5年，对世界范围内那些利润空间最大、利润增长速度最快的股票进行投资会变得越来越重要。他接着说，现在以长远眼光选择股票比以往任何时候都更加有利。过去，邓普顿主张以未来5年的每股估计收益为基础计算市盈率，但到2004年后期，他又强烈建议将未来估计收益的时间再进一步延长，以第10年，或2015年的每股收益为基础计算市盈率。对那些目光短浅、以下一季度为基础估算每股收益的分析师来说，这无疑有些不切实际。因此，在这个例子里，分析师不应该以第5年的每股收益为目标把市盈率定为5倍或更低，而应该以第 10 年的每股收益为目标把市盈率定为 2 倍左右或更低。如果以我们 2004 年用于中国移动的同一套假设为例（该市盈率是基于当年的每股收益 11、每股收益长期增长率为 20% 的假设得出的），把这种时间关系延长，我们计算出来的第 10 年每股收益的市盈率就是 1.8 倍（2004 年股票价格除以第 10 年的估计每股收益）。以这种长远眼光来看股票十分具有挑战性，但回报却是巨大的（见图 10–6）。

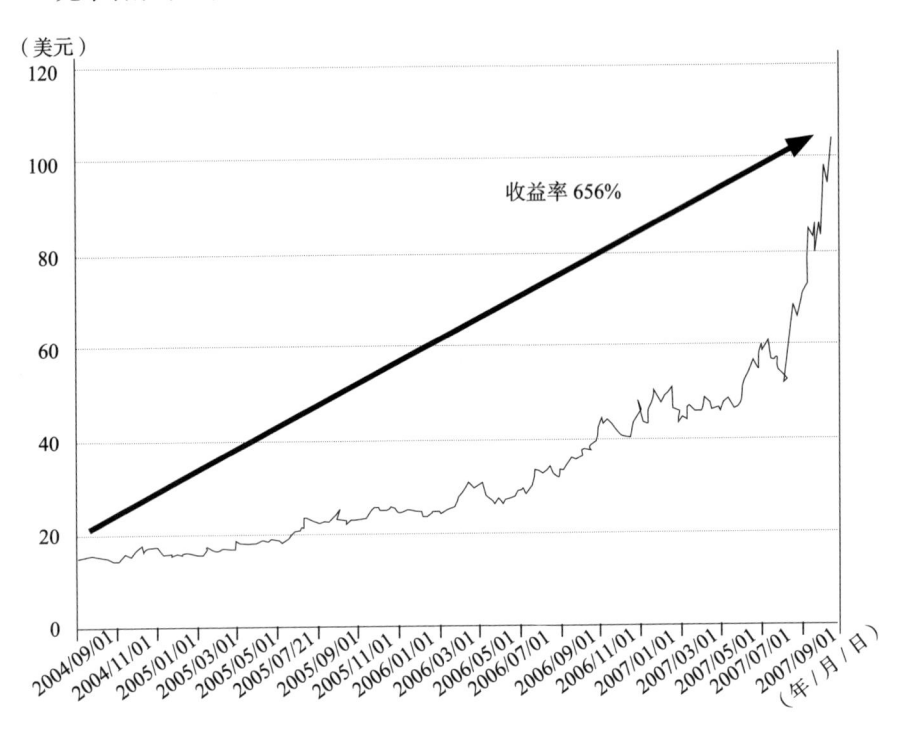

图 10–6　2004 年 9 月以来，中国移动美国存托凭证三年期收益回报

资料来源：彭博资讯

估算一个公司未来长达 10 年的每股收益，邓普顿第一个承认这是十分困难的。如果重点集中于增长速度最快、盈利能力最强的公司，就很容易看到这种做法会给便宜股猎手带来怎样的回报。如果要试着

计算一个公司未来 5 年的每股收益，便宜股猎手会不得不以长远的眼光来看待公司，不应该浪费哪怕一分钟去想下一季度的每股收益是多少之类的事情。邓普顿建议预测未来 10 年的每股收益，这强烈提醒我们要注意：经济过剩所引发的日益严重的威胁，以及过剩的生产能力所引发的未来对利润空间和收益的激烈争夺。

因此，如果要预测一个公司未来长达 10 年的前景，便宜股猎手就不得不仔细思考这个公司在市场上的竞争地位。简而言之，便宜股猎手必须付出极大的努力去判断一个企业相对于其竞争对手所具有的竞争优势。要想做到这一点，不仅要下功夫认真研究你考虑购买的股票所代表的公司，而且还要研究该公司在市场上的其他竞争对手。

邓普顿总说，他早年当分析师考察公司的时候，最有用的信息往往来自该公司的竞争对手，而不是该公司本身。对公司的竞争对手进行分析是为了帮助我们大体了解一家公司在未来维持其利润率的能力有多强。如果你打算对某公司未来 10 年的收益做一个评估，那么这是一个需要重点考虑的关键因素。

所有的便宜股猎手必须考虑一个关键因素，即经济学中最基本的原则之一：超额利润会带来竞争，这种竞争会越来越激烈，除非超额利润因被挤压而缩减。因此，便宜股猎手必须问这样的问题：面对日益激烈的竞争，该公司保护其利润空间的能力如何？如果该公司拥有其他竞争对手无法复制的竞争优势，那么这就是一个令人鼓舞的迹象。例如，也许是这家公司的生产成本很低，也许是其在市场上形象卓著，其品牌受到大众消费者的青睐与推崇。如果这家公司占有很大市场份额，剩下的市场份额由无心发动价格大战的很少几家公司占有，这也是一个好的迹象。关键问题是：其他人要想效仿这家企业，其难易程度如何？如果效仿很容易，那么这种竞争对利润空间和公司增长率造成影响的可能性就很大；反之，如果效仿很难，那么提供收益来源的这家公司对投资者来说就更有价值。

2005年中期，就企业之间日益升级的激烈竞争、如大学之类的非营利性机构等问题，邓普顿向人们谈了自己的看法。他之所以表达自己的看法，主要是出于对美国日益升高的债务水平以及美国房地产泡沫破裂日益逼近的担忧：

> 日益加速的竞争可能会导致利润空间持续缩小，甚至会使各式各样的企业出现负利润。还债无望的人是以前的10多倍，这会使破产人数成倍激增；不仅是他们，很多提供无担保贷款的企业也会落得如此下场。这种情况发生的时候，选民们可能会主张采取救援型补贴的办法，将债务转嫁到政府头上，如房利美和房地美公司。针对效率的研究与发现很可能会继续加快步伐。

> 要想赚大钱，利用那些已被证明利润空间最大、利润增长速度最快的公司来保持你的股份净资产是我目前为止发现的最好方法。盈利能力可能仍然很重要，尤其是盈利能力在多个国家呈现多样化的时候更是如此。

这些观点表达了他对经济状况的担忧，尤其是对美国房地产泡沫的担忧。邓普顿考察了美国消费者的债务水平，以及远远高于重置成本的家庭住宅价格的巨大涨幅，这让他对股票市场采取了谨慎的立场，使他偏爱于投资那些在未来几年不仅增长率高，而且还有巨大利润空间的公司。他对房地产泡沫以及高质量的收益来源不断增长的价值表达了自己的看法，不过与这些看法相比，更重要的也许是他所显示出来的持续创新意识，尽管给出这些投资建议的时候，他已是93岁高龄。如果所有的投资者和便宜股猎手能从邓普顿身上学到一样东西，那就是：始终坚持从不同角度看待问题。当他感觉更多的投资者只专注于公司的近期收益走势的时候，他主张要以更长远的眼光来看待公司的未来前景。以未来5年为期就可以，不过以未来10年为期会更好。

将所有这些和我们对邓普顿在中国投资的讨论结合在一起，就能看到另一个要点。尽管他十分赞赏中国，对中国的快速发展钦佩不已，但他始终是个训练有素的便宜股猎手，他的原则是：只有发现便宜股的时候才投资，否则在其他任何情况下都不采取行动。

寻找投资机会的时候，始终和其他人保持不同（无论是投资国家不同、投资方法不同、投资年期不同、乐观情绪的程度不同，还是悲观情绪程度不同），这是使你有别于众人的唯一方法。到现在为止，你应该知道，取得非凡投资回报的唯一方法是：趁别人在市场上沮丧卖出的时候买入，趁别人急切买入的时候卖出。

如果你想比大众拥有更好的表现，行事就必须有异于大众。

——约翰·邓普顿